韓中日 공용한자 808

초 판 발 행 | 2014. 7. 25.
초 판 1 쇄 | 2014. 8. 5.
지 은 이 | 이병주, 김태호, 류경주, 전종대, 차민경, 김승만, 이지형
감   수 | (사)한자교육진흥회
펴 낸 곳 | 도서출판 형민사
인터넷구매 | www.hanja114.co.kr
구 입 문 의 | TEL.02-736-7694, FAX.02-736-7692
주   소 | ⑰100-032 서울시 중구 수표로 45 (저동2가) 비즈센터 502호
등 록 번 호 | 제300-2004-18호
정   가 | 18,000원
ISBN 978-89-91325-78-4 13710

韓中日 공용한자 자격시험 총서

韓中日
공용한자
808

감수 사단법인 한자교육진흥회   도서출판 형민사

머리말

아시아의 공유 가치를 확산시키고 한·중·일 세 나라의 미래 세대 교류를 보다 활성화하기 위해 선정된 '韓中日 공용한자'의 교육 및 학습에 도움을 드리고자 이 교재를 편찬하였다.

각 선정한자에 대한 한국어, 중국어, 일본어의 읽기 표기 및 해당 국가에서 활용하고 있는 단어를 상세하게 설명하여, 교육 및 지도하시는 분이나 독자적으로 학습하는 분들이 공히 활용할 수 있도록 하였다.

본론에 들어가기에 앞서 일본어 및 중국어 읽기에 대하여 설명하였고, 국가등록자격인 '韓中日 공용한자' 자격시험에 대비할 수 있도록 출제기준에 맞춘 연습문제 2회분과 '韓中日 공용한자' 808자를 찾아보기에 편리하도록 색인을 넣었다.

아무쪼록 이 교재를 활용하시는 모든 분들께서 체계적이고 쉽게 학습하실 수 있기를 기원한다.

2014년 7월 편집자

'韓中日 공용한자' 자격시험 안내

한·중·일 세 나라의 미래 세대 교류를 보다 활성화하기 위해 선정된 '한·중·일 공용한자 808자'의 한자어 활용 능력은 물론 해당 국가에서 활용하고 있는 단어의 구사능력을 평가

● 자격개요
- 자격종목 및 등급: 한중일 공용한자 1급, 2급, 3급
- 등록번호: 제2014-3440호
- 주무부처: 교육부
- 자격등록기관: 한국직업능력개발원
- 시험주관: 사단법인 한자교육진흥회
- 시행: 한국한자실력평가원

●● 자격의 활용
- 중국, 일본 진출 및 교류에 따른 언어구사능력 인증
- 직장 업무 수행 능력 향상
- 문화교실, 주민자치센터 등 강사
- 초·중·고등학교 방과 후 학교 강사
- 대학 평생교육원 강사

●●● 시험 일정
- 연 4회 실시 (사정에 따라 변경될 수 있음)
- 상세일정은 홈페이지(**www.hanja114.org**) 참조
- 시험시작시간: 오후 3시

●●●● 시험 요강

자격종목	등급	시험시간	응시자격	응시료	문항 수	합격기준
韓中日 공용한자	1급	60분	제한 없음	2만원	80문항	90점 이상
	2급					80점 ~ 89점
	3급					70점 ~ 79점

●●●●● 시험 출제 및 평가

출제 유형		문항 수	
선다형	한중일 공용한자 808자의 훈음	10	50문항
	중국어 간체자와 번체자 구분하기	8	
	일본어 약자와 정자 구분하기	8	
	한중일 공용한자를 활용한 어휘의 독음	8	
	중국어 어휘의 한어병음 표기	5	
	일본어 어휘의 음독 표기	5	
	한국과 다르게 사용되는 중국어/일본어 어휘	6	
단답형	한중일 공용한자 808자의 쓰기	5	30문항
	중국어 한어병음과 일본어 훈독에 해당하는 한자쓰기	5	
	한중일 공용한자의 간체자 및 일본어 쓰기	5	
	한자어 어휘 쓰기	5	
	중국어 어휘 쓰기	5	
	일본어 어휘 쓰기	5	
합계		총 80문항	

● 접수 방법

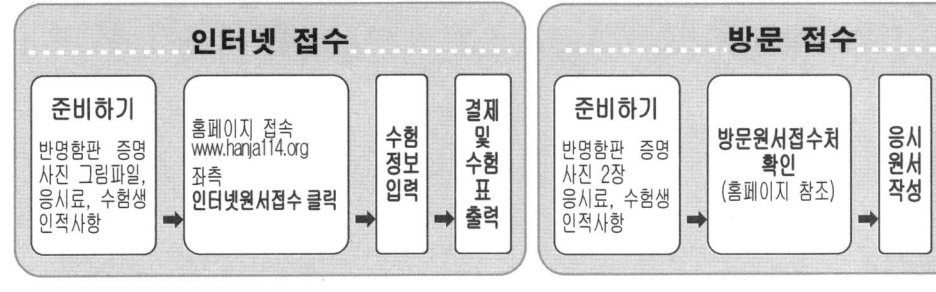

목 차

제1장 서 론

1. 韓中日 공용한자의 선정 배경

한·중·일 3국 간 과거사·영토·정치 갈등이 심화되고 있는 가운데 아시아의 공유 가치를 확산시키고 세 나라 미래 세대의 교류를 보다 활성화하자는 취지로, 각 국의 각계 저명인사 30명으로 구성된 '한·중·일 30인회'는 2013년 7월 8일 일본 홋카이도(北海道)에서 열린 제8차 회의에서 3국 공통의 상용한자 800자를 선정, 발표한 바 있다.

그 후 10월 23일 중국 쑤저우(蘇州) 인민대학 캠퍼스에서 열린 공용한자 국제 학술심포지움에서 3국의 한자 전문가들은 '한·중·일 공용한자 800'을 수정 보완한 808자를 선정했다. 한(韓)·앙(央)·강(強)·개(開)·청(靑)·교(敎)·리(里)·연(硏)·산(産) 등 29개 한자를 추가 선정하였고, 상대적으로 사용빈도가 낮은 갑(甲)·단(丹)·흉(凶)·묵(墨) 등 21개 한자를 제외했다. 이번에 선정된 808자는 2014년 4월 중국 양저우(揚州)에서 열린 제9차 '동북아명인회(한·중·일 30인회)'에서 정식 채택되었다.

808자를 선정한 것은 중국의 「현대한어상용자표」 중 상용자 801자와 차상용자 7자를 더한 것이며, 일본은 「교육한자표」 중 710자와 「상용한자표」 중 98자를 취하였고, 한국은 「한문교육용기초한자표」에서 중학교용 801자와 고등학교용 중 7자를 더한 것으로 삼국 공용한자의 표준을 삼았다.

2. 『韓中日 共用漢字 808』의 구성

◆ 이 책은 제8차 회의(2013. 7. 8.)에서 선정, 발표한 800자의 배열
   순서를 근간으로 하되, 획수, 가나다 순 등을 고려하여 임의로 배열
   하여 번호를 부여하였으며, 부록에 색인을 두어 한자를 손쉽게 찾아
   볼 수 있도록 하였다.

◆ 중국(간체자)과 일본(약자체)에서 사용하는 자형과, 양국의 발음기
   호를 제시하여 한자와 함께 각국의 언어로 읽어 보면서 익힐 수 있
   도록 하였다.

◆ 中·日 양국에서 자주 사용하는 단어를 제시하여 일상생활에 활용
   할 수 있도록 하였다.

◆ '韓中日 공용한자' 자격시험을 준비하는 수험생을 위해 출제경향에
   맞춘 연습문제 2회분을 수록하였다.

◆ 본문에 사용된 기호
   음 일본어 음독
   훈 일본어 훈독
   · 한자어, 중국어의 단어 예시
   □ 일본어 음독의 단어 예시
   ■ 일본어 훈독의 단어 예시
   ★ 특별하게 읽는 단어 예시

제2장 일본어와 중국어의 이해

1. 일본어와 중국어 읽기

◆ 일본어 五十音圖(히라가나 ひらがな)

あ (아: a)	い (이: i)	う (우: u)	え (에: e)	お (오: o)
か (카: ka)	き (키: ki)	く (쿠: ku)	け (케: ke)	こ (코: ko)
さ (사: sa)	し (시: si)	す (스: su)	せ (세: se)	そ (소: so)
た (타: ta)	ち (치: chi)	つ (츠: tsu)	て (테: te)	と (토: to)
な (나: na)	に (니: ni)	ぬ (누: nu)	ね (네: ne)	の (노: no)
は (하: ha)	ひ (히: hi)	ふ (후: hu)	へ (헤: he)	ほ (호: ho)
ま (마: ma)	み (미: mi)	む (무: mu)	め (메: me)	も (모: mo)
や (야: ya)		ゆ (유: yu)		よ (요: yo)
ら (라: ra)	り (리: ri)	る (루: ru)	れ (레: re)	ろ (로: ro)
わ (와: wa)		ん (응: n)		を (오: wo)

◆ 중국어 한어병음 字母와 한글 대조표

성모(聲母)

음의 분류	병음 자모	한글	음의 분류	병음 자모	한글	음의 분류	병음 자모	한글
重脣聲	b	ㅂ	舌根聲	g	ㄱ	翹舌尖聲	zh[zhi]	ㅈ[즈]
	p	ㅍ		k	ㅋ		ch[chi]	ㅊ[츠]
	m	ㅁ		h	ㅎ		sh[shi]	ㅅ[스]
脣齒聲	f	ㅍ	舌面聲	j	ㅈ		r[ri]	ㄹ[르]
舌尖聲	d	ㄷ		q	ㅊ	舌齒聲	z[zi]	ㅉ[쯔]
	t	ㅌ		x	ㅅ		c[ci]	ㅊ[츠]
	n	ㄴ					s[si]	ㅆ[쓰]
	l	ㄹ						

* [ ]는 단독 발음될 경우의 표기임.

운모(韻母)

음의 분류	병음자모	한글	음의 분류	병음자모	한글
單韻	a	아	결합 운모 (齊齒類)	ya[ia]	야
	o	어		ye[ie]	예
	ˆe	어		yao[iao]	야오
	e	에		you[iou/iu]	유
	yi[i]	이		yan[ian]	옌
	wu[u]	우		yin[in]	인
	yu[u]	위		yang[iang]	양
複韻	ai	아이		ying[ing]	잉
	ei	에이	결합 운모 (合句類)	wa[ua]	와
	ao	아오		wo[uo]	워
	ou	오우		wai[uai]	와이
附聲韻	an	안		wei[ui]	웨이(우이)
	en	언		wan[uan]	완
	ang	앙		wen[un]	원(운)
	eng	엉		wang[uang]	왕
捲舌韻	er[r]	얼		weng[ong]	웡(웅)
			결합 운모 (撮句類)	yue[ue]	웨
				yuan[uan]	위안
				yun[un]	윈
				yong[iong]	융

* 병음자모의 [ ]는 자음이 선행할 경우의 표기임.

2. 간체자 제정원칙

繁簡字는 繁體字와 簡體字와의 관계를 말한다. 여기서 번체자와 간체자는 글자 획수의 많고 적음을 가지고 구분하는 것으로서, 획수가 많은 것이 번체자이고 적은 것이 간체자이다. 번체자는 正字라 하기도 하고, 간체자는 略字라 하기도 하는데, 이는 異體字의 일부 형태이다.

간체자가 만들어진 역사를 보면 殷·周시대부터라고 할 수 있다. 한나라 때의 금석문에서는 '壽'자를 간략하게 '寿'자로 표기하였고, '質'자도 '质'자로 간략하게 쓰고 있다.

이는 1956년에 중국에서 〈漢字簡略方案〉을 공표한 이래 몇 차례에 걸쳐 2,238자를 간략화하여 正字 대신 사용하고 있다.

그 간체화 방법은 모두 7가지로 분류된다. 간체자를 익힐 수 있는 기회가 되도록 예를 들어 보기로 하겠다.

(가) 옛날에 쓰던 글자를 채용하는 경우

從-从, 衆-众, 體-体, 無-无, 氣-气, 處-处

(나) 초서체를 해서화하여 나타내는 경우

專-专, 東-东, 樂-乐, 當-当, 買-买, 湯-汤, 農-农, 孫-孙

(다) 필획을 간단히 줄이는 경우

魚-鱼, 單-单, 變-变, 沖-冲, 勞-劳, 莊-庄, 燭-烛

(라) 간단한 부호와 번체자 일부를 따다 쓰는 경우

觀-观, 戲-戏, 鄧-邓, 區-区, 歲-岁, 劉-刘, 齊-齐

(마) 글자의 일부만을 취하는 경우

習-习, 務-务, 條-条, 廣-广, 醫-医, 蟲-虫, 飛-飞, 聲-声, 縣-县

(바) 간단한 同音字로 대체하는 경우

　幾-几,　後-后,　繫-系,　嚮-向,　築-筑,　穀-谷,　義-义,　纔-才

(사) 소리를 나타내는 방(旁)을 간단한 동음자로 고치는 경우

　遼-辽,　遷-迁,　郵-邮,　燈-灯,　階-阶,　運-运,　遠-远,　猶-犹,
　藝-艺

제3장

韓中日 공용한자 808자와 활용어휘

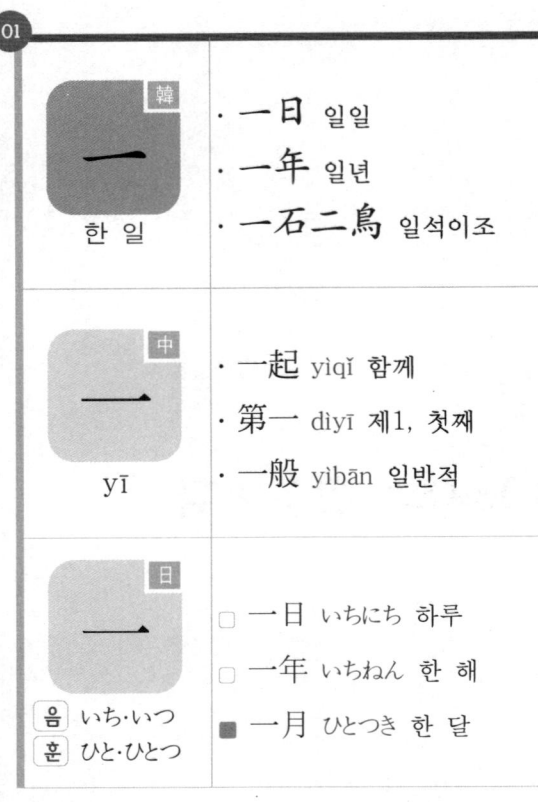

01

韓 一
한 일

- 一日 일일
- 一年 일년
- 一石二鳥 일석이조

中 一
yī

- 一起 yìqǐ 함께
- 第一 dìyī 제1, 첫째
- 一般 yìbān 일반적

日 一
음 いち・いつ
훈 ひと・ひとつ

- ☐ 一日 いちにち 하루
- ☐ 一年 いちねん 한 해
- ■ 一月 ひとつき 한 달

02

韓 人
사람 인

- 知人 지인
- 詩人 시인
- 犯人 범인

中 人
rén

- 女人 nǚrén 여인
- 客人 kèrén 손님
- 人物 rénwù 인물

日 人
음 じん・にん
훈 ひと

- ☐ 人口 じんこう 인구
- ☐ 人形 にんぎょう 인형
- ☐ 人気 にんき 인기

03

韓 十
열 십

- 十字 십자
- 十長生 십장생
- 聞一知十 문일지십

中 十
shí

- 十年 shínián 10년
- 十分 shífēn 매우
- 十恶 shí'è 십대 죄악

日 十
음 じつ・じゅう
훈 と・とお

- ☐ 二十 にじゅう 20
- ☐ 十月 じゅうがつ 10월
- ■ 十日 とおか 10일간

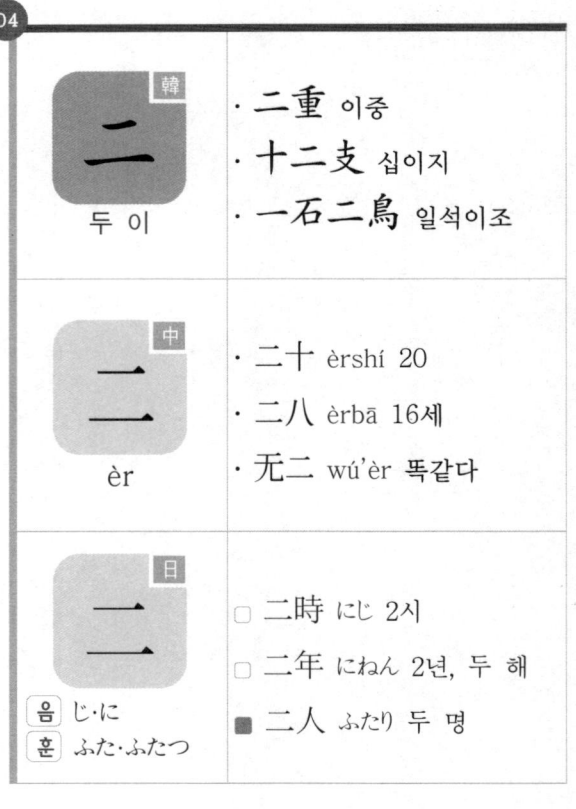

04

韓 二
두 이

- 二重 이중
- 十二支 십이지
- 一石二鳥 일석이조

中 二
èr

- 二十 èrshí 20
- 二八 èrbā 16세
- 无二 wú'èr 똑같다

日 二
음 じ・に
훈 ふた・ふたつ

- ☐ 二時 にじ 2시
- ☐ 二年 にねん 2년, 두 해
- ■ 二人 ふたり 두 명

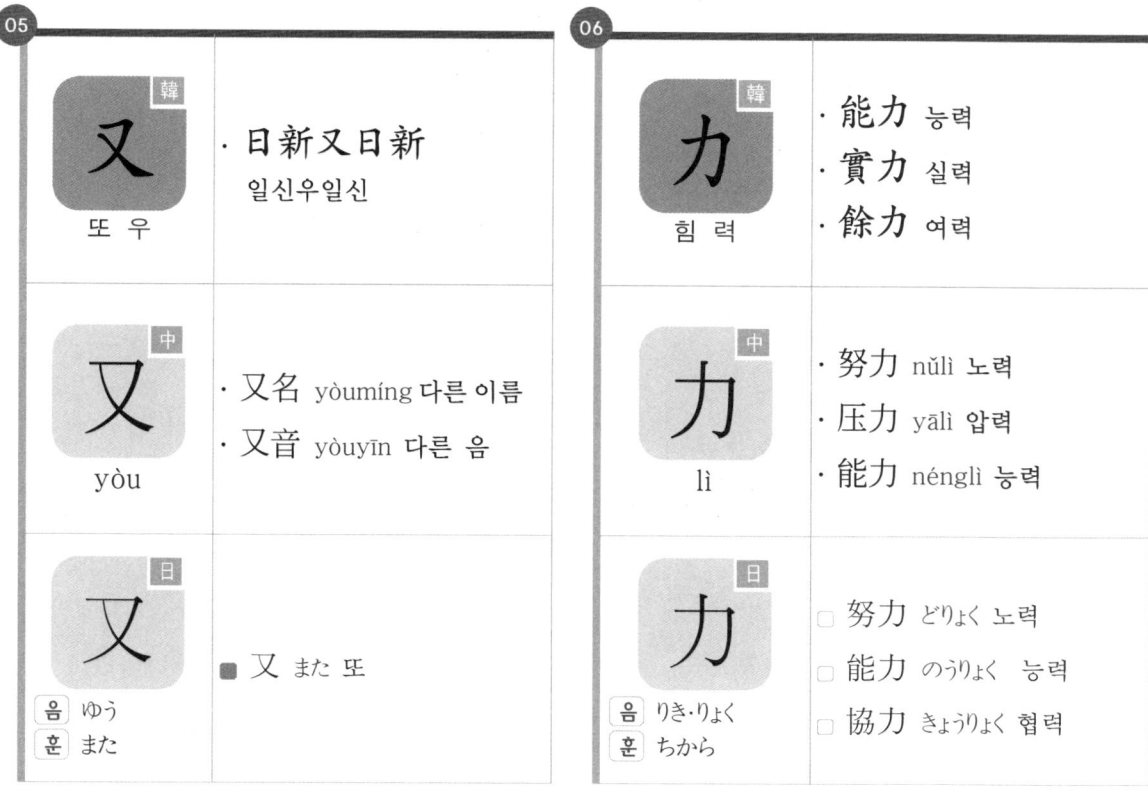

05

又 韓 또 우	· 日新又日新 일신우일신
又 中 yòu	· 又名 yòumíng 다른 이름 · 又音 yòuyīn 다른 음
又 日 음 ゆう 훈 また	■ 又 また 또

06

力 韓 힘 력	· 能力 능력 · 實力 실력 · 餘力 여력
力 中 lì	· 努力 nǔlì 노력 · 压力 yālì 압력 · 能力 nénglì 능력
力 日 음 りき·りょく 훈 ちから	□ 努力 どりょく 노력 □ 能力 のうりょく 능력 □ 協力 きょうりょく 협력

07

九 韓 아홉 구	· 九十 구십 · 九死一生 구사일생 · 九牛一毛 구우일모
九 中 jiǔ	· 九九歌 jiǔjiǔgē 구구단 · 九重 jiǔchóng 9층, 하늘
九 日 음 きゅう·く 훈 ここの· ここのつ	□ 九時 くじ 9시 □ 九月 くがつ 9월 ■ 九日 ここのか 9일

08

八 韓 여덟 팔	· 八道 팔도 · 八字 팔자 · 八方美人 팔방미인
八 中 bā	· 八角 bājiǎo 팔각 · 八字 bāzì (사주)팔자 · 八卦 bāguà (주역의) 팔괘
八 日 음 はち 훈 や·やっつ· やつ·よう	□ 八月 はちがつ 8월 □ 八人 はちにん 8명 ■ 八百屋 やおや 채소가게

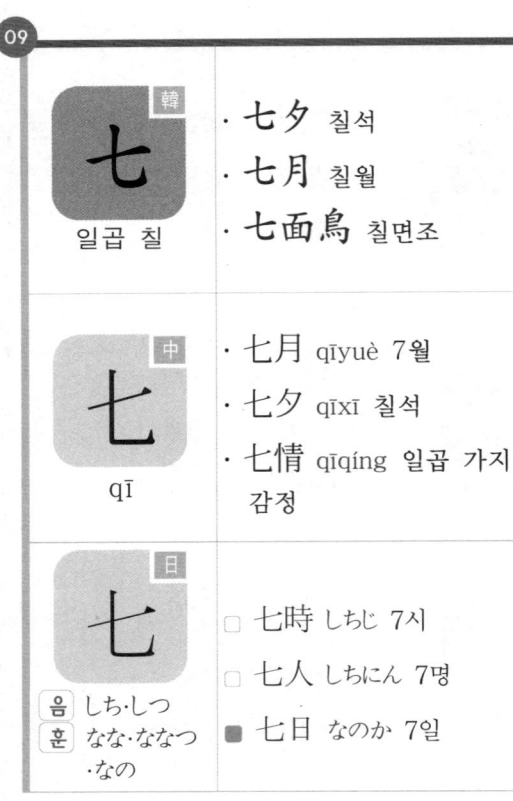

09 七

韓 七 일곱 칠

- 七夕 칠석
- 七月 칠월
- 七面鳥 칠면조

中 七 qī

- 七月 qīyuè 7월
- 七夕 qīxī 칠석
- 七情 qīqíng 일곱 가지 감정

日 七
음 しち·しつ
훈 なな·ななつ·なの

- ☐ 七時 しちじ 7시
- ☐ 七人 しちにん 7명
- ■ 七日 なのか 7일

10 入

韓 入 들 입

- 入場 입장
- 入住 입주
- 入口 입구

中 入 rù

- 入口 rùkǒu 입구
- 入学 rùxué 입학
- 收入 shōurù 수입

日 入
음 じゅ·にゅう
훈 いる·いれる·はいる

- ☐ 入学 にゅうがく 입학
- ☐ 入院 にゅういん 입원
- ■ 入口 いりぐち 입구

11 刀

韓 刀 칼 도

- 果刀 과도
- 面刀 면도
- 短刀 단도

中 刀 dāo

- 剪刀 jiǎndāo 가위
- 指甲刀 zhǐjiadāo 손톱깎이

日 刀
음 とう
훈 かたな

- ☐ 短刀 たんとう 단도
- ☐ 名刀 めいとう 명도
- ■ 小刀 こがたな 창칼, 주머니칼

12 上

韓 上 위 상

- 上下 상하
- 上席 상석
- 上級 상급

中 上 shàng

- 上午 shàngwǔ 오전
- 晚上 wǎnshang 저녁
- 上班 shàngbān 출근하다

日 上
음 しょう·じょう
훈 あがる·うわ

- ☐ 上下 じょうげ 상하
- ☐ 上手 じょうず 잘함, 능함
- ■ 上着 うわぎ 상의, 겉옷

大 큰 대 韓
· 巨大 거대
· 偉大 위대
· 擴大 확대

大 dà 中
· 大家 dàjiā 모두, 다들
· 大概 dàgài 대개, 아마
· 广大 guǎngdà 광대하다

大 日
□ 大学 だいがく 대학교
□ 大会 たいかい 대회
■ 大雨 おおあめ 큰비, 폭우
음 たい·だい
훈 おおいに· おおきい

子 아들 자 韓
· 子息 자식
· 孝子 효자
· 弟子 제자

子 zǐ 中
· 子孙 zǐsūn 자손
· 儿子 érzi 아들
· 孩子 háizi 어린이
· 妻子 qīzi 아내

子 日
□ 母子 ぼし 모자
□ 弟子 でし 제자, 문하생
■ 親子 おやこ 부모와 자식
음 し·す
훈 こ

小 작을 소 韓
· 大小 대소
· 小說 소설
· 最小 최소

小 xiǎo 中
· 小姐 xiǎojiě 아가씨
· 小时 xiǎoshí 시간
· 小心 xiǎoxīn 조심하다

小 日
□ 小説 しょうせつ 소설
□ 小学生 しょうがくせい 초등학생
■ 小川 おがわ 시냇물
음 しょう
훈 お·こ

下 아래 하 韓
· 部下 부하
· 下降 하강
· 下落 하락

下 xià 中
· 下午 xiàwǔ 오후
· 下雨 xiàyǔ 비오다
· 下面 xiàmian 아랫부분

下 日
□ 下流 かりゅう 하류
□ 下車 げしゃ 하차
□ 地下 ちか 지하
음 か·げ
훈 おりる·おろす· くださる

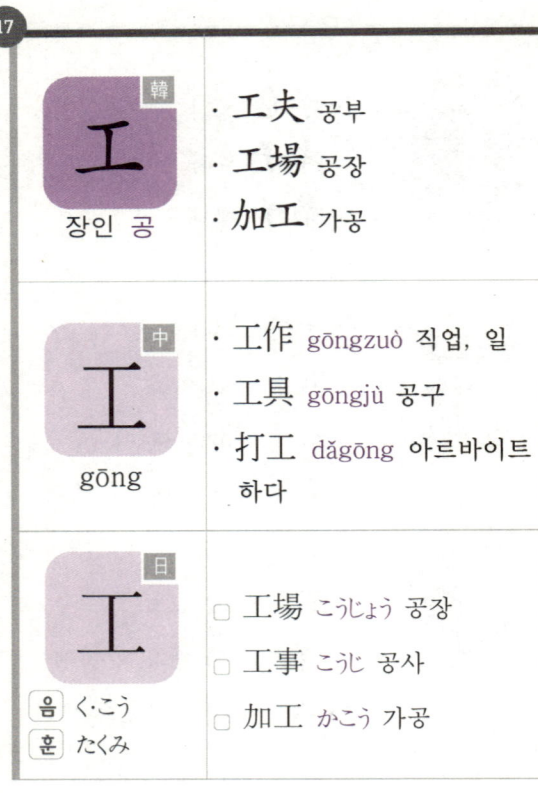

17	
工 韓 장인 공	· 工夫 공부 · 工場 공장 · 加工 가공
工 中 gōng	· 工作 gōngzuò 직업, 일 · 工具 gōngjù 공구 · 打工 dǎgōng 아르바이트 하다
工 日 음 く·こう 훈 たくみ	□ 工場 こうじょう 공장 □ 工事 こうじ 공사 □ 加工 かこう 가공

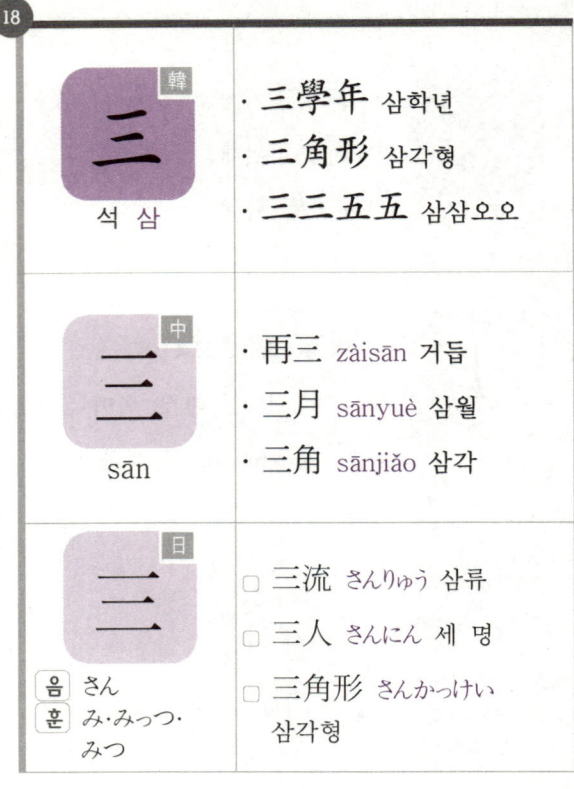

18	
三 韓 석 삼	· 三學年 삼학년 · 三角形 삼각형 · 三三五五 삼삼오오
三 中 sān	· 再三 zàisān 거듭 · 三月 sānyuè 삼월 · 三角 sānjiǎo 삼각

三 日
음 さん
훈 み·みっつ·
  みつ
	□ 三流 さんりゅう 삼류
	□ 三人 さんにん 세 명
	□ 三角形 さんかっけい
	  삼각형

19	
口 韓 입 구	· 食口 식구 · 口頭 구두 · 口號 구호
口 中 kǒu	· 人口 rénkǒu 인구 · 出口 chūkǒu 출구 · 进口 jìnkǒu 수입하다
口 日 음 く·こう 훈 くち	□ 人口 じんこう 인구 □ 口調 くちょう 어조, 말투 ■ 出口 でぐち 출구

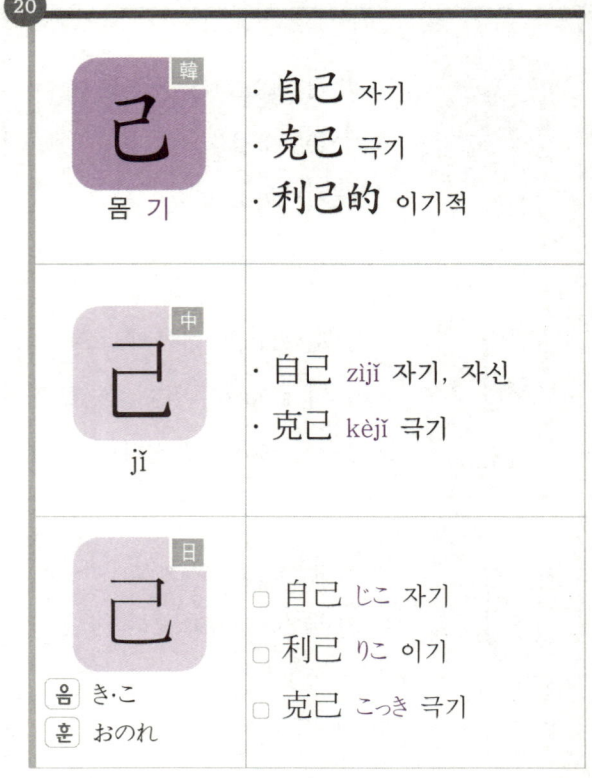

20	
己 韓 몸 기	· 自己 자기 · 克己 극기 · 利己的 이기적
己 中 jǐ	· 自己 zìjǐ 자기, 자신 · 克己 kèjǐ 극기
己 日 음 き·こ 훈 おのれ	□ 自己 じこ 자기 □ 利己 りこ 이기 □ 克己 こっき 극기

21

女 韓
여자 녀

· 淑女 숙녀
· 海女 해녀
· 處女 처녀

女 中
nǚ

· 女儿 nǚér 딸
· 女人 nǚrén 여인
· 女士 nǚshì 여사, 부인

女 日
음 じょ·にょ
훈 おんな·め

☐ 女性 じょせい 여성
☐ 女王 じょおう 여왕
■ 女神 めがみ 여신

22

山 韓
메 산

· 山林 산림
· 山城 산성
· 山間 산간

山 中
shān

· 爬山 páshān 등산하다
· 山水 shānshuǐ 산과 물
· 山头 shāntóu 산꼭대기

山 日
음 さん·せん
훈 やま

☐ 登山 とざん 등산
☐ 山頂 さんちょう 산꼭대기
■ 山火事 やまかじ 산불

23

已 韓
이미 이

· 已往 이왕
· 不得已 부득이

已 中
yǐ

· 已经 yǐjing 이미
· 而已 éryǐ ~뿐이다
· 不得已 bùdéyǐ 부득이

已 日
음 い
훈 すでに

☐ 已 い 이미

24

及 韓
미칠 급

· 及第 급제
· 言及 언급
· 過猶不及 과유불급

及 中
jí

· 及时 jíshí 즉시
· 以及 yǐjí 및, 아울러
· 及格 jígé 합격하다

及 日
음 きゅう
훈 および

☐ 言及 げんきゅう 언급
☐ 波及 はきゅう 파급
☐ 普及 ふきゅう 보급

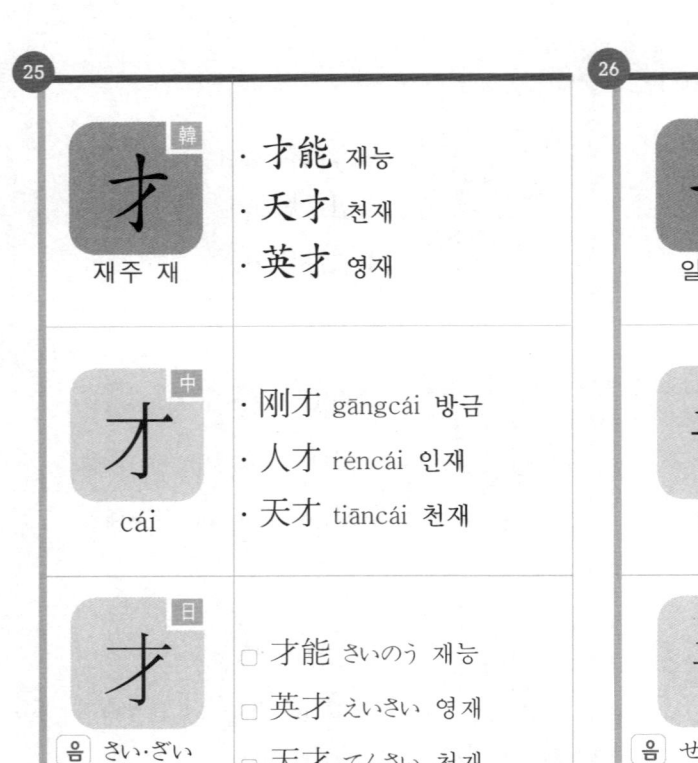

25

才
재주 재

- 才能 재능
- 天才 천재
- 英才 영재

才
cái

- 刚才 gāngcái 방금
- 人才 réncái 인재
- 天才 tiāncái 천재

才
음 さい・ざい

- ☐ 才能 さいのう 재능
- ☐ 英才 えいさい 영재
- ☐ 天才 てんさい 천재

26

千
일천 천

- 千萬 천만
- 千字文 천자문
- 三千里 삼천리

千
qiān

- 千里 qiānlǐ 천리
- 千万 qiānwàn 절대로, 제발

千
음 せん
훈 ち

- ☐ 千人 せんにん 천 명
- ☐ 千円 せんえん 천 엔
- ■ 千代 ちよ 천년, 영원

27

土
흙 토

- 土地 토지
- 農土 농토
- 黃土 황토

土
tǔ

- 土地 tǔdì 토지
- 领土 lǐngtǔ 영토
- 土豆 tǔdòu 감자

土
음 と・ど
훈 つち

- ☐ 土地 とち 토지
- ☐ 国土 こくど 국토
- ☐ 土曜日 どようび 토요일

28

士
선비 사

- 勇士 용사
- 武士 무사
- 道士 도사

士
shì

- 博士 bóshì 박사
- 护士 hùshi 간호사
- 硕士 shuòshì 석사

士
음 し

- ☐ 武士 ぶし 무사
- ☐ 博士 はくし 박사
- ☐ 弁護士 べんごし 변호사

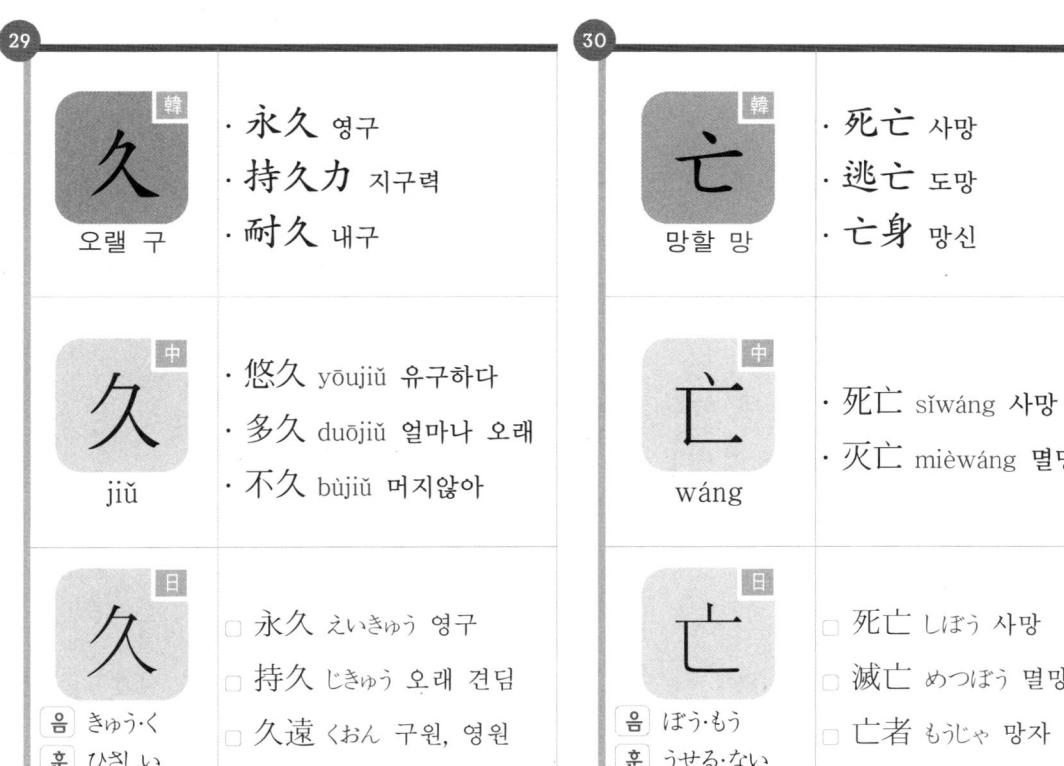

29

韓
久
오랠 구

· 永久 영구
· 持久力 지구력
· 耐久 내구

中
久
jiǔ

· 悠久 yōujiǔ 유구하다
· 多久 duōjiǔ 얼마나 오래
· 不久 bùjiǔ 머지않아

日
久
음 きゅう·く
훈 ひさしい

□ 永久 えいきゅう 영구
□ 持久 じきゅう 오래 견딤
□ 久遠 くおん 구원, 영원

30

韓
亡
망할 망

· 死亡 사망
· 逃亡 도망
· 亡身 망신

中
亡
wáng

· 死亡 sǐwáng 사망
· 灭亡 mièwáng 멸망

日
亡
음 ぼう·もう
훈 うせる·ない

□ 死亡 しぼう 사망
□ 滅亡 めつぼう 멸망
□ 亡者 もうじゃ 망자

31

韓
寸
마디 촌

· 三寸 삼촌
· 寸數 촌수
· 寸鐵殺人 촌철살인

中
寸
cùn

· 分寸 fēncun 분별, 분수
· 尺寸 chǐcùn 소량, 조금

日
寸
음 すん

□ 一寸 いっすん 잠깐, 조금
□ 寸刻 すんこく 촌각
□ 寸劇 すんげき 촌극,
토막극

32

韓
川
내 천

· 山川 산천
· 河川 하천
· 仁川 인천

中
川
chuān

· 河川 héchuān 하천
· 川流不息 chuānliúbùxī
냇물처럼 끊임없이 오가다

日
川
음 せん
훈 かわ

□ 河川 かせん 하천
■ 川底 かわぞこ 강바닥
■ 川上 かわかみ 강의 상류

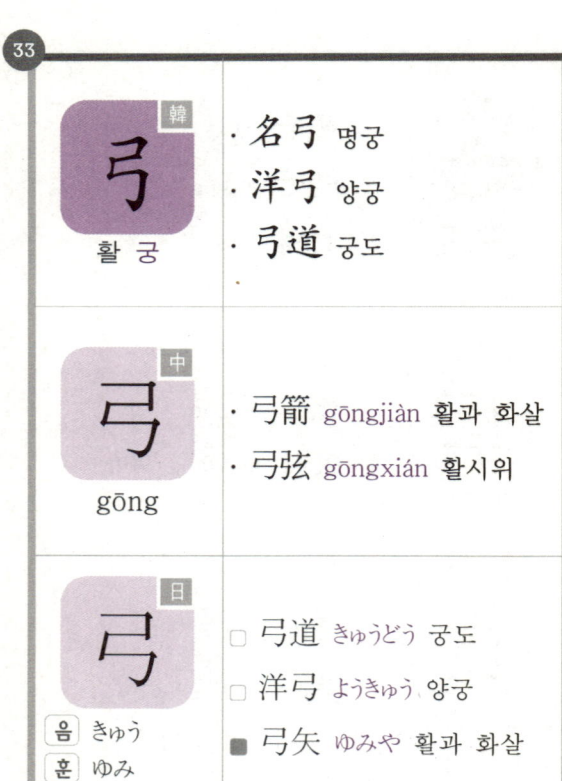

33

韓

弓
활 궁

· 名弓 명궁
· 洋弓 양궁
· 弓道 궁도

中

弓
gōng

· 弓箭 gōngjiàn 활과 화살
· 弓弦 gōngxián 활시위

日

弓

음 きゅう
훈 ゆみ

□ 弓道 きゅうどう 궁도
□ 洋弓 ようきゅう 양궁
■ 弓矢 ゆみや 활과 화살

34

韓

夕
저녁 석

· 秋夕 추석
· 朝夕 조석
· 夕陽 석양

中

夕
xī

· 夕阳 xīyáng 석양
· 除夕 chúxī
  섣달 그믐날 밤

日

夕

음 せき
훈 ゆう

■ 夕日 ゆうひ 석양
■ 夕刊 ゆうかん 석간
■ 夕方 ゆうがた 저녁때

35

韓

不
아니 불/부

· 不足 부족
· 不便 불편
· 不當 부당

中

不
bù/bú

· 不客气 búkèqi 천만에요
· 不安 bù'ān 불안
· 不足 bùzú 부족

日

不

음 ふ·ぶ

□ 不安 ふあん 불안
□ 不足 ふそく 부족
□ 不可能 ふかのう 불가능

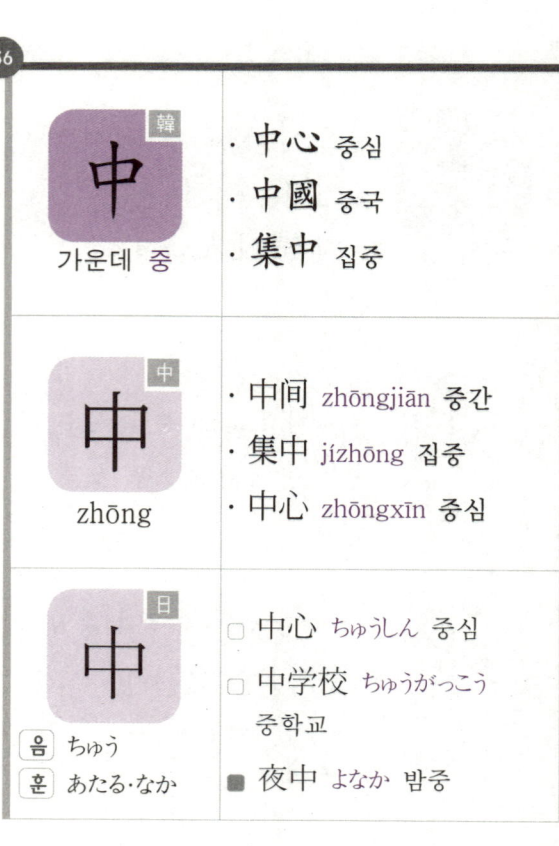

36

韓

中
가운데 중

· 中心 중심
· 中國 중국
· 集中 집중

中

中
zhōng

· 中间 zhōngjiān 중간
· 集中 jízhōng 집중
· 中心 zhōngxīn 중심

日

中

음 ちゅう
훈 あたる·なか

□ 中心 ちゅうしん 중심
□ 中学校 ちゅうがっこう
  중학교
■ 夜中 よなか 밤중

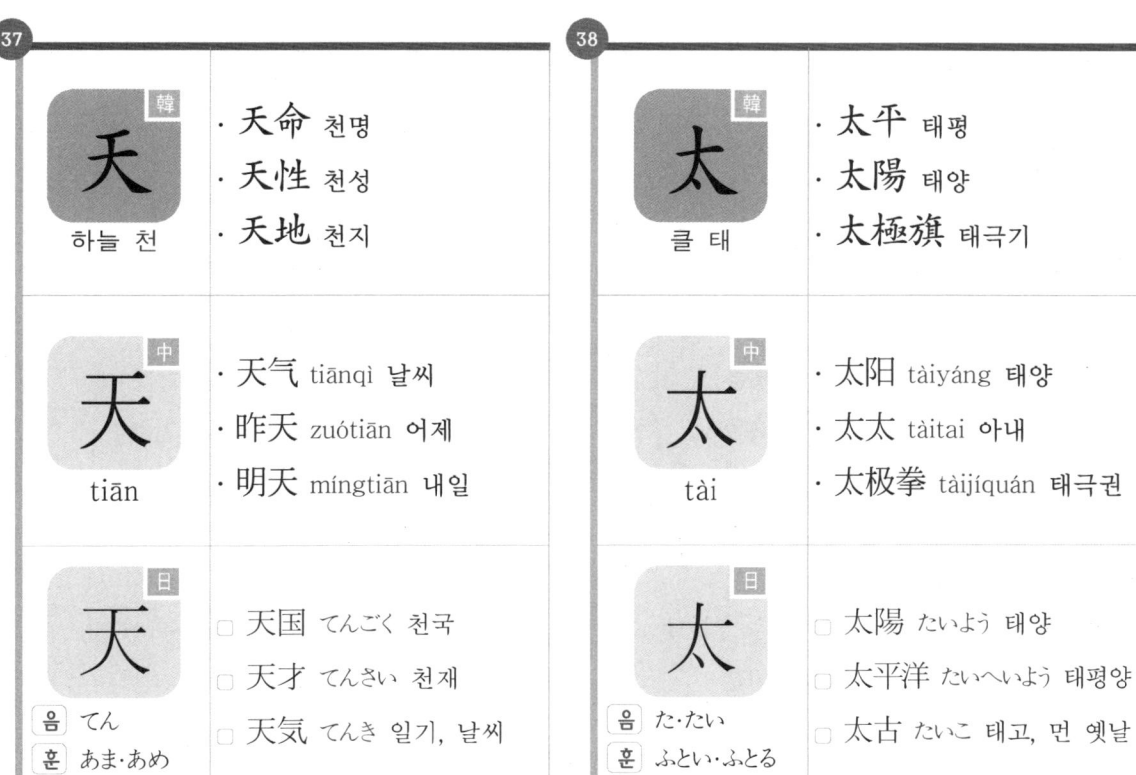

37

天 하늘 천

- **天命** 천명
- **天性** 천성
- **天地** 천지

天 tiān

- 天气 tiānqì 날씨
- 昨天 zuótiān 어제
- 明天 míngtiān 내일

天
음 てん
훈 あま・あめ

- □ 天国 てんごく 천국
- □ 天才 てんさい 천재
- □ 天気 てんき 일기, 날씨

38

太 클 태

- **太平** 태평
- **太陽** 태양
- **太極旗** 태극기

太 tài

- 太阳 tàiyáng 태양
- 太太 tàitai 아내
- 太极拳 tàijíquán 태극권

太
음 た・たい
훈 ふとい・ふとる

- □ 太陽 たいよう 태양
- □ 太平洋 たいへいよう 태평양
- □ 太古 たいこ 태고, 먼 옛날

39

日 날 일

- **休日** 휴일
- **來日** 내일
- **日常** 일상

日 rì

- 生日 shēngrì 생일
- 日常 rìcháng 일상의
- 节日 jiérì 기념일

日
음 じつ・にち
훈 か・ひ

- □ 当日 とうじつ 당일
- □ 毎日 まいにち 매일
- ■ 木曜日 もくようび 목요일

40

方 모 방

- **方向** 방향
- **方法** 방법
- **今方** 금방

方 fāng

- 方便 fāngbiàn 편리하다
- 地方 dìfang 부분, 장소
- 方向 fāngxiàng 방향

方
음 ほう
훈 かた・ならべる

- □ 両方 りょうほう 양방, 쌍방
- □ 方法 ほうほう 방법
- □ 地方 ちほう 지방

41

韓 分
나눌 분

· 部分 부분
· 分明 분명
· 分散 분산

中 分
fēn/fèn

· 部分 bùfen 부분
· 十分 shífēn 매우
· 充分 chōngfèn 충분하다

日 分
음 ふん·ぶ·ぶん
훈 わかつ·
わかる

☐ 充分 じゅうぶん 충분함
☐ 気分 きぶん 기분
☐ 分類 ぶんるい 분류

42

韓 五
다섯 오

· 五色 오색
· 五里霧中 오리무중
· 五十步百步
　　　오십보백보

中 五
wǔ

· 五个 wǔgè 다섯 개
· 五彩 wǔcǎi 오색
· 五官 wǔguān 오관, 용모

日 五
음 ご
훈 い·いつ·
いつつ

☐ 五人 ごにん 다섯 명
☐ 五年 ごねん 5년
■ 五日 いつか 5일

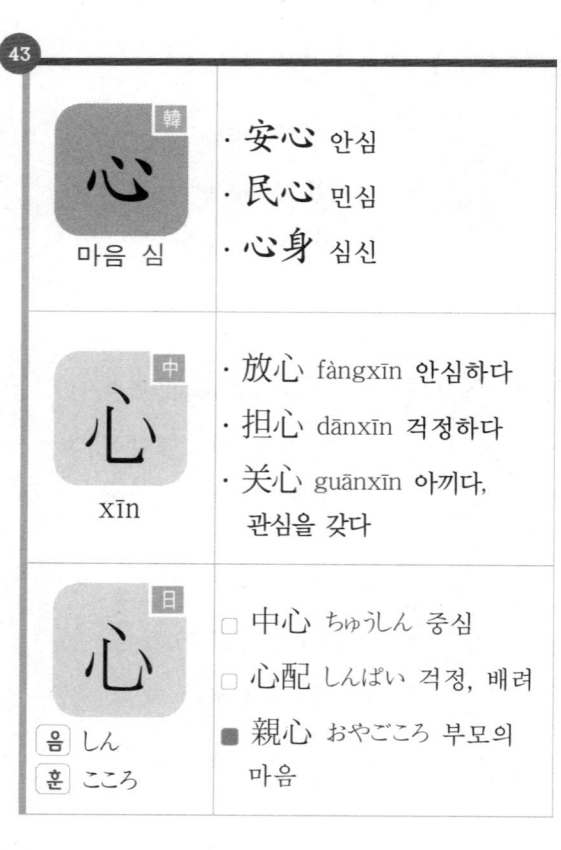

43

韓 心
마음 심

· 安心 안심
· 民心 민심
· 心身 심신

中 心
xīn

· 放心 fàngxīn 안심하다
· 担心 dānxīn 걱정하다
· 关心 guānxīn 아끼다,
　　관심을 갖다

日 心
음 しん
훈 こころ

☐ 中心 ちゅうしん 중심
☐ 心配 しんぱい 걱정, 배려
■ 親心 おやごころ 부모의
　마음

44

韓 水
물 수

· 冷水 냉수
· 湖水 호수
· 洪水 홍수

中 水
shuǐ

· 水果 shuǐguǒ 과일
· 水平 shuǐpíng 수평
· 洪水 hóngshuǐ 홍수

日 水
음 すい
훈 みず

☐ 水道 すいどう 수도
☐ 水曜日 すいようび 수요일
■ 水着 みずぎ 수영복

45

月 韓 달 월	· 每月 매월 · 月給 월급 · 歲月 세월
月 中 yuè	· 月亮 yuèliang 달 · 岁月 suìyuè 세월 · 日新月异 rìxīnyuèyì 나날이 새로워지다
月 日 음 がつ·げつ 훈 つき	□ 每月 まいげつ 매월 □ 八月 はちがつ 8월 ■ 月日 つきひ 월일, 세월

46

化 韓 될 화	· 化石 화석 · 強化 강화 · 惡化 악화
化 中 huà	· 文化 wénhuà 문화 · 变化 biànhuà 변화하다 · 消化 xiāohuà 소화하다
化 日 음 か·け 훈 ばかす· ばける	□ 文化 ぶんか 문화 □ 变化 へんか 변화 □ 化石 かせき 화석

47

比 韓 견줄 비	· 比較 비교 · 比例 비례 · 比率 비율
比 中 bǐ	· 比较 bǐjiào 비교하다 · 比例 bǐlì 비례 · 对比 duìbǐ 대비하다
比 日 음 ひ 훈 くらべる	□ 比較 ひかく 비교 □ 比率 ひりつ 비율 □ 对比 たいひ 대비

48

公 韓 공변될 공	· 公開 공개 · 公共 공공 · 公式 공식
公 中 gōng	· 公斤 gōngjīn 킬로그램 · 公司 gōngsī 회사, 직장 · 公平 gōngpíng 공평하다
公 日 음 く·こう 훈 おおやけ	□ 公園 こうえん 공원 □ 公立 こうりつ 공립 □ 公務員 こうむいん 공무원

49

内^韓 안 내	· 内容 내용 · 内部 내부 · 案内 안내
内^中 nèi	· 内容 nèiróng 내용 · 内科 nèikē 내과 · 内在 nèizài 내재하는
内^日 음 ない·だい 훈 うち	☐ 案内 あんない 안내 ☐ 家内 かない 가내 ■ 内側 うちがわ 안쪽, 내면

50

今^韓 이제 금	· 今年 금년 · 今方 금방 · 古今 고금
今^中 jīn	· 今天 jīntiān 오늘 · 至今 zhìjīn 지금까지 · 古今 gǔjīn 예전과 지금
今^日 음 こん·きん 훈 いま	☐ 今夜 こんや 오늘 밤 ☐ 今月 こんげつ 이번 달 ☐ 今度 こんど 이번, 다음번

51

手^韓 손 수	· 歌手 가수 · 失手 실수 · 洗手 세수
手^中 shǒu	· 手表 shǒubiǎo 손목시계 · 手机 shǒujī 휴대폰 · 洗手间 xǐshǒujiān 화장실
手^日 음 しゅ 훈 て·た	☐ 歌手 かしゅ 가수 ☐ 手記 しゅき 수기 ■ 手紙 てがみ 편지

52

六^韓 여섯 륙	· 六旬 육순 · 六甲 육갑 · 死六臣 사육신
六^中 liù	· 六十 liùshí 육십 · 六甲 liùjiǎ 육갑
六^日 음 ろく·りく 훈 む·むつ	☐ 六月 ろくがつ 6월 ☐ 六人 ろくにん 여섯 명 ■ 六日 むいか 6일

53 反 돌이킬 반

- 反對 반대
- 反省 반성
- 反應 반응

反 fǎn

- 反映 fǎnyìng 반영하다
- 相反 xiāngfǎn 반대로
- 反对 fǎnduì 반대하다

反
- 反省 はんせい 반성
- 反応 はんのう 반응
- 違反 いはん 위반

음 はん
훈 そらす·そる

54 少 적을/젊을 소

- 老少 노소
- 多少 다소
- 減少 감소

少 shǎo/shào

- 多少 duōshao 얼마, 몇
- 減少 jiǎnshǎo 감소하다
- 青少年 qīngshàonián 청소년

少
- 少年 しょうねん 소년
- 少量 しょうりょう 소량
- 減少 げんしょう 감소

음 しょう
훈 すこし

55 文 글월 문

- 文化 문화
- 文法 문법
- 文脈 문맥

文 wén

- 文章 wénzhāng 문장
- 作文 zuòwén 작문하다
- 中文系 zhōngwénxì 중문학과

文
- 文学 ぶんがく 문학
- 文化 ぶんか 문화
- 恋文 こいぶみ 연애편지

음 ぶん·もん
훈 あや·ふみ

56 夫 지아비 부

- 夫婦 부부
- 工夫 공부
- 農夫 농부

夫 fū

- 丈夫 zhàngfu 남편
- 大夫 dàifu 의사
- 夫人 fūrén 부인

夫
- 夫妻 ふさい (타인의) 부부
- 工夫 くふう 궁리함
- 夫婦 ふうふ 부부

음 ふ·ふう
훈 おっと

57

火 韓
불 화

- 消火 소화
- 放火 방화
- 火災 화재

火 中
huǒ

- 火车 huǒchē 기차
- 发火 fāhuǒ 화를 내다
- 火箭 huǒjiàn 불화살, 로켓

火 日
음 か
훈 ひ·ほ

- ☐ 火山 かざん 화산
- ☐ 火事 かじ 화재, 불
- ■ 花火 はなび 불꽃

58

元 韓
으뜸 원

- 元旦 원단
- 元老 원로
- 元首 원수

元 中
yuán

- 元旦 yuándàn 설날
- 元素 yuánsù 원소
- 公元 gōngyuán 서기(西纪)

元 日
음 がん·げん
훈 はじめ·もと

- ☐ 元気 げんき 기운
- ☐ 元日 がんじつ 설날
- ■ 身元 みもと 신원

59

毛 韓
털 모

- 毛皮 모피
- 發毛 발모
- 脫毛 탈모

毛 中
máo

- 毛巾 máojīn 수건
- 毛病 máobìng 고장, 결점
- 羽毛球 yǔmáoqiú 배드민턴

毛 日
음 もう
훈 け

- ☐ 毛髪 もうはつ 모발
- ☐ 毛布 もうふ 담요
- ■ 眉毛 まゆげ 눈썹

60

王 韓
임금 왕

- 王道 왕도
- 王室 왕실
- 王朝 왕조

王 中
wáng

- 王子 wángzǐ 왕자
- 大王 dàwáng 대왕

王 日
음 おう

- ☐ 王子 おうじ 왕자
- ☐ 王位 おうい 왕위
- ☐ 国王 こくおう 국왕

61

友 [韓]
벗 우
· 友情 우정
· 友好 우호
· 竹馬故友 죽마고우

友 [中]
yǒu
· 朋友 péngyou 친구
· 友好 yǒuhǎo 우호적이다
· 友谊 yǒuyì 우의

友 [日]
음 ゆう
훈 とも
□ 友情 ゆうじょう 우정
□ 親友 しんゆう 친한 친구
■ 友達 ともだち 친구

62

支 [韓]
지탱할 지
· 支出 지출
· 支持 지지
· 收支 수지

支 [中]
zhī
· 支持 zhīchí 지지하다
· 支出 zhīchū 지출하다
· 支票 zhīpiào 수표

支 [日]
음 し
훈 ささえる·
つかえる
□ 支援 しえん 지원, 원조
□ 支持 しじ 지지, 버팀
□ 支出 ししゅつ 지출

63

片 [韓]
조각 편
· 破片 파편
· 片肉 편육
· 一片丹心 일편단심

片 [中]
piàn
· 照片 zhàopiàn 사진
· 名片 míngpiàn 명함
· 片面 piànmiàn 일방적이다

片 [日]
음 へん
훈 かた·きれ·
ひれ
□ 破片 はへん 파편
□ 断片 だんぺん 단편
■ 片道 かたみち 편도, 일방

64

木 [韓]
나무 목
· 樹木 수목
· 植木 식목
· 伐木 벌목

木 [中]
mù
· 木头 mùtou 목재
· 木瓜 mùguā 모과, 파파야
· 树木 shùmù 수목

木 [日]
음 ぼく·もく
훈 き·こ
□ 土木 どぼく 토목
□ 木曜日 もくようび 목요일
■ 並木 なみき 가로수

65

引 韓
끌 인

- **引用** 인용
- **引下** 인하
- **我田引水** 아전인수

引 中
yǐn

- **引导** yǐndǎo 인도하다
- **吸引** xīyǐn 빨아들이다
- **引起** yǐnqǐ 야기하다,
  (주의를) 끌다

引 日

음 いん
훈 ひく·ひける

- ☐ **引退** いんたい 은퇴
- ☐ **索引** さくいん 색인
- ■ **割引** わりびき 할인

66

止 韓
그칠 지

- **停止** 정지
- **止揚** 지양
- **禁止** 금지

止 中
zhǐ

- **停止** tíngzhǐ 정지하다
- **禁止** jìnzhǐ 금지하다
- **防止** fángzhǐ 방지하다

止 日

음 し
훈 とまる

- ☐ **防止** ぼうし 방지
- ☐ **禁止** きんし 금지
- ☐ **停止** ていし 정지

67

父 韓
아버지 부

- **祖父** 조부
- **神父** 신부
- **伯父** 백부

父 中
fù

- **父亲** fùqīn 아버지
- **师父** shīfu 사부, 스승
- **祖父** zǔfù 조부

父 日

음 ふ
훈 ちち

- ☐ **祖父** そふ 할아버지
- ☐ **叔父** しゅくふ 숙부
- ■ **父親** ちちおや 부친

68

尺 韓
자 척

- **尺度** 척도
- **三尺童子** 삼척동자

尺 中
chǐ

- **尺寸** chǐcun 길이, 치수
- **尺子** chǐzi 자

尺 日

음 しゃく·せき

- ☐ **縮尺** しゅくしゃく 축척
- ☐ **尺度** しゃくど 척도, 자
- ☐ **三尺** さんじゃく 3척

69

午 韓
낮 오

- 午後 오후
- 正午 정오
- 端午 단오

午 中
wǔ

- 下午 xiàwǔ 오후
- 午觉 wǔjiào 낮잠
- 午饭 wǔfàn 점심, 오찬

午 日
음 ご
훈 うま·ひる

- ☐ 正午 しょうご 정오
- ☐ 午前 ごぜん 오전
- ☐ 午後 ごご 오후

70

牛 韓
소 우

- 牛乳 우유
- 韓牛 한우
- 牽牛 견우

牛 中
niú

- 牛奶 niúnǎi 우유
- 吹牛 chuīniú 허풍떨다
- 牛仔裤 niúzǎikù 청바지

牛 日
음 ぎゅう·ご
훈 うし

- ☐ 牛乳 ぎゅうにゅう 우유
- ☐ 牛肉 ぎゅうにく 소고기
- ■ 子牛 こうし 송아지

71

戶 韓
집 호

- 窓戶 창호
- 戶口 호구
- 戶籍 호적

户 中
hù

- 窗户 chuānghu 창문
- 用户 yònghù 사용자, 아이디(ID)

戶 日
음 こ
훈 と

- ☐ 戶外 こがい 호외, 집밖
- ☐ 戶籍 こせき 호적
- ■ 井戸 いど 우물

72

氏 韓
성씨 씨

- 姓氏 성씨
- 氏族 씨족

氏 中
shì

- 姓氏 xìngshì 성씨

氏 日
음 し
훈 うじ

- ☐ 氏名 しめい 씨명, 성명
- ☐ 氏族 しぞく 씨족
- ■ 氏神 うじがみ 씨족 신, 그 고장의 수호신

73

井 韓
우물 정

- 油井 유정
- 井田 정전
- 坐井觀天 좌정관천

井 中
jǐng

- 矿井 kuàngjǐng 갱도
- 油井 yóujǐng 유정, 석유갱

井 日

- □ 市井 しせい 시정, 거리
- □ 天井 てんじょう 천장
- ■ 井戸 いど 우물

음 しょう·せい
훈 い

74

仁 韓
어질 인

- 仁慈 인자
- 殺身成仁 살신성인
- 仁者無敵 인자무적

仁 中
rén

- 仁慈 réncí 인자하다
- 杏仁 xìngrén 아몬드

仁 日

- □ 仁義 じんぎ 인의
- □ 仁術 じんじゅつ 인술
- □ 仁君 じんくん 어진 군주

음 じん·に·にん

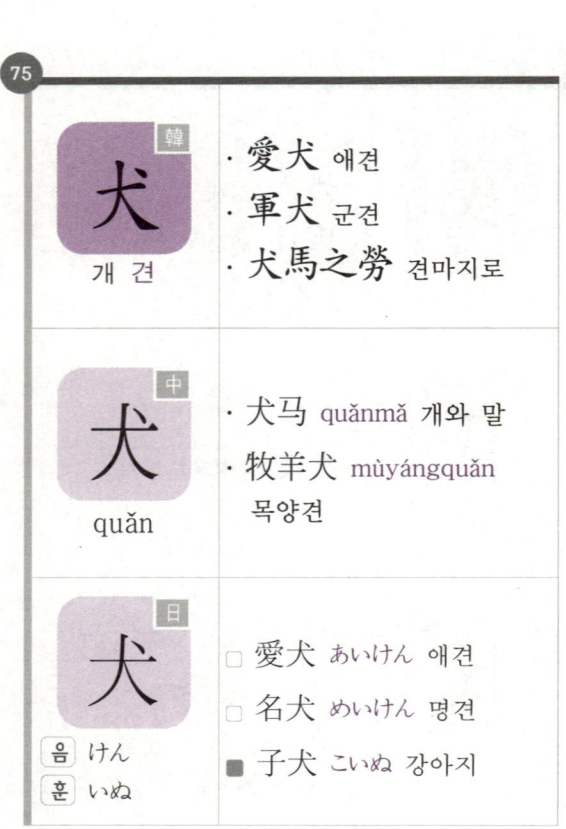

75

犬 韓
개 견

- 愛犬 애견
- 軍犬 군견
- 犬馬之勞 견마지로

犬 中
quǎn

- 犬马 quǎnmǎ 개와 말
- 牧羊犬 mùyángquǎn 목양견

犬 日

- □ 愛犬 あいけん 애견
- □ 名犬 めいけん 명견
- ■ 子犬 こいぬ 강아지

음 けん
훈 いぬ

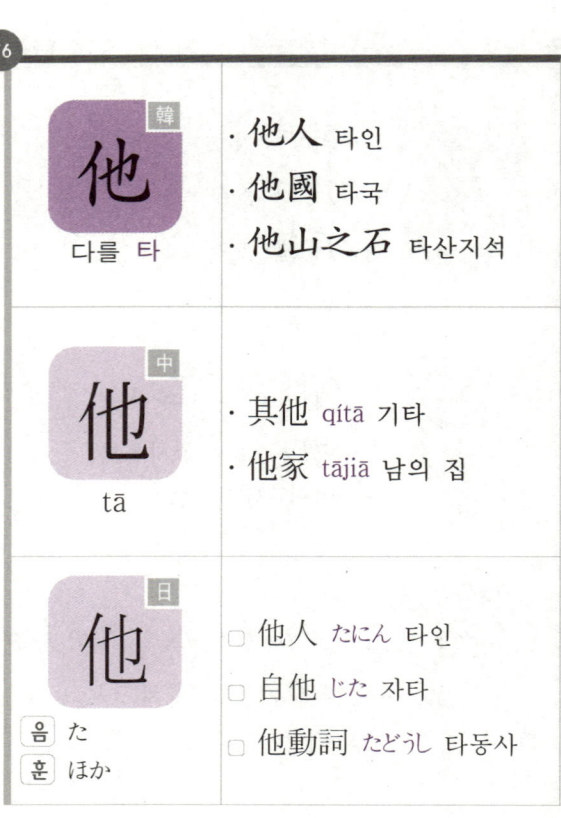

76

他 韓
다를 타

- 他人 타인
- 他國 타국
- 他山之石 타산지석

他 中
tā

- 其他 qítā 기타
- 他家 tājiā 남의 집

他 日

- □ 他人 たにん 타인
- □ 自他 じた 자타
- □ 他動詞 たどうし 타동사

음 た
훈 ほか

以
써 이

· 以上 이상
· 以前 이전
· 以後 이후

以
yǐ

· 可以 kěyǐ ~할 수 있다
· 所以 suǒyǐ 그래서
· 以前 yǐqián 이전

以

음 い
훈 もって

□ 以上 いじょう 이상
□ 以内 いない 이내
□ 以外 いがい 이외

可
옳을 가

· 可能 가능
· 可望 가망
· 許可 허가

可
kě

· 可以 kěyǐ 해도 된다
· 可能 kěnéng 가능하다
· 可爱 kě'ài 사랑스럽다

可

음 か

□ 可能 かのう 가능
□ 許可 きょか 허가
□ 不可 ふか 불가

生
날 생

· 生活 생활
· 生産 생산
· 衛生 위생

生
shēng

· 生病 shēngbìng 병나다
· 学生 xuésheng 학생
· 先生 xiānsheng 선생, 남편

生

음 せい·しょう
훈 いかす·
いきる·いける·う

□ 先生 せんせい 선생
□ 生物 せいぶつ 생물
□ 学生 がくせい 학생

出
날 출

· 出身 출신
· 出入 출입
· 出發 출발

出
chū

· 出现 chūxiàn 출현하다
· 演出 yǎnchū 공연하다
· 出租车 chūzūchē 택시

出

음 しゅつ·すい
훈 でる·だす

□ 出発 しゅっぱつ 출발
□ 出席 しゅっせき 출석
■ 出前 でまえ 배달요리

81

韓 主 주인 주	· 主人 주인 · 主要 주요 · 主張 주장
中 主 zhǔ	· 主要 zhǔyào 주요한 · 主动 zhǔdòng 주동적인 · 主人 zhǔrén 주인
日 主 음 しゅ・す 훈 あるじ・おも・ぬし	□ 主人 しゅじん 주인 □ 主婦 しゅふ 주부 ■ 家主 やぬし 가장, 집주인

82

韓 用 쓸 용	· 利用 이용 · 信用 신용 · 費用 비용
中 用 yòng	· 作用 zuòyòng 작용 · 使用 shǐyòng 사용하다 · 信用卡 xìnyòngkǎ 신용카드
日 用 음 よう 훈 もちいる	□ 利用 りよう 이용 □ 用事 ようじ 용건, 용무 □ 用意 ようい 용의

83

韓 去 갈 거	· 去來 거래 · 過去 과거 · 除去 제거
中 去 qù	· 去年 qùnián 작년 · 过去 guòqù 지나가다 · 去世 qùshì 세상을 뜨다
日 去 음 きょ・こ 훈 さる	□ 去年 きょねん 작년 □ 除去 じょきょ 제거 □ 過去 かこ 과거

84

韓 民 백성 민	· 民衆 민중 · 平民 평민 · 民防衛 민방위
中 民 mín	· 民族 mínzú 민족 · 民主 mínzhǔ 민주적인 · 农民 nóngmín 농민
日 民 음 みん 훈 たみ	□ 民族 みんぞく 민족 □ 住民 じゅうみん 주민 □ 民主主義 みんしゅしゅぎ 민주주의

本 ^韓
근본 본
· **本来** 본래
· **本心** 본심
· **資本** 자본

本 ^中
běn
· **本来** běnlái 본래
· **根本** gēnběn 근본
· **基本** jīběn 기본적인

本 ^日
음 ほん
훈 もと
□ 本屋 ほんや 서점
□ 本堂 ほんどう 본당
■ 根本 ねもと 근본

外 ^韓
바깥 외
· **外交** 외교
· **海外** 해외
· **野外** 야외

外 ^中
wài
· **意外** yìwài 의외의
· **外交** wàijiāo 외교
· **外向** wàixiàng 외향적인

外 ^日
음 がい·げ
훈 そと·はずす·
はずれる·ほか
□ 以外 いがい 이외
□ 外国 がいこく 외국
■ 外側 そとがわ 바깥쪽

加 ^韓
더할 가
· **加入** 가입
· **加工** 가공
· **加熱** 가열

加 ^中
jiā
· **参加** cānjiā 참가하다
· **増加** zēngjiā 증가하다
· **加班** jiābān 초과근무를
하다

加 ^日
음 か
훈 くわえる·
くわわる
□ 参加 さんか 참가
□ 追加 ついか 추가
□ 加入 かにゅう 가입

四 ^韓
넉 사
· **四寸** 사촌
· **四方** 사방
· **朝三暮四** 조삼모사

四 ^中
sì
· **四方** sìfāng 사방
· **四声** sìshēng 사성
· **四肢** sìzhī 사지, 팔다리

四 ^日
음 し
훈 よ·よつ·
よっつ·よん
□ 四月 しがつ 4월
□ 四時 よじ 4시
□ 四季 しき 4계절

正 바를 정 〔韓〕	· 正常 정상 · 正直 정직 · 端正 단정
正 zhèng 〔中〕	· 真正 zhēnzhèng 진정한 · 正确 zhèngquè 정확하다 · 正在 zhèngzài 지금 ~하고 있다.
正 음 しょう・せい 훈 ただしい・ ただす・まさ 〔日〕	☐ 正月 しょうがつ 정월 ☐ 正午 しょうご 정오 ☐ 正直 しょうじき 정직

由 말미암을 유 〔韓〕	· 自由 자유 · 理由 이유 · 由來 유래
由 yóu 〔中〕	· 自由 zìyóu 자유 · 理由 lǐyóu 이유
由 음 ゆ・ゆい・ゆう 훈 よし・よる 〔日〕	☐ 理由 りゆう 이유 ☐ 由来 ゆらい 유래 ☐ 自由 じゆう 자유

平 평평할 평 〔韓〕	· 平凡 평범 · 平野 평야 · 平衡 평형
平 píng 〔中〕	· 平时 píngshí 평상시 · 和平 hépíng 평화 · 平衡 pínghéng 균형이 맞다
平 음 へい・びょう・ ひょう 훈 たいら・ひら 〔日〕	☐ 平均 へいきん 평균 ☐ 平和 へいわ 평화 ■ 平社員 ひらしゃいん 평사원

代 대신할 대 〔韓〕	· 代身 대신 · 代價 대가 · 時代 시대
代 dài 〔中〕	· 現代 xiàndài 현대 · 代表 dàibiǎo 대표 · 代替 dàitì 대체하다
代 음 たい・だい 훈 かえる・かわる・ しろ 〔日〕	☐ 交代 こうたい 교대 ☐ 代表 だいひょう 대표 ☐ 代理 だいり 대리

93

白 ^韓
흰 백

- 明白 명백
- 淡白 담백
- 清白吏 청백리

白 ^中
bái

- 空白 kòngbái 공백
- 蛋白质 dànbáizhì 단백질
- 明白 míngbai 명백하다, 알다

白 ^日
음 はく·びゃく
훈 しら·しろ· しろい

- ☐ 空白 くうはく 공백
- ☐ 告白 こくはく 고백
- ■ 面白い おもしろい 재미있다

94

立 ^韓
설 립

- 自立 자립
- 起立 기립
- 獨立 독립

立 ^中
lì

- 独立 dúlì 독립하다
- 建立 jiànlì 건립하다
- 对立 duìlì 대립하다

立 ^日
음 りつ·りゅう
훈 たつ·たてる

- ☐ 国立 こくりつ 국립
- ☐ 成立 せいりつ 성립
- ■ 立場 たちば 입장

95

打 ^韓
칠 타

- 打者 타자
- 打算 타산
- 打作 타작

打 ^中
dǎ

- 打扫 dǎsǎo 청소하다
- 打印 dǎyìn 프린트하다
- 打算 dǎsuan 계산, ~할 생각이다.

打 ^日
음 だ·ちょう
훈 うつ

- ☐ 打開 だかい 타개
- ☐ 打倒 だとう 타도
- ☐ 打者 だしゃ 타자

96

北 ^韓
북녘 북
달아날 배

- 北韓 북한
- 北極 북극
- 敗北 패배

北 ^中
běi

- 北方 běifāng 북방
- 北京 Běijīng 베이징
- 北边 běibiān 북부지역

北 ^日
음 ほく
훈 きた

- ☐ 北極 ほっきょく 북극
- ☐ 北海道 ほっかいどう 북해도
- ■ 北半球 きたはんきゅう 북반구

97

世 韓 세상 세	· 世上 세상 · 世代 세대 · 世界 세계
世 中 shì	· 世界 shìjiè 세계 · 世纪 shìjì 세기
世 日 음 세·せい 훈 よ	□ 世界 せかい 세계 □ 世代 せだい 세대 □ 世論 せろん 여론

98

必 韓 반드시 필	· 必讀 필독 · 必勝 필승 · 必然 필연
必 中 bì	· 必要 bìyào 필요로 하다 · 不必 búbì ~할 필요 없다 · 必须 bìxū 반드시 ~해야 한다
必 日 음 ひつ 훈 かならず	□ 必要 ひつよう 필요 □ 必死 ひっし 필사 □ 必須 ひっす 필수

99

目 韓 눈 목	· 耳目 이목 · 科目 과목 · 題目 제목
目 中 mù	· 目的 mùdì 목적 · 目标 mùbiāo 목표 · 题目 tímù 제목, 표제
目 日 음 ぼく·もく 훈 ま·め	□ 科目 かもく 과목 □ 目次 もくじ 목차 ■ 目下 めした 아랫사람

100

市 韓 저자 시	· 市民 시민 · 都市 도시 · 門前成市 문전성시
市 中 shì	· 城市 chéngshì 도시 · 市场 shìchǎng 시장 · 都市 dūshì 대도시
市 日 음 し 훈 いち	□ 市内 しない 시내 □ 市民 しみん 시민 □ 都市 とし 도시

101

布 韓
베 포

- 宣布 선포
- 流布 유포
- 分布 분포

布 中
bù

- 分布 fēnbù 분포하다
- 公布 gōngbù 공포하다
- 宣布 xuānbù 선포하다

布 日

음 ふ・ほ
훈 きれ・しく・ぬの

- ☐ 布団 ふとん 이불
- ☐ 毛布 もうふ 모포, 담요
- ☐ 配布 はいふ 배포

102

石 韓
돌 석

- 石油 석유
- 化石 화석
- 巖石 암석

石 中
shí

- 石头 shítou 돌
- 岩石 yánshí 암석
- 石油 shíyóu 석유

石 日

음 こく・しゃく・せき
훈 いし

- ☐ 化石 かせき 화석
- ☐ 宝石 ほうせき 보석
- ☐ 石油 せきゆ 석유

103

母 韓
어머니 모

- 祖母 조모
- 老母 노모
- 分母 분모

母 中
mǔ

- 母亲 mǔqīn 모친
- 字母 zìmǔ 자모, 알파벳
- 母语 mǔyǔ 모국어

母 日

음 ぼ・も
훈 はは

- ☐ 母校 ぼこう 모교
- ☐ 母国 ぼこく 모국
- ■ 母親 ははおや 모친

104

未 韓
아닐 미

- 未來 미래
- 未然 미연
- 前代未聞 전대미문

未 中
wèi

- 未来 wèilái 미래
- 未知数 wèizhīshù 미지수
- 未婚夫 wèihūnfū 약혼자

未 日

음 び・み
훈 いまだ・ひつじ

- ☐ 未知 みち 미지
- ☐ 未定 みてい 미정
- ☐ 未来 みらい 미래

105

半 韓
절반 반
- 折半 절반
- 韓半島 한반도
- 半信半疑 반신반의

半 中
bàn
- 大半 dàbàn 대부분
- 半天 bàntiān 한나절
- 多半 duōbàn 대다수

半 日
음 はん
훈 なかば
- □ 半額 はんがく 반액
- □ 半袖 はんそで 반소매
- □ 後半 こうはん 후반

106

示 韓
보일 시
- 表示 표시
- 展示 전시
- 提示 제시

示 中
shì
- 启示 qǐshì 계시하다
- 表示 biǎoshì 의미하다
- 显示 xiǎnshì 분명하게 표현하다

示 日
음 し·じ
훈 しめす
- □ 暗示 あんじ 암시
- □ 展示 てんじ 전시
- □ 表示 ひょうじ 표시

107

古 韓
예 고
- 古代 고대
- 上古 상고
- 古典 고전

古 中
gǔ
- 古典 gǔdiǎn 고전적
- 古代 gǔdài 고대
- 名胜古迹 míngshènggǔjì 명승고적

古 日
음 こ
훈 いにしえ· ふるい·ふる
- □ 古代 こだい 고대
- □ 古典 こてん 고전
- ■ 古着 ふるぎ 헌옷

108

史 韓
역사 사
- 史記 사기
- 國史 국사
- 歷史 역사

史 中
shǐ
- 历史 lìshǐ 역사
- 国史 guóshǐ 국사

史 日
음 し
훈 ふびと·ふみ
- □ 歷史 れきし 역사
- □ 史料 しりょう 사료
- □ 世界史 せかいし 세계사

109

失 〈韓〉
잃을 실

· 失望 실망
· 失敗 실패
· 損失 손실

失 〈中〉
shī

· 失望 shīwàng 실망하다
· 失敗 shībài 실패하다
· 損失 sǔnshī 손실되다

失 〈日〉
음 しつ
훈 うしなう·
うせる

☐ 失敗 しっぱい 실패
☐ 過失 かしつ 과실
☐ 失恋 しつれん 실연

110

功 〈韓〉
공 공

· 功德 공덕
· 成功 성공
· 功勞 공로

功 〈中〉
gōng

· 成功 chénggōng 성공
· 功能 gōngnéng 기능
· 功夫 gōngfu 시간, 재수

功 〈日〉
음 く·こう
훈 いさお

☐ 功名 こうみょう 공명
☐ 功労 こうろう 공로
☐ 成功 せいこう 성공

111

田 〈韓〉
밭 전

· 油田 유전
· 田畓 전답
· 田園 전원

田 〈中〉
tián

· 田野 tiányě 논밭과 들판
· 田家 tiánjiā 농가
· 田径 tiánjìng 육상경기

田 〈日〉
음 でん
훈 た

☐ 田園 でんえん 전원
☐ 油田 ゆでん 유전
★ 田舎 いなか 시골, 지방

112

皮 〈韓〉
가죽 피

· 虎皮 호피
· 脫皮 탈피
· 鐵面皮 철면피

皮 〈中〉
pí

· 皮肤 pífū 피부
· 皮鞋 píxié 가죽구두
· 橡皮 xiàngpí 지우개

皮 〈日〉
음 ひ
훈 かわ

☐ 皮脂 ひし 피지
☐ 皮肉 ひにく 가죽과 살
☐ 皮膚 ひふ 피부

113

令 韓 하여금 령	· 法令 법령 · 命令 명령 · 施行令 시행령
令 中 lìng	· 命令 mìnglìng 명령하다 · 指令 zhǐlìng 지시하다
令 日 [음] りょう·れい	☐ 法令 ほうれい 법령 ☐ 命令 めいれい 명령 ☐ 司令部 しれいぶ 사령부

114

左 韓 왼 좌	· 左右 좌우 · 左側 좌측 · 左向左 좌향좌
左 中 zuǒ	· 左边 zuǒbian 좌측 · 左右 zuǒyòu 좌우
左 日 [음] さ [훈] ひだり	☐ 左右 さゆう 좌우 ☐ 左折 させつ 좌회전 ■ 左手 ひだりて 왼손

115

句 韓 글귀 구	· 句節 구절 · 詩句 시구 · 句讀 구두
句 中 jù	· 句子 jùzi 문장 · 句号 jùhào 마침표 · 诗句 shījù 시구
句 日 [음] く	☐ 句点 くてん 구점, 마침표 ☐ 文句 もんく 문구 ☐ 慣用句 かんようく 관용구

116

右 韓 오른 우	· 左右 좌우 · 右側 우측 · 右往左往 우왕좌왕
右 中 yòu	· 右边 yòubian 오른쪽 · 座右铭 zuòyòumíng 　좌우명
右 日 [음] う·ゆう [훈] みぎ	☐ 右側 うそく 우측 ☐ 右折 うせつ 우회전 ■ 右手 みぎて 오른손

117

韓 玉 구슬 옥
· 玉石 옥석
· 白玉 백옥
· 玉篇 옥편

中 玉 yù
· 碧玉 bìyù 벽옥
· 玉米 yùmǐ 옥수수

日 玉
☐ 玉石 ぎょくせき 옥석
☐ 玉体 ぎょくたい 옥체
■ 水玉 みずたま 물방울
음 ぎょく
훈 たま

118

韓 冬 겨울 동
· 冬眠 동면
· 立冬 입동
· 春夏秋冬 춘하추동

中 冬 dōng
· 冬季 dōngjì 동계
· 冬天 dōngtiān 겨울

日 冬
☐ 冬眠 とうみん 동면
☐ 冬季 とうき 동계
■ 冬休み ふゆやすみ 겨울방학
음 とう
훈 ふゆ

119

韓 兄 맏 형
· 兄夫 형부
· 妻兄 처형
· 難兄難弟 난형난제

中 兄 xiōng
· 兄弟 xiōngdì 형제
· 師兄 shīxiōng 사형, 남자선배

日 兄
☐ 兄弟 きょうだい 형제
☐ 義兄 ぎけい 의형, 매형
■ 兄嫁 あによめ 형수
음 きょう·けい
훈 あに

120

韓 永 길 영
· 永遠 영원
· 永眠 영면
· 永久 영구

中 永 yǒng
· 永远 yǒngyuǎn 영원
· 永恒 yǒnghéng 영원히 변치 않다

日 永
☐ 永遠 えいえん 영원
☐ 永久 えいきゅう 영구
☐ 永訣 えいけつ 영결
음 えい
훈 ながい

121

末 韓 끝 말	· 本末 본말 · 月末 월말 · 末尾 말미
末 中 mò	· 周末 zhōumò 주말 · 粉末 fěnmò 분말, 가루
末 日 음 ばつ·まつ 훈 すえ	□ 週末 しゅうまつ 주말 □ 結末 けつまつ 결말 □ 期末 きまつ 기말

122

巨 韓 클 거	· 巨金 거금 · 巨大 거대 · 巨視的 거시적
巨 中 jù	· 巨大 jùdà 거대하다 · 艰巨 jiānjù 어렵고 힘들다
巨 日 음 きょ·こ	□ 巨大 きょだい 거대 □ 巨木 きょぼく 거목 □ 巨匠 きょしょう 거장

123

幼 韓 어릴 유	· 幼兒 유아 · 幼蟲 유충 · 幼稚園 유치원
幼 中 yòu	· 幼稚 yòuzhì 유치하다 · 幼儿园 yòu'éryuán 유치원
幼 日 음 よう 훈 おさない	□ 幼年 ようねん 유년 □ 幼稚園 ようちえん 유치원 □ 幼少 ようしょう 나이 어림

124

甘 韓 달 감	· 甘味 감미 · 甘草 감초 · 甘受 감수
甘 中 gān	· 甘心 gānxīn 달가워하다 · 苦尽甘来 kǔjìngānlái 고진감래
甘 日 음 かん 훈 あまい	□ 甘言 かんげん 감언 □ 甘受 かんじゅ 감수 ■ 甘味 あまみ 감미

125

仙 韓
신선 선

· 仙女 선녀
· 神仙 신선
· 詩仙 시선

仙 中
xiān

· 神仙 shénxiān 신선
· 诗仙 shīxiān
　시선, 李白의 별칭

仙 日
음 せん

☐ 仙女 せんじょ 선녀
☐ 神仙 しんせん 신선
☐ 仙境 せんきょう 신선의
　세계

126

申 韓
납 신

· 申告 신고
· 申請 신청

申 中
shēn

· 申请 shēnqǐng 신청하다
· 申报 shēnbào 서면으로
　보고하다

申 日
음 しん
훈 さる·もうす

☐ 申告 しんこく 신고
☐ 申請 しんせい 신청
☐ 答申 とうしん 답신

127

冊 韓
책 책

· 冊床 책상
· 冊房 책방
· 書冊 서책

册 中
cè

· 注册 zhùcè 등록하다
· 画册 huàcè 화첩

冊 日
음 さつ·さく

☐ 冊子 さっし 책자
☐ 一冊 いっさつ 한 권

128

氷 韓
얼음 빙

· 氷河 빙하
· 氷水 빙수
· 結氷 결빙

冰 中
bīng

· 结冰 jiébīng 얼음이 얼다
· 冰球 bīngqiú 아이스하키
· 冰车 bīngchē 썰매

氷 日
음 ひょう
훈 こおり·ひ

☐ 氷河 ひょうが 빙하
☐ 氷山 ひょうざん 빙산
☐ 氷点 ひょうてん 빙점

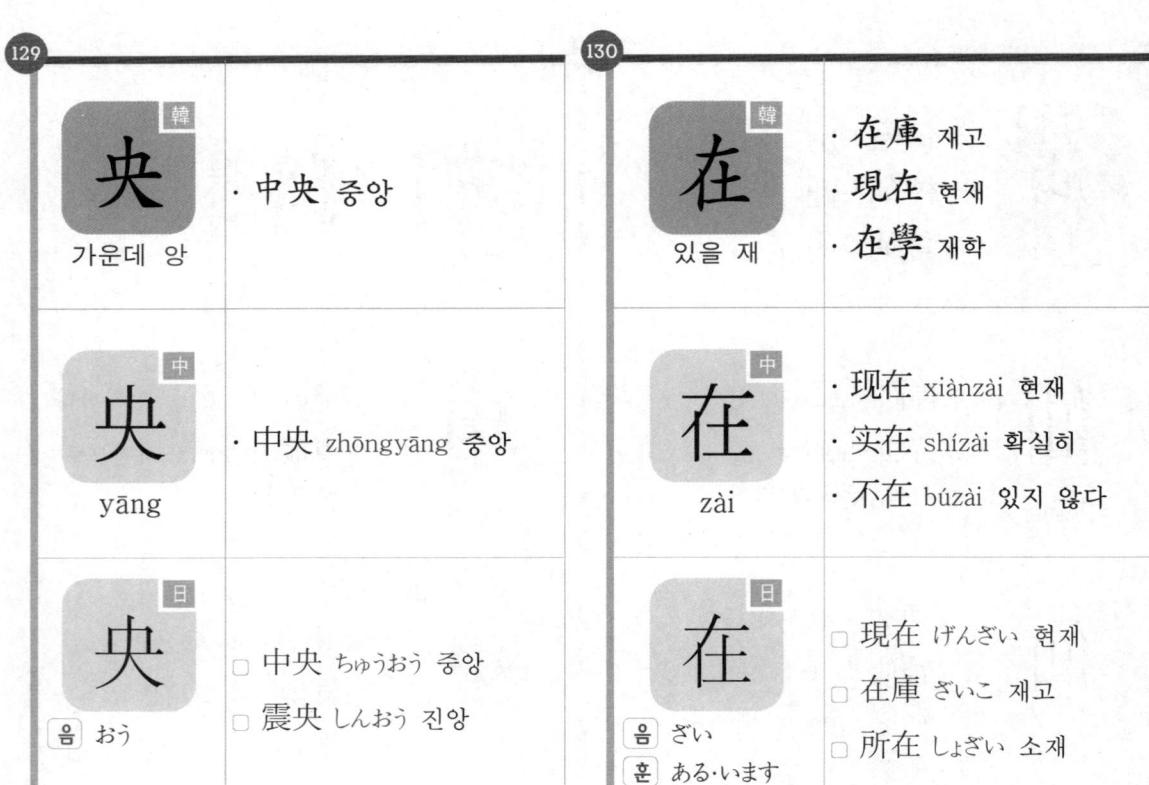

129

韓 **央** 가운데 앙	· 中央 중앙
中 **央** yāng	· 中央 zhōngyāng 중앙
日 **央** 음 おう	□ 中央 ちゅうおう 중앙 □ 震央 しんおう 진앙

130

韓 **在** 있을 재	· 在庫 재고 · 現在 현재 · 在學 재학
中 **在** zài	· 现在 xiànzài 현재 · 实在 shízài 확실히 · 不在 búzài 있지 않다
日 **在** 음 ざい 훈 ある·います	□ 現在 げんざい 현재 □ 在庫 ざいこ 재고 □ 所在 しょざい 소재

131

韓 **有** 있을 유	· 有力 유력 · 有名 유명 · 有口無言 유구무언
中 **有** yǒu	· 有名 yǒumíng 유명하다 · 所有 suǒyǒu 소유, 모든 · 有趣 yǒuqù 재미있다
日 **有** 음 う·ゆう 훈 ある	□ 有名 ゆうめい 유명 □ 有益 ゆうえき 유익 □ 有料 ゆうりょう 유료

132

韓 **地** 땅 지	· 地球 지구 · 地方 지방 · 地下鐵 지하철
中 **地** dì/de	· 地铁 dìtiě 지하철 · 地图 dìtú 지도 · 慢慢地 mànmànde 천천히
日 **地** 음 じ·ち	□ 地図 ちず 지도 □ 地球 ちきゅう 지구 □ 地理 ちり 지리

133

全
온전할 전

- 全體 전체
- 全國 전국
- 完全 완전

全
quán

- 全部 quánbù 전부
- 完全 wánquán 완전히
- 安全 ānquán 안전하다

全

- ☐ 全部 ぜんぶ 전부
- ☐ 全員 ぜんいん 전원
- ☐ 全体 ぜんたい 전체

음 ぜん
훈 まったく

134

年
해 년

- 昨年 작년
- 享年 향년
- 權不十年 권불십년

年
nián

- 去年 qùnián 작년
- 年轻 niánqīng 젊다
- 年级 niánjí 학년

年

- ☐ 年度 ねんど 연도
- ■ 今年 ことし 금년
- ■ 年寄 としより 노인

음 ねん
훈 とし

135

多
많을 다

- 多幸 다행
- 過多 과다
- 多多益善 다다익선

多
duō

- 多少 duōshao 얼마, 몇
- 许多 xǔduō 허다하다

多

- ☐ 多少 たしょう 다소
- ☐ 多数 たすう 다수
- ☐ 多分 たぶん 양, 아마

음 た
훈 おおい

136

自
스스로 자

- 自主 자주
- 自然 자연
- 自制 자제

自
zì

- 自然 zìrán 자연
- 自动 zìdòng 자동으로
- 自行车 zìxíngchē 자전거

自

- ☐ 自己 じこ 자기
- ☐ 自然 しぜん 자연
- ☐ 自信 じしん 자신

음 し·じ
훈 おのずから

137

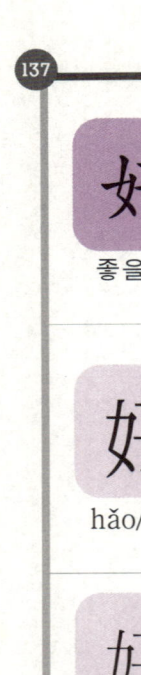

好
좋을 호

- 友好 우호
- 良好 양호
- 好奇心 호기심

好
hǎo/hào

- 好吃 hǎochī 맛있다
- 爱好 àihào 애호하다
- 友好 yǒuhǎo 우호적이다

好

음 こう
훈 このむ・すく

- ☐ 好意 こうい 호의
- ☐ 友好 ゆうこう 우호
- ☐ 好感 こうかん 호감

138

行
다닐 행

- 旅行 여행
- 擧行 거행
- 銀行 은행

行
xíng/háng

- 举行 jǔxíng 거행하다
- 进行 jìnxíng 진행하다
- 银行 yínháng 은행

行

음 ぎょう・こう
훈 いく・おこなう・
ゆく

- ☐ 旅行 りょこう 여행
- ☐ 行動 こうどう 행동
- ■ 行方 ゆくえ 행방

139

同
같을 동

- 同時 동시
- 同意 동의
- 同窓 동창

同
tóng

- 同学 tóngxué 학우
- 同事 tóngshì 동료
- 相同 xiāngtóng 서로 같다

同

음 どう
훈 おなじ

- ☐ 同僚 どうりょう 동료
- ☐ 同期 どうき 동기
- ☐ 同級生 どうきゅうせい
　　동급생

140

成
이룰 성

- 完成 완성
- 造成 조성
- 大器晩成 대기만성

成
chéng

- 成绩 chéngjì 성적
- 成熟 chéngshú 성숙하다
- 成就 chéngjiù 성취하다

成

음 じょう・せい
훈 なす・なる

- ☐ 成績 せいせき 성적
- ☐ 贊成 さんせい 찬성
- ☐ 完成 かんせい 완성

141

如 韓 같을 여	· 如前 여전 · 如反掌 여반장 · 如三秋 여삼추
如 中 rú	· 如果 rúguǒ 만약 · 不如 bùrú ~만 못하다 · 如何 rúhé 어떠한가
如 日 음 じょ·にょ 훈 ごとし	□ 如実 にじつ 여실, 있는 　그대로임 □ 欠如 けつじょ 결여

142

老 韓 늙을 로	· 元老 원로 · 不老 불로 · 敬老 경로
老 中 lǎo	· 老师 lǎoshī 선생님 · 老虎 lǎohǔ 호랑이 · 老板 lǎobǎn 상점주인
老 日 음 ろう 훈 おいる·ふける	□ 老後 ろうご 노후 □ 長老 ちょうろう 장로 □ 老兵 ろうへい 노병

143

因 韓 인할 인	· 原因 원인 · 要因 요인 · 因果應報 인과응보
因 中 yīn	· 因为 yīnwèi 왜냐하면 · 原因 yuányīn 원인
因 日 음 いん 훈 よる	□ 起因 きいん 기인 □ 原因 げんいん 원인 □ 因果 いんが 인과

144

向 韓 향할 향	· 向上 향상 · 方向 방향 · 傾向 경향
向 中 xiàng	· 方向 fāngxiàng 방향 · 倾向 qīngxiàng 경향 · 转向 zhuǎnxiàng 방향을 　바꾸다
向 日 음 きょう·こう 훈 むかう·むく	□ 向上 こうじょう 향상 □ 傾向 けいこう 경향 □ 方向 ほうこう 방향

145

合 韓 합할 합	· 統合 통합 · 合格 합격 · 合理的 합리적
合 中 hé	· 集合 jíhé 집합하다 · 符合 fúhé 부합하다 · 适合 shìhé 적합하다
合 日 음 がっ·ごう 훈 あう·あわす	☐ 合唱 がっしょう 합창 ☐ 合格 ごうかく 합격 ■ 合気道 あいきどう 합기도

146

各 韓 각각 각	· 各自 각자 · 各界 각계 · 各種 각종
各 中 gè	· 各位 gèwèi 여러분 · 各家各户 gèjiāgèhù 집집마다
各 日 음 かく 훈 おのおの	☐ 各自 かくじ 각자 ☐ 各種 かくしゅ 각종 ☐ 各地 かくち 각지

147

百 韓 일백 백	· 百姓 백성 · 百濟 백제 · 百貨店 백화점
百 中 bǎi	· 老百姓 lǎobǎixìng 백성 · 千方百计 qiānfāngbǎijì 갖은 방법을 다 써 보다
百 日 음 ひゃく 훈 もも	☐ 百人 ひゃくにん 백 명 ☐ 百年 ひゃくねん 백 년 ☐ 百貨店 ひゃっかてん 백화점

148

西 韓 서녘 서	· 西洋 서양 · 西紀 서기 · 西海岸 서해안
西 中 xī	· 东西 dōngxi 물건, 사물 · 西瓜 xīguā 수박 · 西红柿 xīhóngshì 토마토
西 日 음 さい·せい 훈 にし	☐ 西洋 せいよう 서양 ☐ 西欧 せいおう 서구 ■ 西側 にしがわ 서방측

149

韓 回
돌 회

· 回復 회복
· 回甲 회갑
· 回收 회수

中 回
huí

· 回答 huídá 회답하다
· 回忆 huíyì 회상하다
· 回避 huíbì 회피하다

日 回
음 え·かい
훈 かえる·まわす

☐ 回転 かいてん 회전
☐ 回避 かいひ 회피
☐ 回復 かいふく 회복

150

韓 次
버금 차

· 次例 차례
· 次席 차석
· 順次 순차

中 次
cì

· 其次 qícì 그 다음
· 一次 yīcì 한번

日 次
음 し·じ
훈 つぎ·つぐ

☐ 目次 もくじ 목차
☐ 次男 じなん 차남
☐ 次回 じかい 다음 번

151

韓 先
먼저 선

· 先生 선생
· 先輩 선배
· 率先 솔선

中 先
xiān

· 先生 xiānsheng 선생님
· 首先 shǒuxiān 가장 먼저
· 事先 shìxiān 사전에

日 先
음 せん
훈 さき

☐ 先生 せんせい 선생
☐ 先輩 せんぱい 선배
☐ 先月 せんげつ 지난달

152

韓 名
이름 명

· 名聲 명성
· 有名 유명
· 名目 명목

中 名
míng

· 名字 míngzi 이름
· 报名 bàomíng 신청하다
· 著名 zhùmíng 저명하다

日 名
음 みょう·めい
훈 な

☐ 有名 ゆうめい 유명
☐ 地名 ちめい 지명
■ 名前 なまえ 이름

153

再 두 재 ^韓

- 再考 재고
- 再建 재건
- 非一非再 비일비재

再 zài ^中

- 再三 zàisān 두세 번
- 再见 zàijiàn
  또 뵙겠습니다

再 ^日

음 さ·さい
훈 ふたたび

- □ 再会 さいかい 재회
- □ 再考 さいこう 재고
- □ 再生 さいせい 재생

154

安 편안할 안 ^韓

- 安全 안전
- 安心 안심
- 不安 불안

安 ān ^中

- 安静 ānjìng 안정되다
- 安全 ānquán 안전하다
- 安慰 ānwèi 위로하다

安 ^日

음 あん
훈 やすい

- □ 安全 あんぜん 안전
- □ 安心 あんしん 안심
- □ 治安 ちあん 치안

155

共 함께 공 ^韓

- 共同 공동
- 共感 공감
- 共有 공유

共 gòng ^中

- 公共汽车
  gōnggòngqìchē 버스
- 共同 gòngtóng 공동의

共 ^日

음 きょう
훈 とも

- □ 共同 きょうどう 공동
- □ 共感 きょうかん 공감
- □ 共通 きょうつう 공통

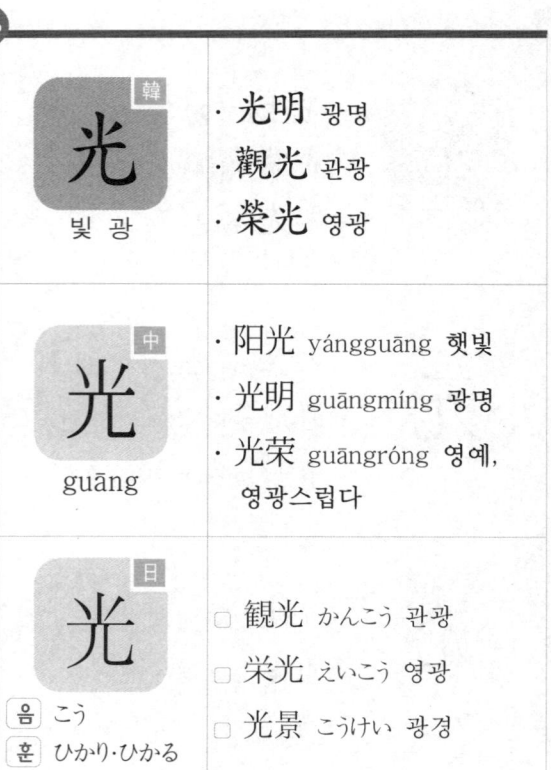

156

光 빛 광 ^韓

- 光明 광명
- 觀光 관광
- 榮光 영광

光 guāng ^中

- 阳光 yángguāng 햇빛
- 光明 guāngmíng 광명
- 光荣 guāngróng 영예,
  영광스럽다

光 ^日

음 こう
훈 ひかり·ひかる

- □ 観光 かんこう 관광
- □ 栄光 えいこう 영광
- □ 光景 こうけい 광경

157

| 至 韓
이를 지 | · 冬至 동지
· 至極 지극
· 至誠 지성 |

| 至 中
zhì | · 甚至 shènzhì 심지어
· 至少 zhìshǎo 적어도
· 至今 zhìjīn 지금까지 |

| 至 日
음 し
훈 いたる | □ 至極 しごく 지극
□ 冬至 とうじ 동지
□ 夏至 げし 하지 |

158

| 收 韓
거둘 수 | · 收支 수지
· 收入 수입
· 秋收 추수 |

| 收 中
shōu | · 收入 shōurù 수입
· 收拾 shōushi 거두다
· 收获 shōuhuò 수확하다 |

| 収 日
음 しゅう
훈 おさまる·
おさめる | □ 収益 しゅうえき 수익
□ 収集 しゅうしゅう 수집
□ 収穫 しゅうかく 수확 |

159

| 交 韓
사귈 교 | · 交通 교통
· 外交 외교
· 交友 교우 |

| 交 中
jiāo | · 交流 jiāoliú 교류하다
· 交通 jiāotōng 교통
· 外交 wàijiāo 외교 |

| 交 日
음 こう
훈 かう·かわす
·まざる·まじえる | □ 交換 こうかん 교환
□ 交差 こうさ 교차
□ 交番 こうばん 파출소 |

160

| 字 韓
글자 자 | · 文字 문자
· 漢字 한자
· 字幕 자막 |

| 字 中
zì | · 名字 míngzi 성명
· 字典 zìdiǎn 자전
· 数字 shùzì 숫자, 수량 |

| 字 日
음 じ
훈 あざ·あざな | □ 漢字 かんじ 한자
□ 数字 すうじ 숫자
□ 黒字 くろじ 흑자, 이익 |

161

米 韓 쌀 미	· 米飮 미음 · 玄米 현미 · 白米 백미
米 中 mǐ	· 米饭 mǐfàn 쌀밥 · 玉米 yùmǐ 옥수수
米 日 음 べい·まい 훈 こめ·よね	☐ 玄米 げんまい 현미 ☐ 米国 べいこく 미국 ■ 米粒 こめつぶ 쌀알

162

色 韓 빛 색	· 黃色 황색 · 顔色 안색 · 染色 염색
色 中 sè	· 颜色 yánsè 색깔, 안색 · 景色 jǐngsè 풍경 · 特色 tèsè 특색
色 日 음 しょく·しき 훈 いろ	☐ 色彩 しきさい 색채, 빛깔 ☐ 色素 しきそ 색소 ■ 茶色 ちゃいろ 갈색

163

式 韓 법 식	· 新式 신식 · 洋式 양식 · 株式 주식
式 中 shì	· 正式 zhèngshì 정식의 · 方式 fāngshì 방식, 방법 · 样式 yàngshì 양식, 형식
式 日 음 しき 훈 のり	☐ 形式 けいしき 형식 ☐ 式場 しきじょう 식장 ☐ 結婚式 けっこんしき 　결혼식

164

死 韓 죽을 사	· 死活 사활 · 死別 사별 · 死境 사경
死 中 sǐ	· 死亡 sǐwáng 사망
死 日 음 し 훈 しぬ	☐ 死亡 しぼう 사망 ☐ 死後 しご 사후 ☐ 必死的 ひっしてき 필사적

165

早 ^韓
이를 조
- 早期 조기
- 早晚間 조만간
- 時機尚早 시기상조

早 ^中
zǎo
- 早上 zǎoshang 아침
- 早饭 zǎofàn 아침밥

早 ^日
음 さっ·そう
훈 はやい·
はやまる·はや
- ☐ 早期 そうき 조기
- ☐ 早退 そうたい 조퇴
- ☐ 早速 さっそく 조속

166

列 ^韓
벌일 렬
- 行列 행렬
- 一列 일렬
- 竝列 병렬

列 ^中
liè
- 排列 páiliè 배열하다
- 列车 lièchē 열차
- 系列 xìliè 계열, 시리즈

列 ^日
음 れつ
훈 つらねる·
ならぶ
- ☐ 列島 れっとう 열도
- ☐ 列車 れっしゃ 열차
- ☐ 行列 ぎょうれつ 행렬

167

江 ^韓
강 강
- 江山 강산
- 漢江 한강
- 江原道 강원도

江 ^中
jiāng
- 长江 Chángjiāng 양쯔강
- 江山 jiāngshān 강산, 국토

江 ^日
음 こう
훈 え
- ☐ 江山 こうざん 강산
- ☐ 江湖 こうこ 강호, 세상
- ■ 江戸 えど
  에도(東京의 옛 이름)

168

衣 ^韓
옷 의
- 衣服 의복
- 衣食 의식
- 脱衣 탈의

衣 ^中
yī
- 衣服 yīfu 의복
- 衣裳 yīshang 의상

衣 ^日
음 い·え
훈 きぬ·ころも
- ☐ 衣服 いふく 의복
- ☐ 衣食住 いしょくじゅう
  의식주
- ★ 浴衣 ゆかた 유카타

169

存
있을 존

- 存在 존재
- 保存 보존
- 依存 의존

存
cún

- 保存 bǎocún 보존하다
- 存在 cúnzài 존재
- 生存 shēngcún 생존하다

存
음 そん·ぞん

- ☐ 依存 いぞん 의존
- ☐ 現存 げんそん 현존
- ☐ 保存 ほぞん 보존

170

忙
바쁠 망

- 忙中閑 망중한
- 公私多忙 공사다망

忙
máng

- 帮忙 bāngmáng 일을 돕다
- 急忙 jímáng 급히, 바삐
- 匆忙 cōngmáng 매우 바쁘다

忙
음 ぼう
훈 いそがしい·せわしい

- ☐ 多忙 たぼう 매우 바쁨
- ☐ 忙殺 ぼうさつ 매우 분주함
- ■ 忙しい せわしい 바쁘다

171

守
지킬 수

- 保守 보수
- 固守 고수
- 守備 수비

守
shǒu

- 遵守 zūnshǒu 준수하다
- 守护 shǒuhù 수호하다
- 保守 bǎoshǒu 보수적이다

守
음 しゅ·す
훈 まもる·もり·まもり·かみ

- ☐ 守備 しゅび 수비
- ☐ 保守 ほしゅ 보수
- ☐ 留守 るす 부재중

172

充
채울 충

- 充分 충분
- 充満 충만
- 充電器 충전기

充
chōng

- 充分 chōngfèn 충분히
- 充满 chōngmǎn 충만하다
- 充电器 chōngdiànqì 충전기

充
음 じゅう
훈 あてる

- ☐ 充分 じゅうぶん 충분
- ☐ 充血 じゅうけつ 충혈
- ☐ 充電 じゅうでん 충전

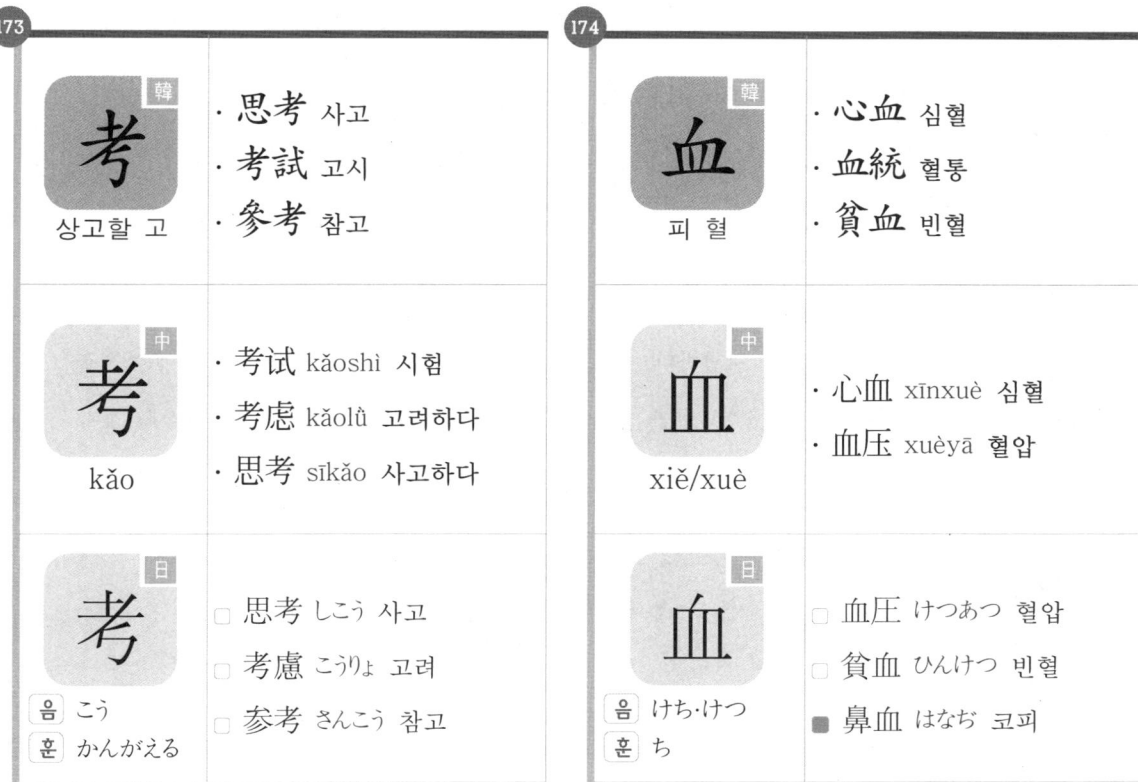

173

考
상고할 고
韓

· 思考 사고
· 考試 고시
· 參考 참고

考
kǎo
中

· 考试 kǎoshì 시험
· 考虑 kǎolǜ 고려하다
· 思考 sīkǎo 사고하다

考
日

□ 思考 しこう 사고
□ 考慮 こうりょ 고려
□ 参考 さんこう 참고

음 こう
훈 かんがえる

174

血
피 혈
韓

· 心血 심혈
· 血統 혈통
· 貧血 빈혈

血
xiě/xuè
中

· 心血 xīnxuè 심혈
· 血压 xuèyā 혈압

血
日

□ 血圧 けつあつ 혈압
□ 貧血 ひんけつ 빈혈
■ 鼻血 はなぢ 코피

음 けち·けつ
훈 ち

175

印
도장 인
韓

· 印度 인도
· 印象 인상
· 刻印 각인

印
yìn
中

· 打印 dǎyìn 인쇄하다
· 复印 fùyìn 복사하다
· 印象 yìnxiàng 인상

印
日

□ 木印 もくいん 목도장
□ 印刷 いんさつ 인쇄
□ 印象 いんしょう 인상

음 いん
훈 しるし

176

肉
고기 육
韓

· 肉體 육체
· 血肉 혈육
· 肉身 육신

肉
ròu
中

· 牛肉 niúròu 소고기
· 肌肉 jīròu 근육

肉
日

□ 肉食 にくしょく 육식
□ 肉体 にくたい 육체
□ 豚肉 ぶたにく 돼지고기

음 にく
훈 しし

177

危 위태할 위

- 危険 위험
- 危機 위기
- 危急 위급

危 wēi

- 危险 wēixiǎn 위험하다
- 危害 wēihài 손상, 훼손
- 危机 wēijī 위기

危
음 き
훈 あぶない·
あやうい

- ☐ 危険 きけん 위험
- ☐ 危機 きき 위기
- ☐ 危篤 きとく 위독

178

曲 굽을 곡

- 作曲 작곡
- 曲直 곡직
- 曲線 곡선

曲 qū/qǔ

- 曲折 qūzhé 우여곡절
- 曲子 qǔzi 노래, 가곡
- 歪曲 wāiqū 왜곡하다

曲
음 きょく
훈 まがる·まげる

- ☐ 曲線 きょくせん 곡선
- ☐ 作曲 さっきょく 작곡
- ☐ 歪曲 わいきょく 왜곡

179

耳 귀 이

- 耳目 이목
- 耳鳴 이명

耳 ěr

- 耳朵 ěrduo 귀
- 耳环 ěrhuán 귀고리

耳
음 じ
훈 みみ

- ☐ 耳目 じもく 이목
- ☐ 耳鼻科 じびか 이비과
- ■ 初耳 はつみみ 처음 듣는 일

180

羊 양 양

- 羊毛 양모
- 牛羊 우양

羊 yáng

- 羊肉 yángròu 양고기

羊
음 よう
훈 ひつじ

- ☐ 羊肉 ようにく 양고기
- ☐ 羊皮 ようひ 양가죽
- ☐ 羊毛 ようもう 양모

181

休 韓 쉴 휴	· 休日 휴일 · 休息 휴식 · 休校 휴교
休 中 xiū	· 休息 xiūxi 휴식하다 · 退休 tuìxiū 퇴직하다 · 休闲 xiūxián 한가하게 지내다
休 日 음 きゅう 훈 やすまる·やすむ	☐ 休暇 きゅうか 휴가 ☐ 休息 きゅうそく 휴식 ■ 冬休み ふゆやすみ 겨울방학, 겨울휴가

182

伐 韓 칠 벌	· 伐木 벌목 · 伐草 벌초 · 討伐 토벌
伐 中 fá	· 征伐 zhēngfá 정벌하다
伐 日 음 ばつ 훈 うつ·きる	☐ 伐木 ばつぼく 벌목 ☐ 討伐 とうばつ 토벌 ☐ 征伐 せいばつ 정벌

183

竹 韓 대 죽	· 竹葉 죽엽 · 松竹 송죽 · 竹馬故友 죽마고우
竹 中 zhú	· 竹子 zhúzi 대나무 · 烟花爆竹 yānhuābàozhú 불꽃놀이 폭죽
竹 日 음 ちく 훈 たけ	☐ 爆竹 ばくちく 폭죽 ☐ 竹林 ちくりん 대나무 숲 ■ 竹馬 たけうま 죽마

184

吉 韓 길할 길	· 吉凶 길흉 · 吉兆 길조 · 立春大吉 입춘대길
吉 中 jí	· 吉祥 jíxiáng 상서롭다 · 大吉 dàjí 대길하다
吉 日 음 きち·きつ 훈 よし	☐ 吉日 きちにち 길일 ☐ 吉兆 きっちょう 길조 ☐ 吉凶 きっきょう 길흉

185

伏 ^韓
엎드릴 복

- 伏線 복선
- 降伏 항복
- 屈伏 굴복

伏 ^中
fú

- 起伏 qǐfú 기복, 변화하다
- 埋伏 máifú 매복하다

伏 ^日
음 ふく·ぶく
훈 ふす·ふせる

- 伏兵 ふくへい 복병
- 起伏 きふく 기복
- 潜伏 せんぷく 잠복

186

刑 ^韓
형벌 형

- 刑罰 형벌
- 處刑 처형
- 刑法 형법

刑 ^中
xíng

- 刑事 xíngshì 형사
- 刑罚 xíngfá 형벌

刑 ^日
음 ぎょう·けい

- 刑事 けいじ 형사
- 死刑 しけい 사형
- 処刑 しょけい 처형

187

朱 ^韓
붉을 주

- 朱紅 주홍
- 印朱 인주
- 紫朱 자주

朱 ^中
zhū

- 朱红 zhūhóng 주홍색

朱 ^日
음 しゅ
훈 あか·あけ

- 朱色 しゅいろ 주홍색
- 朱肉 しゅにく 인주
- 朱雀 しゅじゃく 주작, 남방의 신

188

仰 ^韓
우러를 앙

- 信仰 신앙
- 推仰 추앙
- 仰望 앙망

仰 ^中
yǎng

- 信仰 xìnyǎng 신앙

仰 ^日
음 ぎょう·こう
훈 あおぐ·おおせ

- 仰天 ぎょうてん 몹시 놀람
- 信仰 しんこう 신앙
- 敬仰 けいぎょう 공경하여 우러러 봄

189

舌 〔韓〕
혀 설
· 口舌 구설
· 舌戰 설전

舌 〔中〕
shé
· 舌头 shétou 혀
· 口舌 kǒushé 입과 혀, 오해

舌 〔日〕
음 ぜつ
훈 した
□ 口舌 くぜつ 구설
□ 毒舌 どくぜつ 독설
■ 舌鼓 したつづみ 입맛을 다심

190

宅 〔韓〕
집 택
댁 댁
· 住宅 주택
· 宅配 택배
· 宅內 댁내

宅 〔中〕
zhái
· 住宅 zhùzhái 주택
· 家宅 jiāzhái 가택, 집

宅 〔日〕
음 たく
□ 住宅 じゅうたく 주택
□ 自宅 じたく 자택
□ 宅配 たくはい 택배

191

宇 〔韓〕
집 우
· 宇宙 우주

宇 〔中〕
yǔ
· 宇宙 yǔzhòu 우주, 세계

宇 〔日〕
음 う
□ 宇宙 うちゅう 우주
□ 宇宙船 うちゅうせん 우주선

192

寺 〔韓〕
절 사
· 寺院 사원
· 山寺 산사

寺 〔中〕
sì
· 寺庙 sìmiào 사당, 사원
· 寺院 sìyuàn 사원, 사찰

寺 〔日〕
음 じ
훈 てら
□ 寺院 じいん 사원
□ 寺塔 じとう 사탑
■ 山寺 やまでら 산사

193

兆
조 조
韓

- 吉兆 길조
- 徵兆 징조

兆
zhào
中

- 预兆 yùzhào
  조짐을 보이다

兆
日
음 ちょう
훈 きざし・きざす

- ☐ 前兆 ぜんちょう 전조
- ☐ 吉兆 きっちょう 길조
- ☐ 兆候 ちょうこう 징후, 조짐

194

臣
신하 신
韓

- 忠臣 충신
- 功臣 공신

臣
chén
中

- 大臣 dàchén 대신
- 奸臣 jiānchén 간신

臣
日
음 しん・じん
훈 おみ

- ☐ 臣下 しんか 신하
- ☐ 忠臣 ちゅうしん 충신
- ☐ 大臣 だいじん 대신, 장관

195

我
나 아
韓

- 自我 자아
- 我執 아집
- 我田引水 아전인수

我
wǒ
中

- 我们 wǒmen 우리
- 自我 zìwǒ 자기 자신

我
日
음 が
훈 わ・われ

- ☐ 怪我 けが 상처, 부상
- ☐ 我慢 がまん 참음, 용서함
- ☐ 自我 じが 자아

196

作
지을 작
韓

- 作業 작업
- 作品 작품
- 作家 작가

作
zuò
中

- 工作 gōngzuò 직업, 일
- 作业 zuòyè 숙제
- 合作 hézuò 합작하다

作
日
음 さ・さく
훈 つくる

- ☐ 作文 さくぶん 작문
- ☐ 作業 さぎょう 작업
- ☐ 作家 さっか 작가

197	
見 볼 견 [韓]	· 見聞 견문 · 偏見 편견 · 發見 발견
见 jiàn [中]	· 看见 kànjiàn 보다 · 再见 zàijiàn 안녕 · 意见 yìjiàn 의견, 견해
見 음 けん·げん 훈 まみえる·みえる [日]	☐ 意見 いけん 의견 ☐ 見学 けんがく 견학 ■ 見本 みほん 견본

198	
利 이로울 리 [韓]	· 權利 권리 · 便利 편리 · 勝利 승리
利 lì [中]	· 流利 liúlì 유창하다 · 順利 shùnlì 순조롭다 · 利用 lìyòng 이용하다
利 음 り 훈 きく·とし [日]	☐ 權利 けんり 권리 ☐ 勝利 しょうり 승리 ☐ 利口 りこう 영리함, 요령이 좋음

199	
位 자리 위 [韓]	· 位置 위치 · 單位 단위 · 順位 순위
位 wèi [中]	· 座位 zuòwèi 좌석 · 位置 wèizhi 위치 · 地位 dìwèi 지위, 자리
位 음 い 훈 くらい [日]	☐ 順位 じゅんい 순위 ☐ 単位 たんい 단위 ☐ 位置 いち 위치

200	
走 달릴 주 [韓]	· 逃走 도주 · 競走 경주 · 走行 주행
走 zǒu [中]	· 奔走 bēnzǒu 뛰다 · 走路 zǒulù 걷다 · 慢走 mànzǒu 안녕히 가세요
走 음 そう 훈 はしる [日]	☐ 走行 そうこう 주행 ☐ 競走 きょうそう 경주 ☐ 疾走 しっそう 질주

201

 完 韓 완전할 완	· 未完 미완 · 完決 완결 · 完備 완비
完 中 wán	· 完全 wánquán 완전히 · 完美 wánměi 완벽하다 · 完成 wánchéng 　완성하다
完 日 음 かん 훈 まっとうする	□ 完結 かんけつ 완결 □ 完全 かんぜん 완전 □ 完了 かんりょう 완료

202

別 韓 다를 별	· 別世 별세 · 別味 별미 · 特別 특별
 別 中 bié	· 別人 biéren 타인 · 特別 tèbié 특별하다 · 区別 qūbié 구별하다
 別 日 음 べつ	□ 特別 とくべつ 특별 □ 差別 さべつ 차별 □ 性別 せいべつ 성별

203

形 韓 형상 형	· 形式 형식 · 圖形 도형 · 原形 원형
形 中 xíng	· 形容 xíngróng 형용하다 · 形势 xíngshì 정세, 상황 · 形象 xíngxiàng 형상
 形 日 음 ぎょう·けい 훈 かた·かたち	□ 人形 にんぎょう 인형 □ 形式 けいしき 형식 □ 図形 ずけい 도형

204

決 韓 결단할 결	· 決算 결산 · 解決 해결 · 決勝戰 결승전
決 中 jué	· 解決 jiějué 해결하다 · 決定 juédìng 결정하다 · 決心 juéxīn 결심하다
決 日 음 けつ 훈 きまる·きめる	□ 決意 けつい 결의, 결심 □ 解決 かいけつ 해결 □ 決着 けっちゃく 결말

205

身
몸 신

· 肉身 육신
· 身體 신체
· 亡身 망신

身
shēn

· 身体 shēntǐ 신체
· 身分 shēnfen 신분, 지위
· 健身 jiànshēn 신체를 튼튼하게 하다

身

음 しん
훈 み

□ 自身 じしん 자신
□ 身長 しんちょう 신장
■ 身分 みぶん 신분

206

改
고칠 개

· 改善 개선
· 改良 개량
· 朝令暮改 조령모개

改
gǎi

· 改变 gǎibiàn 변하다
· 改革 gǎigé 개혁하다
· 改善 gǎishàn 개선하다

改

음 かい
훈 あらたまる

□ 改革 かいかく 개혁
□ 改良 かいりょう 개량
□ 改札口 かいさつぐち 개찰구

207

車
수레 차/거

· 車道 차도
· 五車書 오거서
· 自動車 자동차

车
chē

· 自行车 zìxíngchē 자전거
· 公共汽车 gōnggòngqìchē 버스

車

음 しゃ
훈 くるま

□ 電車 でんしゃ 전차
□ 駐車 ちゅうしゃ 주차
□ 自動車 じどうしゃ 자동차

208

快
쾌할 쾌

· 快擧 쾌거
· 快適 쾌적
· 痛快 통쾌

快
kuài

· 快乐 kuàilè 즐겁다
· 凉快 liángkuai 시원하다
· 愉快 yúkuài 유쾌하다

快

음 かい
훈 こころよい

□ 快感 かいかん 쾌감
□ 快速 かいそく 쾌속
□ 快楽 かいらく 쾌락

209

花 韓 꽃 화	· 花草 화초 · 梅花 매화 · 無窮花 무궁화
花 中 huā	· 花生 huāshēng 땅콩 · 棉花 miánhuā 목화 · 锦上添花 　jǐnshàngtiānhuā 금상첨화
花 日 음 か·け 훈 はな	□ 花瓶 かびん 화병 ■ 花火 はなび 불꽃놀이 ■ 花見 はなみ 꽃구경

210

住 韓 살 주	· 住宅 주택 · 居住 거주 · 住民 주민
住 中 zhù	· 居住 jūzhù 거주하다 · 住宅 zhùzhái 　(규모가 큰) 주택
住 日 음 じゅう 훈 すまう·すむ	□ 住所 じゅうしょ 주소 □ 住居 じゅうきょ 주거 □ 住民 じゅうみん 주민

211

志 韓 뜻 지	· 志操 지조 · 意志 의지 · 初志一貫 초지일관
志 中 zhì	· 杂志 zázhì 잡지 · 标志 biāozhì 표지 · 同志 tóngzhì 동지
志 日 음 し 훈 こころざし	□ 志願 しがん 지원 □ 志向 しこう 지향 □ 志望 しぼう 지망

212

每 韓 매양 매	· 每事 매사 · 每回 매회 · 每年 매년
每 中 měi	· 每年 měinián 매년 · 每月 měiyuè 매월 · 每天 měitiān 매일
每 日 음 まい 훈 ごと·ごとに	□ 每月 まいげつ 매월 □ 每年 まいとし 매년 □ 每週 まいしゅう 매주

更
다시 갱
고칠 경

- 變更 변경
- 更生 갱생
- 更年期 갱년기

更
gēng/gèng

- 更新 gēngxīn 경신(갱신)하다
- 更正 gēngzhèng 정정하다
- 更多 gèngduō 더 많은 것

更
음 こう
훈 さら・ふかす・ふける

- ☐ 更新 こうしん 경신, 갱신
- ☐ 変更 へんこう 변경
- ☐ 更年期 こうねんき 갱년기

究
연구할 구

- 探究 탐구
- 研究 연구
- 窮究 궁구

究
jiū

- 研究 yánjiū 연구하다
- 讲究 jiǎngjiu 중요시하다

究
음 きゅう
훈 きわめる

- ☐ 研究 けんきゅう 연구
- ☐ 探究 たんきゅう 탐구
- ☐ 究明 きゅうめい 구명

近
가까울 근

- 遠近 원근
- 親近 친근
- 近處 근처

近
jìn

- 附近 fùjìn 부근, 근처
- 最近 zuìjìn 최근
- 近来 jìnlái 근래

近
음 きん・こん
훈 ちかい

- ☐ 最近 さいきん 최근
- ☐ 近所 きんじょ 근처
- ■ 近道 ちかみち 지름길

何
어찌 하

- 何必 하필
- 如何 여하
- 六何原則 육하원칙

何
hé

- 任何 rènhé 어떠한
- 如何 rúhé 어떠한가
- 何必 hébì 하필, ~할 필요가 있는가

何
음 か
훈 なに・なん・いずれ

- ■ 何時 なんじ 몇 시
- ■ 何個 なんこ 몇 개
- ■ 何回 なんかい 몇 회

217

步 [韓]
걸음 보
- 步行 보행
- 進步 진보
- 初步 초보

步 [中]
bù
- 跑步 pǎobù 달리다
- 散步 sànbù 산보하다
- 进步 jìnbù 진보하다

步 [日]
음 ふ·ぶ·ほ
훈 あゆむ·あるく
- 步道 ほどう 보도
- 散步 さんぽ 산책
- 步行 ほこう 보행

218

技 [韓]
재주 기
- 技能 기능
- 技術 기술
- 演技 연기

技 [中]
jì
- 技术 jìshù 기술
- 技巧 jìqiǎo 기교, 기예
- 杂技 zájì 잡기, 곡예

技 [日]
음 ぎ
훈 わざ
- 技術 ぎじゅつ 기술
- 演技 えんぎ 연기
- 競技 きょうぎ 경기

219

告 [韓]
알릴 고
- 告白 고백
- 廣告 광고
- 警告 경고

告 [中]
gào
- 告诉 gàosu 말하다
- 广告 guǎnggào 광고
- 报告 bàogào 보고서

告 [日]
음 こく
훈 つげる
- 告白 こくはく 고백
- 広告 こうこく 광고
- 報告 ほうこく 보고

220

兵 [韓]
군사 병
- 兵卒 병졸
- 兵力 병력
- 兵器 병기

兵 [中]
bīng
- 士兵 shìbīng 사병
- 老兵 lǎobīng 고참병사

兵 [日]
음 ひょう·へい
훈 いくさ·つわもの
- 兵器 へいき 병기
- 兵士 へいし 병사
- 兵隊 へいたい 군대

221

言 ^韓
말씀 언

- 言爭 언쟁
- 言語 언어
- 言論 언론

言 ^中
yán

- 语言 yǔyán 언어
- 方言 fāngyán 방언
- 发言 fāyán 의견을 말하다

言 ^日
음 げん·ごん
훈 いう·こと

- ☐ 言語 げんご 언어
- ☐ 方言 ほうげん 방언, 사투리
- ■ 言葉 ことば 언어

222

低 ^韓
낮을 저

- 低下 저하
- 低價 저가
- 最低 최저

低 ^中
dī

- 降低 jiàngdī 내리다
- 贬低 biǎndī 얕잡아보다

低 ^日
음 てい
훈 ひくい·ひくまる

- ☐ 低温 ていおん 저온
- ☐ 最低 さいてい 최저
- ☐ 徹底 てってい 철저

223

足 ^韓
발 족

- 手足 수족
- 滿足 만족
- 不足 부족

足 ^中
zú

- 不足 bùzú 부족하다
- 满足 mǎnzú 만족하다
- 充足 chōngzú 충족하다

足 ^日
음 そく
훈 あし·たす

- ☐ 満足 まんぞく 만족
- ☐ 手足 しゅそく 수족
- ■ 足跡 あしあと 족적

224

角 ^韓
뿔 각

- 角度 각도
- 視角 시각
- 頭角 두각

角 ^中
jiǎo/jué

- 角度 jiǎodù 각도
- 角色 juésè 배역, 역할

角 ^日
음 かく
훈 かど·すみ· つの

- ☐ 角度 かくど 각도
- ☐ 頭角 とうかく 두각
- ☐ 三角 さんかく 삼각

225

助
도울 조

· 助長 조장
· 助言 조언
· 協助 협조

助
zhù

· 帮助 bāngzhù 돕다
· 协助 xiézhù 협조하다
· 援助 yuánzhù 지원하다

助
음 じょ
훈 すけ·
たすかる

☐ 助言 じょげん 조언
☐ 補助 ほじょ 보조
☐ 援助 えんじょ 원조

226

防
막을 방

· 防止 방지
· 防寒 방한
· 攻防 공방

防
fáng

· 预防 yùfáng 예방하다
· 防止 fángzhǐ 방지하다
· 防御 fángyù 방어하다

防
음 ほう·ぼう
훈 ふせぐ

☐ 防止 ぼうし 방지
☐ 防水 ぼうすい 방수
☐ 防犯 ぼうはん 방범

227

希
바랄 희

· 希望 희망
· 希求 희구

希
xī

· 希望 xīwàng 희망
· 希求 xīqiú 바라다

希
음 き·け
훈 こいねがう·
まれ

☐ 希望 きぼう 희망
☐ 希少 きしょう 희소
☐ 希薄 きはく 희박

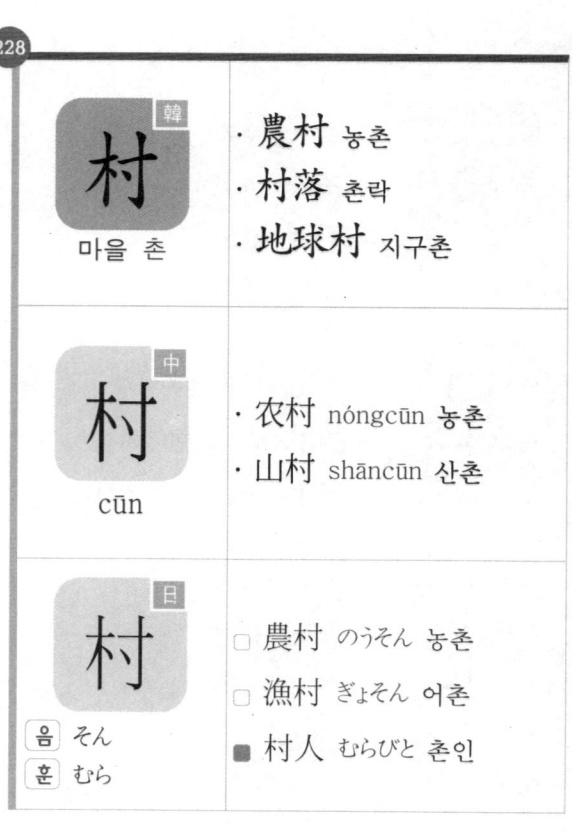

228

村
마을 촌

· 農村 농촌
· 村落 촌락
· 地球村 지구촌

村
cūn

· 农村 nóngcūn 농촌
· 山村 shāncūn 산촌

村
음 そん
훈 むら

☐ 農村 のうそん 농촌
☐ 漁村 ぎょそん 어촌
■ 村人 むらびと 촌인

投 던질 투

· 投票 투표
· 投手 투수
· 投資 투자

投 tóu

· 投入 tóurù 투입하다
· 投资 tóuzī 투자하다
· 投票 tóupiào 투표하다

投

음 とう
훈 なげる

□ 投稿 とうこう 투고
□ 投手 とうしゅ 투수
□ 投票 とうひょう 투표

弟 아우 제

· 弟子 제자
· 師弟 사제
· 呼兄呼弟 호형호제

弟 dì

· 弟弟 dìdi 아우, 남동생
· 兄弟 xiōngdì 형제
· 徒弟 túdì 제자

弟

음 てい·だい·で
훈 おとうと

□ 兄弟 きょうだい 형제, 남매
□ 師弟 してい 사제
□ 弟子 でし 제자

良 어질 량

· 良質 양질
· 良好 양호
· 善良 선량

良 liáng

· 良好 liánghǎo 양호하다
· 善良 shànliáng 선량하다
· 改良 gǎiliáng 개량하다

良

음 りょう
훈 よい

□ 良好 りょうこう 양호
□ 良心 りょうしん 양심
□ 改良 かいりょう 개량

初 처음 초

· 初期 초기
· 初等 초등
· 初志一貫 초지일관

初 chū

· 初級 chūjí 초급의
· 最初 zuìchū 최초
· 当初 dāngchū 당초

初

음 しょ
훈 うい·そめる·
はつ

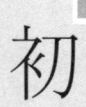

□ 最初 さいしょ 최초
□ 初級 しょきゅう 초급
■ 初恋 はつこい 첫사랑

233

韓
均
고를 균

- 均等 균등
- 均一 균일
- 平均 평균

中
均
jūn

- 平均 píngjūn 평균의
- 均衡 jūnhéng 균형이 잡히다

日
均
음 きん
훈 ならす

- ☐ 均等 きんとう 균등
- ☐ 平均 へいきん 평균
- ☐ 均衡 きんこう 균형

234

韓
男
사내 남

- 男便 남편
- 男妹 남매
- 妻男 처남

中
男
nán

- 男女 nánnǚ 남녀
- 男性 nánxìng 남성
- 男人 nánren 남편

日
男
음 だん·なん
훈 おとこ

- ☐ 男性 だんせい 남성
- ☐ 男女 だんじょ 남녀
- ☐ 長男 ちょうなん 장남

235

韓
判
판단할 판

- 判斷 판단
- 判決 판결
- 批判 비판

中
判
pàn

- 判断 pànduàn 판단하다
- 谈判 tánpàn 담판하다
- 批判 pīpàn 비판하다

日
判
음 はん·ばん· ぱん
훈 わかる

- ☐ 審判 しんぱん 심판
- ☐ 判決 はんけつ 판결
- ☐ 批判 ひはん 비판

236

韓
冷
찰 랭

- 寒冷 한랭
- 冷笑 냉소
- 冷氣 냉기

中
冷
lěng

- 冷静 lěngjìng 냉정하다
- 冷淡 lěngdàn 냉담하다

日
冷
음 れい
훈 さます·さめる

- ☐ 冷凍 れいとう 냉동
- ☐ 冷静 れいせい 냉정

237

材 〈韓〉
재목 재

- 素材 소재
- 材料 재료
- 適材適所 적재적소

材 〈中〉
cái

- 材料 cáiliào 재료
- 教材 jiàocái 교재
- 身材 shēncái 체격, 몸매

材 〈日〉
음 ざい

- 材料 ざいりょう 재료
- 教材 きょうざい 교재
- 材木 ざいもく 재목

238

君 〈韓〉
임금 군

- 君子 군자
- 君臣 군신
- 檀君 단군

君 〈中〉
jūn

- 君子 jūnzǐ 군자, 지위가 높은 사람
- 暴君 bàojūn 폭군

君 〈日〉
음 くん
훈 きみ

- 君子 くんし 군자
- 君臨 くんりん 군림
- 諸君 しょくん 제군

239

困 〈韓〉
곤할 곤

- 貧困 빈곤
- 困難 곤란
- 困境 곤경

困 〈中〉
kùn

- 困难 kùnnan 곤란, 빈곤
- 貧困 pínkùn 빈곤하다

困 〈日〉
음 こん
훈 こまる

- 困難 こんなん 곤란
- 困惑 こんわく 곤혹
- 貧困 ひんこん 빈곤

240

否 〈韓〉
아닐 부

- 否認 부인
- 與否 여부
- 否定的 부정적

否 〈中〉
fǒu

- 是否 shìfǒu ~인지 아닌지
- 否定 fǒudìng 부정하다
- 否则 fǒuzé 만약 그렇지 않으면

否 〈日〉
음 ひ
훈 いな

- 否定 ひてい 부정
- 否認 ひにん 부인
- 安否 あんぴ 안부

241 迎 맞이할 영

韓
- 歡迎 환영
- 迎入 영입
- 送迎 송영

中 迎 yíng
- 欢迎 huānyíng 환영하다
- 迎接 yíngjiē 영접하다
- 迎面 yíngmiàn 맞은편

日 迎
- □ 歡迎 かんげい 환영
- □ 迎接 げいせつ 영접
- ■ 迎え むかえ 마중

음 げい・ごう
훈 むかえる

242 吹 불 취

韓
- 鼓吹 고취
- 吹打 취타

中 吹 chuī
- 吹牛 chuīniú 허풍을 떨다
- 吹风 chuīfēng 바람이 불다

日 吹
- □ 鼓吹 こすい 고취
- □ 吹奏楽 すいそうがく 취주악, 관악 합주
- ■ 吹雪 ふぶき 눈보라

음 すい
훈 ふく

243 私 사사로울 사

韓
- 私立 사립
- 私設 사설
- 私教育 사교육

中 私 sī
- 私人 sīrén 개인의
- 自私 zìsī 이기적이다
- 隐私 yǐnsī 사적인 비밀

日 私
- □ 私立 しりつ 사립
- □ 私服 しふく 사복
- □ 公私 こうし 공사

음 し
훈 ひそかに・わたくし

244 忘 잊을 망

韓
- 勿忘草 물망초
- 刻骨難忘 각골난망

中 忘 wàng
- 忘记 wàngjì 잊어버리다
- 难忘 nánwàng 잊을 수 없다

日 忘
- □ 忘失 ぼうしつ 망실
- □ 健忘症 けんぼうしょう 건망증
- □ 忘年会 ぼうねんかい 송년회

음 ぼう
훈 わすれる

245

序
차례 서

· 序列 서열
· 秩序 질서
· 順序 순서

序
xù

· 順序 shùnxù 순서
· 秩序 zhìxù 질서

序
음 じょ
훈 ついで

☐ 序列 じょれつ 서열
☐ 順序 じゅんじょ 순서
☐ 秩序 ちつじょ 질서

246

佛
부처 불

· 佛教 불교
· 佛經 불경
· 佛像 불상

佛
fó

· 佛教 Fójiào 불교
· 佛家 fójiā 불가
· 仿佛 fǎngfú
  마치 ~인 것 같다

仏
음 ふつ·ぶつ
훈 ほとけ

☐ 仏教 ぶっきょう 불교
☐ 仏堂 ぶつどう 불당
☐ 仏像 ぶつぞう 불상

247

辛
매울 신

· 辛苦 신고
· 辛未年 신미년
· 千辛萬苦 천신만고

辛
xīn

· 辛苦 xīnkǔ 고생스럽다
· 辛勤 xīnqín 부지런하다
· 辛辣 xīnlà 신랄하다,
  맵다

辛
음 しん
훈 かのと·
　からい

☐ 辛辣 しんらつ 신랄
☐ 辛抱 しんぼう 참고 견딤
☐ 千辛万苦 せんしんばんく
　천신만고

248

尾
꼬리 미

· 末尾 말미
· 尾行 미행
· 魚頭肉尾 어두육미

尾
wěi

· 尾巴 wěiba 꼬리, 후미
· 结尾 jiéwěi 결말, 끝나다
· 首尾 shǒuwěi 처음과 끝

尾
음 び
훈 お

☐ 尾行 びこう 미행
☐ 交尾 こうび 교미

249

妙 ^韓
묘할 묘

- **妙技** 묘기
- **巧妙** 교묘
- **妙味** 묘미

妙 ^中
miào

- 巧妙 qiǎomiào 교묘하다
- 美妙 měimiào 아름답다
- 奇妙 qímiào 기묘하다

妙 ^日
음 みょう
훈 たえ

- ☐ 妙案 みょうあん 묘안
- ☐ 巧妙 こうみょう 교묘
- ☐ 絶妙 ぜつみょう 절묘

250

壯 ^韓
씩씩할 장

- **壯丁** 장정
- **壯談** 장담
- **老益壯** 노익장

壮 ^中
zhuàng

- 壮观 zhuàngguān 장관
- 壮烈 zhuàngliè 장렬하다
- 健壮 jiànzhuàng 건장하다

壮 ^日
음 そう
훈 さかん

- ☐ 壮観 そうかん 장관
- ☐ 悲壮 ひそう 비장
- ☐ 雄壮 ゆうそう 웅장

251

貝 ^韓
조개 패

- **魚貝類** 어패류

贝 ^中
bèi

- 贝壳 bèiké 조가비
- 宝贝 bǎobèi 보배, 귀염둥이

貝 ^日
음 はい·ばい
훈 かい

- ☐ 貝貨 ばいか 패화
- ■ 貝殻 かいがら 패각
- ■ 貝塚 かいづか 패총

252

忍 ^韓
참을 인

- **忍耐** 인내
- **忍苦** 인고

忍 ^中
rěn

- 残忍 cánrěn 잔인하다
- 忍耐 rěnnài 인내하다
- 容忍 róngrěn 용인하다

忍 ^日
음 にん
훈 しのばせる·しのぶ

- ☐ 忍耐 にんたい 인내
- ☐ 忍辱 にんにく 인욕

253	
豆 韓 콩 두	· 豆腐 두부 · 綠豆 녹두 · 豆乳 두유
豆 中 dòu	· 土豆 tǔdòu 감자 · 豆腐 dòufu 두부
豆 日 음 ず·とう 훈 まめ	□ 豆乳 とうにゅう 두유 □ 豆腐 とうふ 두부 □ 緑豆 りょくとう 녹두

254	
秀 韓 빼어날 수	· 優秀 우수 · 秀才 수재 · 秀作 수작
秀 中 xiù	· 优秀 yōuxiù 우수하다 · 秀才 xiùcai 수재
秀 日 음 しゅう 훈 ひいでる	□ 秀麗 しゅうれい 수려 □ 秀才 しゅうさい 수재 □ 優秀 ゆうしゅう 우수

255	
局 韓 판 국	· 局面 국면 · 結局 결국 · 局限 국한
局 中 jú	· 邮局 yóujú 우체국 · 结局 jiéjú 결국, 결말 · 局限 júxiàn 국한하다
局 日 음 きょく 훈 つぼね	□ 薬局 やっきょく 약국 □ 結局 けっきょく 결국 □ 放送局 ほうそうきょく 　방송국

256	
里 韓 마을 리	· 十里 십리 · 鄉里 향리 · 里長 이장
里 中 lǐ	· 公里 gōnglǐ 킬로미터
里 日 음 り 훈 さと	□ 一里 いちり 　일리(한국의 10리) □ 千里眼 せんりがん 천리안 □ 五里霧中 ごりむちゅう 　오리무중

257

赤 韓 붉을 적	· 赤道 적도 · 赤字 적자 · 赤信號 적신호
赤 中 chì	· 赤道 chìdào 적도 · 赤字 chìzì 적자 · 赤子 chìzǐ 갓난아기
赤 日 음 しゃく·せき 훈 あか·あかい	□ 赤道 せきどう 적도 □ 赤十字 せきじゅうじ 적십자 ■ 赤字 あかじ 적자

258

扶 韓 도울 부	· 扶助 부조 · 扶養 부양 · 相扶相助 상부상조
扶 中 fú	· 扶助 fúzhù 부조하다, 원조하다 · 扶手 fúshǒu 손잡이, 팔걸이
扶 日 음 ふ 훈 たすける	□ 扶助 ふじょ 부조 □ 扶養 ふよう 부양

259

孝 韓 효도 효	· 孝道 효도 · 孝心 효심 · 孝誠 효성
孝 中 xiào	· 不孝 búxiào 불효하다 · 孝順 xiàoshùn 효도하다 · 孝道 xiàodào 효도
孝 日 음 こう	□ 親孝行 おやこうこう 효도 □ 不孝 ふこう 불효 □ 忠孝 ちゅうこう 충효

260

姉 韓 맏누이 자	· 姉妹 자매 · 姉兄 자형
姉 中 zǐ	· 姉妹 zǐmèi 자매
姉 日 음 し 훈 あね	□ 姉妹 しまい 자매 □ 姉弟 してい 자제 ■ 姉婿 あねむこ 매형

261

的
과녁 적

- 目的 목적
- 的中 적중
- 肯定的 긍정적

的
de/dí/dì

- 似的 shìde ~와 같다
- 的确 díquè 확실히
- 目的 mùdì 목적

的

- 的中 てきちゅう 적중
- 目的 もくてき 목적
- 伝統的 でんとうてき 전통적

音 てき
訓 まと

262

來
올 래

- 未來 미래
- 往來 왕래
- 招來 초래

来
lái

- 后来 hòulái 그 후
- 将来 jiānglái 장래
- 以来 yǐlái 이래

来

- 来年 らいねん 내년
- 未来 みらい 미래
- 来週 らいしゅう 내주

音 らい
訓 きたす・きたる

263

和
화할 화

- 和解 화해
- 和合 화합
- 調和 조화

和
hé

- 和平 hépíng 평화
- 和睦 hémù 화목하다
- 饱和 bǎohé 포화상태에 이르다

和

- 平和 へいわ 평화
- 和風 わふう 일본풍
- 和菓子 わがし 일본식 과자

音 お・か・わ
訓 あえる・ なごむ

264

到
이를 도

- 到着 도착
- 到達 도달
- 殺到 쇄도

到
dào

- 到处 dàochù 도처
- 到达 dàodá 도달하다
- 遇到 yùdào 만나다

到

- 到着 とうちゃく 도착
- 到達 とうたつ 도달
- 到底 とうてい 도저히

音 とう
訓 いたる

265

事 韓
일 사

- 事件 사건
- 事物 사물
- 事實 사실

事 中
shì

- 事情 shìqing 일, 사건
- 同事 tóngshì 동료
- 故事 gùshi 이야기, 줄거리

事 日
음 じ・ず
훈 こと・つかえる

- ☐ 大事 だいじ 큰일
- ☐ 食事 しょくじ 식사
- ☐ 事務所 じむしょ 사무소

266

所 韓
바 소

- 所望 소망
- 所定 소정
- 所重 소중

所 中
suǒ

- 所以 suǒyǐ 그래서
- 场所 chǎngsuǒ 장소
- 所有 suǒyǒu 소유하다, 전부의

所 日
음 しょ
훈 ところ

- ☐ 場所 ばしょ 장소
- ☐ 住所 じゅうしょ 주소
- ☐ 近所 きんじょ 근처

267

長 韓
긴 장

- 班長 반장
- 長男 장남
- 長壽 장수

长 中
cháng/zhǎng

- 长途 chángtú 장거리의
- 特长 tècháng 특기, 장기
- 成长 chéngzhǎng 성장하다

長 日
음 ちょう
훈 おさ・ながい

- ☐ 社長 しゃちょう 사장
- ☐ 成長 せいちょう 성장
- ■ 長年 ながねん 장년

268

法 韓
법 법

- 法律 법률
- 方法 방법
- 法則 법칙

法 中
fǎ

- 法律 fǎlǜ 법률
- 方法 fāngfǎ 방법, 수단
- 语法 yǔfǎ 어법

法 日
음 はつ・ほう・ほつ
훈 のつとる・のり

- ☐ 法律 ほうりつ 법률
- ☐ 方法 ほうほう 방법
- ☐ 法案 ほうあん 법안

269

定
정할 정 韓
· 定着 정착
· 決定 결정
· 認定 인정

定 中
dìng
· 決定 juédìng 결정하다
· 規定 guīdìng 규정하다
· 肯定 kěndìng 확실히

定 日
음 じょう·てい
훈 さだか·
さだまる
· 定期 ていき 정기
· 肯定 こうてい 긍정
· 安定 あんてい 안정

270

兩 韓
두 량
· 兩面 양면
· 兩班 양반
· 兩分 양분

两 中
liǎng
· 一举两得 yìjǔliǎngdé
  일거양득

両 日
음 りょう
훈 ふたつ
· 両親 りょうしん 양친
· 両立 りょうりつ 양립
· 両方 りょうほう 양방

271

明 韓
밝을 명
· 發明 발명
· 明白 명백
· 說明 설명

明 中
míng
· 明天 míngtiān 내일
· 聪明 cōngming 총명하다
· 说明 shuōmíng 설명하다

明 日
음 みょう·めい
훈 あかす·
あからむ
· 説明 せつめい 설명
· 明確 めいかく 명확
· 発明 はつめい 발명

272

使 韓
하여금 사
· 使用 사용
· 使臣 사신
· 使命 사명

使 中
shǐ
· 使用 shǐyòng 사용하다
· 使命 shǐmìng 사명, 명령
· 大使馆 dàshǐguǎn 대사관

使 日
음 し
훈 つかう
· 使命 しめい 사명
· 天使 てんし 천사
· 大使館 たいしかん
  대사관

273

物
물건 물

韓
· 萬物 만물
· 物價 물가
· 物體 물체

中
物
wù
· 动物 dòngwù 동물
· 礼物 lǐwù 선물, 예물
· 博物馆 bówùguǎn
박물관

日
物
음 ぶつ・もつ
훈 もの
· 動物 どうぶつ 동물
· 博物館 はくぶつかん
박물관
· 建物 たてもの 건물

274

知
알 지

韓
· 知識 지식
· 知能 지능
· 知覺 지각

中
知
zhī
· 知道 zhīdào 알다
· 知识 zhīshi 지식
· 通知 tōngzhī 통지하다

日
知
음 ち
훈 しる
· 知識 ちしき 지식
· 知能 ちのう 지능
· 通知 つうち 통지

275

表
겉 표

韓
· 表面 표면
· 發表 발표
· 圖表 도표

中
表
biǎo
· 手表 shǒubiǎo 손목시계
· 表面 biǎomiàn 표면
· 表現 biǎoxiàn 표현하다

日
表
음 ひょう
훈 あらわす・
あらわれる
· 発表 はっぴょう 발표
· 表情 ひょうじょう 표정
· 表現 ひょうげん 표현

276

者
사람 자

韓
· 富者 부자
· 患者 환자
· 勝者 승자

中
者
zhě
· 或者 huòzhě 아마, 혹시
· 记者 jìzhě 기자
· 作者 zuòzhě 지은이

日
者
음 しゃ
훈 もの
· 学者 がくしゃ 학자
· 記者 きしゃ 기자
· 歯医者 はいしゃ
치과의사

兒
아이 아

· 兒童 아동
· 乳兒 유아
· 育兒 육아

儿
ér

· 女儿 nǚ'ér 딸
· 儿童 értóng 아동
· 幼儿园 yòu'éryuán 유치원

児
음 じ·に
훈 こ

☐ 育児 いくじ 육아
☐ 幼児 ようじ 유아
☐ 小児科 しょうにか 소아과

命
목숨 명

· 命令 명령
· 生命 생명
· 知天命 지천명

命
mìng

· 生命 shēngmìng 생명
· 命令 mìnglìng 명령하다
· 革命 gémìng 혁명

命
음 みょう·めい
훈 いのち

☐ 命令 めいれい 명령
☐ 革命 かくめい 혁명
☐ 生命 せいめい 생명

性
성품 성

· 性品 성품
· 性格 성격
· 性質 성질

性
xìng

· 性别 xìngbié 성별
· 性格 xìnggé 성격
· 性质 xìngzhì 성질, 성분

性
음 しょう·せい
훈 さが

☐ 男性 だんせい 남성
☐ 性格 せいかく 성격
☐ 感性 かんせい 감성

果
실과 과

· 成果 성과
· 藥果 약과
· 果敢 과감

果
guǒ

· 水果 shuǐguǒ 과일
· 如果 rúguǒ 만약
· 結果 jiéguǒ 결과, 결실

果
음 か
훈 はたす·はて

☐ 果実 かじつ 과실, 열매
☐ 結果 けっか 결과
☐ 効果 こうか 효과

281

門
문 문

· 家門 가문
· 專門 전문
· 窓門 창문

门
mén

· 部门 bùmén 부문, 부서
· 热门 rèmén 인기있는 것
· 专门 zhuānmén 오로지,
  전문적이다

門

음 もん
훈 かど

☐ 校門 こうもん 교문
☐ 正門 せいもん 정문
☐ 專門 せんもん 전문

282

東
동녘 동

· 東西古今 동서고금
· 馬耳東風 마이동풍

东
dōng

· 东西 dōngxi 물건, 사물
· 房东 fángdōng 집주인

東

음 とう
훈 あずま·ひがし

☐ 東洋 とうよう 동양
☐ 東京 とうきょう 도쿄
☐ 東海 とうかい 동해

283

放
놓을 방

· 放浪 방랑
· 放學 방학
· 開放 개방

放
fàng

· 开放 kāifàng 개방하다
· 解放 jiěfàng 해방하다
· 放心 fàngxīn 마음을
  놓다, 안심하다

放

음 ほう
훈 はなす·
  はなつ

☐ 放送 ほうそう 방송
☐ 開放 かいほう 개방
☐ 解放 かいほう 해방

284

官
벼슬 관

· 官吏 관리
· 官職 관직
· 官廳 관청

官
guān

· 器官 qìguān 기관
· 官方 guānfāng 정부당국
· 官人 guānrén 관리, 벼슬
  아치

官

음 かん
훈 つかさ

☐ 官職 かんしょく 관직
☐ 官僚 かんりょう 관료
☐ 外交官 がいこうかん
  외교관

285

韓 爭
다툴 쟁

- 言爭 언쟁
- 戰爭 전쟁
- 競爭 경쟁

中 争
zhēng

- 战争 zhànzhēng 전쟁
- 竞争 jìngzhēng 경쟁하다
- 争论 zhēnglùn 쟁론하다

日 争
음 そう
훈 あらそう

- ☐ 戦争 せんそう 전쟁
- ☐ 争点 そうてん 쟁점
- ☐ 争奪 そうだつ 쟁탈

286

韓 取
가질 취

- 取得 취득
- 取捨 취사
- 取消 취소

中 取
qǔ

- 采取 cǎiqǔ 채택하다
- 取消 qǔxiāo 취소하다
- 争取 zhēngqǔ 쟁취하다

日 取
음 しゅ
훈 とる

- ☐ 取材 しゅざい 취재
- ☐ 取得 しゅとく 취득
- ☐ 採取 さいしゅ 채취

287

韓 育
기를 육

- 教育 교육
- 育成 육성
- 養育 양육

中 育
yù

- 体育 tǐyù 체육, 운동
- 教育 jiàoyù 교육
- 发育 fāyù 발육하다, 성장하다

日 育
음 いく
훈 だつ.
そだてる

- ☐ 体育 たいいく 체육
- ☐ 教育 きょういく 교육
- ☐ 養育 よういく 양육

288

韓 直
곧을 직

- 直角 직각
- 直線 직선
- 垂直 수직

中 直
zhí

- 一直 yìzhí 계속, 줄곧
- 直接 zhíjiē 직접적인
- 垂直 chuízhí 수직의

日 直
음 じき・ちょく
훈 ただちに・
なおす

- ☐ 正直 しょうじき 정직
- ☐ 直接 ちょくせつ 직접
- ☐ 率直 そっちょく 솔직

289	
 治 韓 다스릴 치	· 政治 정치 · 完治 완치 · 以熱治熱 이열치열
治 中 zhì	· 政治 zhèngzhì 정치 · 统治 tǒngzhì 통치하다 · 治安 zhì'ān 치안
治 日 음 じ·ち 훈 おさまる· おさめる	☐ 政治 せいじ 정치 ☐ 統治 とうち 통치 ☐ 治安 ちあん 치안

290	
金 韓 쇠 금 성 김	· 黄金 황금 · 現金 현금 · 税金 세금
金 中 jīn	· 現金 xiànjīn 현금 · 金融 jīnróng 금융 · 资金 zījīn 자금
金 日 음 きん·こん 훈 かな·かね	☐ 金額 きんがく 금액 ☐ 黄金 おうごん 황금 ☐ 金曜日 きんようび 금요일

291	
受 韓 받을 수	· 受賞 수상 · 引受 인수 · 接受 접수
受 中 shòu	· 接受 jiēshòu 접수하다 · 难受 nánshòu 괴롭다 · 受到 shòudào 얻다, 받다
受 日 음 じゅ 훈 うかる·うける	☐ 受賞 じゅしょう 수상 ☐ 受信 じゅしん 수신 ☐ 受験生 じゅけんせい 　 수험생

292	
非 韓 아닐 비	· 非理 비리 · 非凡 비범 · 似而非 사이비
非 中 fēi	· 是非 shìfēi 시비, 말다툼 · 非法 fēifǎ 불법적인 · 非常 fēicháng 대단히, 　 매우
非 日 음 ひ 훈 あらず	☐ 非常 ひじょう 비상, 대단함 ☐ 是非 ぜひ 시비, 꼭 ☐ 非難 ひなん 비난

293

油
기름 유

- 油田 유전
- 石油 석유
- 注油所 주유소

油
yóu

- 石油 shíyóu 석유
- 酱油 jiàngyóu 간장
- 豆油 dòuyóu 콩기름

油
음 ゆ・ゆう
훈 あぶら

- □ 醤油 しょうゆ 간장
- □ 石油 せきゆ 석유
- □ 油田 ゆでん 유전

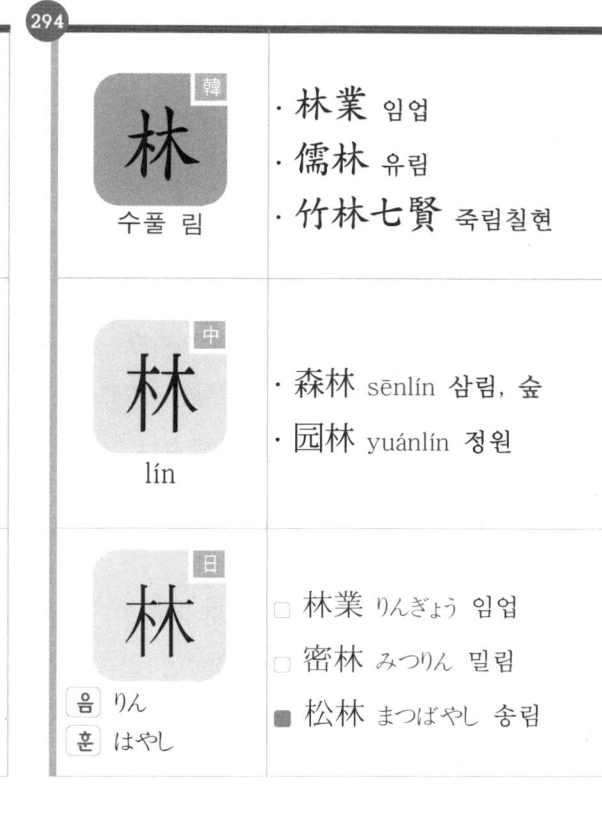

294

林
수풀 림

- 林業 임업
- 儒林 유림
- 竹林七賢 죽림칠현

林
lín

- 森林 sēnlín 삼림, 숲
- 园林 yuánlín 정원

林
음 りん
훈 はやし

- □ 林業 りんぎょう 임업
- □ 密林 みつりん 밀림
- ■ 松林 まつばやし 송림

295

空
빌 공

- 空間 공간
- 空席 공석
- 架空 가공

空
kōng

- 空间 kōngjiān 공간
- 空白 kòngbái 공백
- 空气 kōngqì 공기, 분위기

空
음 くう
훈 そら・から・あく・あける

- □ 空気 くうき 공기
- □ 空港 くうこう 공항
- □ 空間 くうかん 공간

296

往
갈 왕

- 往復 왕복
- 往年 왕년
- 說往說來 설왕설래

往
wǎng

- 往返 wǎngfǎn 왕복하다
- 来往 láiwang 왕래하다
- 往往 wǎngwǎng 왕왕, 자주

往
음 おう
훈 ゆく

- □ 往復 おうふく 왕복
- □ 往来 おうらい 왕래
- □ 既往 きおう 기왕

297

易 韓 바꿀 역 쉬울 이	· 貿易 무역 · 交易 교역 · 難易 난이
易 中 yì	· 容易 róngyì 용이하다 · 貿易 màoyì 무역, 거래 · 交易 jiāoyì 거래하다, 장사
易 日 음 い·えき 훈 やさしい	□ 安易 あんい 안이 □ 容易 รณい 용이 □ 難易 なんい 난이

298

京 韓 서울 경	· 上京 상경 · 京鄉 경향 · 京畿道 경기도
京 中 jīng	· 北京 Běijīng 베이징 · 东京 Dōngjīng 동경 · 上京 shàngjīng 수도, 상경하다
京 日 음 きょう·けい·きん	□ 東京 とうきょう 도쿄 □ 上京 じょうきょう 상경 □ 京都 きょうと 교토

299

服 韓 옷/다스릴 복	· 校服 교복 · 衣服 의복 · 服從 복종
服 中 fú	· 衣服 yīfu 의복 · 舒服 shūfu 편안하다 · 服从 fúcóng 복종하다
服 日 음 ふく	□ 洋服 ようふく 양복 □ 制服 せいふく 제복 □ 克服 こくふく 극복

300

河 韓 물 하	· 運河 운하 · 河川 하천 · 銀河水 은하수
河 中 hé	· 河汉 héhàn 은하수 · 开河 kāihé 수로를 열다 · 山河 shānhé 산과 강, 국토
河 日 음 か·が 훈 かわ	□ 河口 かこう 하구, 강어귀 □ 運河 うんが 운하 □ 銀河 ぎんが 은하

301

若
같을 약

· 若干 약간
· 萬若 만약

若
ruò/rě

· 若干 ruògān 약간
· 般若 bōrě [불교] 지혜

若
음 じゃく·にゃく
훈 もし·もしくは·
わかい

☐ 若干 じゃっかん 약간
◼ 若葉 わかば 어린 잎
◼ 若者 わかもの 젊은이

302

注
물댈 주

· 注意 주의
· 注目 주목
· 注射 주사

注
zhù

· 注意 zhùyì 주의하다
· 注視 zhùshì 주시하다
· 注射 zhùshè 주사하다

注
음 ちゅう
훈 さす·そそぐ·
つぐ

☐ 注文 ちゅうもん 주문
☐ 注射 ちゅうしゃ 주사
☐ 注意 ちゅうい 주의

303

英
꽃부리 영

· 英雄 영웅
· 英才 영재

英
yīng

· 英雄 yīngxióng 영웅
· 英文 yīngwén 영문
· 英俊 yīngjùn 재능이
  뛰어나다

英
음 えい
훈 はなぶさ

☐ 英語 えいご 영어
☐ 英国 えいこく 영국
☐ 英雄 えいゆう 영웅

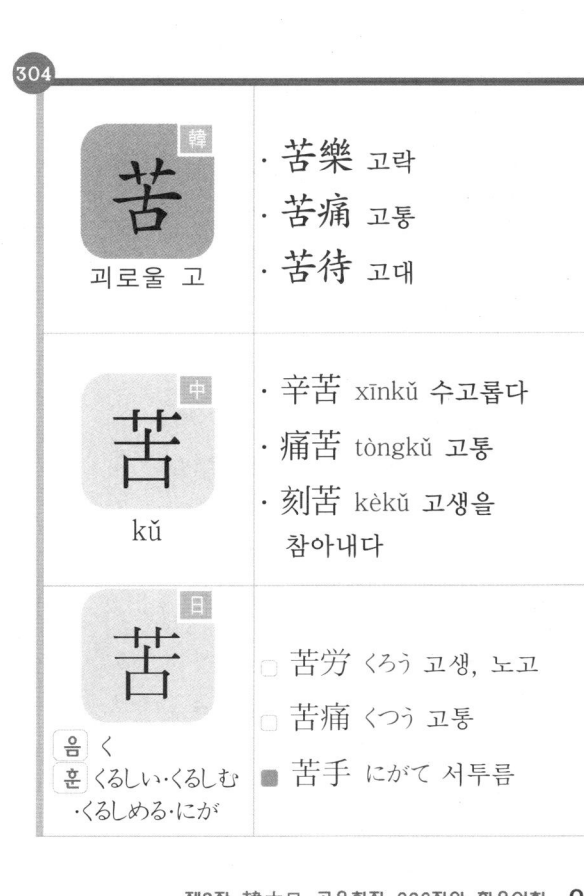

304

苦
괴로울 고

· 苦樂 고락
· 苦痛 고통
· 苦待 고대

苦
kǔ

· 辛苦 xīnkǔ 수고롭다
· 痛苦 tòngkǔ 고통
· 刻苦 kèkǔ 고생을
  참아내다

苦
음 く
훈 くるしい·くるしむ
·くるしめる·にが

☐ 苦労 くろう 고생, 노고
☐ 苦痛 くつう 고통
◼ 苦手 にがて 서투름

305

始
처음 시
^韓

- 始作 시작
- 始初 시초
- 始終一貫 시종일관

始
shǐ
^中

- 开始 kāishǐ 개시
- 始祖 shǐzǔ 시조
- 始终 shǐzhōng 처음과 끝

始
^日
음 し
훈 はじめる·
はじまる

- 始終 しじゅう 시종
- 開始 かいし 개시
- 原始 げんし 원시

306

念
생각 념
^韓

- 信念 신념
- 概念 개념
- 想念 상념

念
niàn
^中

- 纪念 jìniàn 기념하다.
- 观念 guānniàn 관념
- 概念 gàiniàn 개념

念
^日
음 ねん
훈 おもう

- 念願 ねんがん 염원
- 記念 きねん 기념
- 残念 ざんねん 유감스러움

307

武
굳셀 무
^韓

- 武器 무기
- 武力 무력
- 文武 문무

武
wǔ
^中

- 武器 wǔqì 무기
- 武术 wǔshù 무술
- 武装 wǔzhuāng 무장하다

武
^日
음 ぶ·む

- 武器 ぶき 무기
- 武芸 ぶげい 무예
- 武力 ぶりょく 무력

308

例
법식 례
^韓

- 次例 차례
- 比例 비례
- 事例 사례

例
lì
^中

- 比例 bǐlì 비례
- 惯例 guànlì 관례
- 例外 lìwài 예외

例
^日
음 れい
훈 たとえる

- 例外 れいがい 예외
- 実例 じつれい 실례
- 比例 ひれい 비례

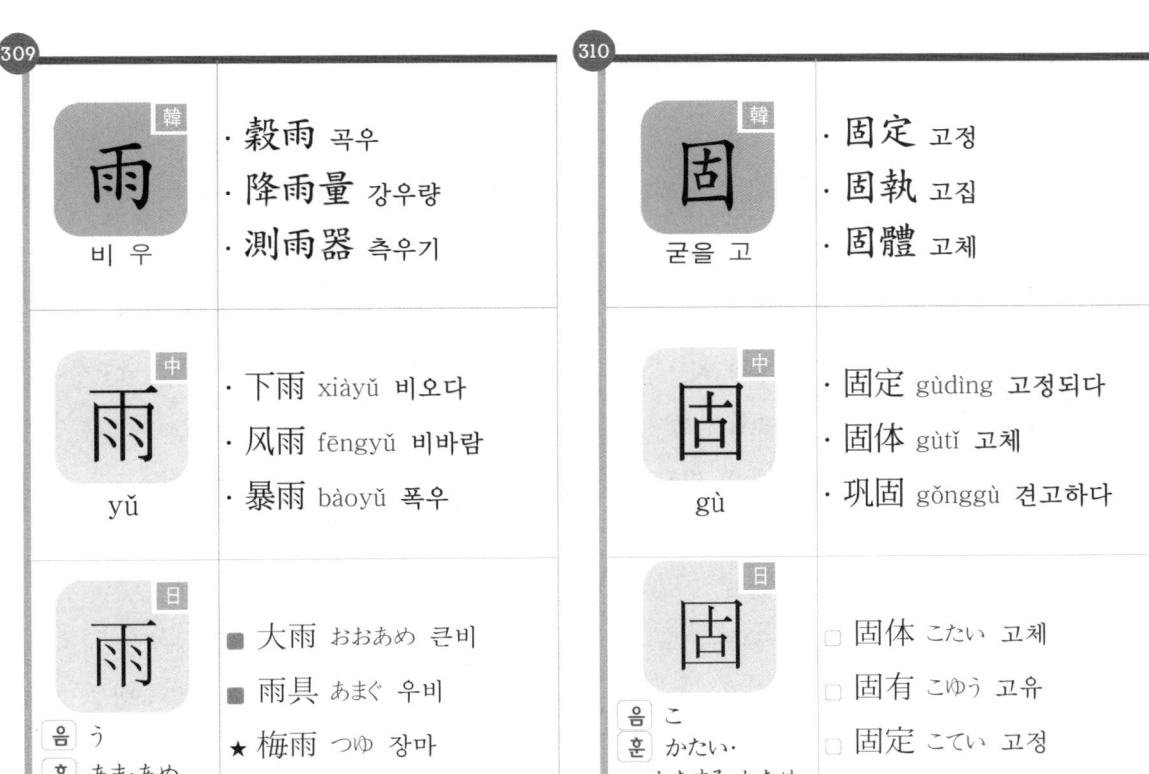

309

雨 비 우 ^韓

- 穀雨 곡우
- 降雨量 강우량
- 測雨器 측우기

雨 yǔ ^中

- 下雨 xiàyǔ 비오다
- 风雨 fēngyǔ 비바람
- 暴雨 bàoyǔ 폭우

雨 ^日
음 う
훈 あま·あめ

- 大雨 おおあめ 큰비
- 雨具 あまぐ 우비
- ★ 梅雨 つゆ 장마

310

固 굳을 고 ^韓

- 固定 고정
- 固執 고집
- 固體 고체

固 gù ^中

- 固定 gùdìng 고정되다
- 固体 gùtǐ 고체
- 巩固 gǒnggù 견고하다

固 ^日
음 こ
훈 かたい·
かたまる·かため

- 固体 こたい 고체
- 固有 こゆう 고유
- 固定 こてい 고정

311

夜 밤 야 ^韓

- 夜間 야간
- 夜光 야광
- 深夜 심야

夜 yè ^中

- 昼夜 zhòuyè 낮과 밤
- 半夜 bànyè 한밤중
- 前夜 qiányè 어젯밤

夜 ^日
음 や
훈 よ·よる

- 今夜 こんや 금야
- 夜景 やけい 야경
- 夜中 よなか 한밤중

312

協 도울 협 ^韓

- 協商 협상
- 協助 협조
- 協議 협의

协 xié ^中

- 协调 xiétiáo 어울리다
- 协会 xiéhuì 협회
- 协助 xiézhù 협조하다

協 ^日
음 きょう
훈 かなう

- 協議 きょうぎ 협의
- 協力 きょうりょく 협력
- 協同 きょうどう 협동

免 [韓] 면할 면	· 免除 면제 · 免許 면허 · 免稅 면세
免 [中] miǎn	· 避免 bìmiǎn 피하다 · 不免 bùmiǎn 면할 수 없다. · 免費 miǎnfèi 돈을 받지 않다
免 [日] [음] めん [훈] まぬかれる· ゆるす	□ 免疫 めんえき 면역 □ 免許 めんきょ 면허 □ 免除 めんじょ 면제

承 [韓] 이을 승	· 傳承 전승 · 繼承 계승 · 承認 승인
承 [中] chéng	· 承担 chéngdān 담당하다 · 承认 chéngrèn 승인하다 · 承受 chéngshòu 받아들이다
承 [日] [음] しょう [훈] うけたまわる· うける	□ 承諾 しょうだく 승낙 □ 承認 しょうにん 승인 □ 伝承 でんしょう 전승

依 [韓] 의지할 의	· 依支 의지 · 依存 의존 · 依賴 의뢰
依 [中] yī	· 依然 yīrán 의연하다 · 依靠 yīkào 의존하다 · 依賴 yīlài 의지하다
依 [日] [음] い·え [훈] よる	□ 依存 いぞん 의존 □ 依賴 いらい 의뢰 □ 帰依 きえ 귀의

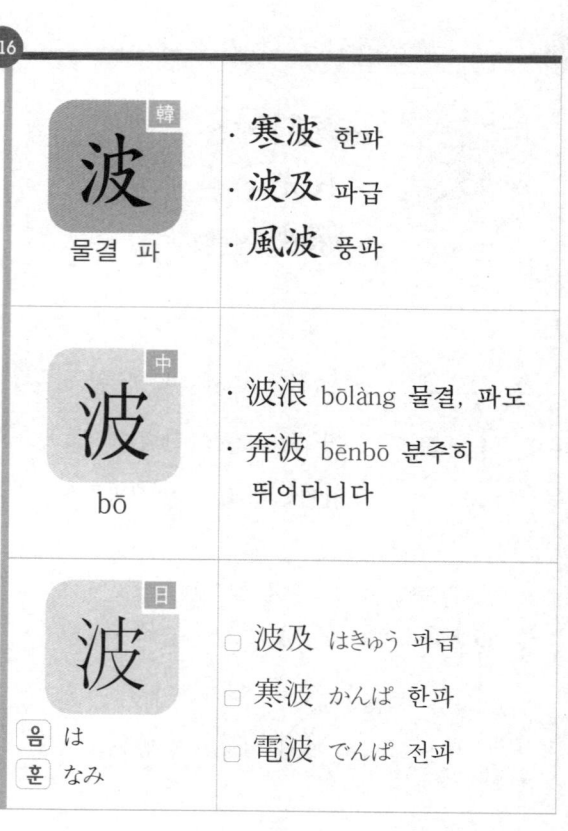

波 [韓] 물결 파	· 寒波 한파 · 波及 파급 · 風波 풍파
波 [中] bō	· 波浪 bōlàng 물결, 파도 · 奔波 bēnbō 분주히 뛰어다니다
波 [日] [음] は [훈] なみ	□ 波及 はきゅう 파급 □ 寒波 かんぱ 한파 □ 電波 でんぱ 전파

317

居 [韓]
살 거

- 占居 점거
- 居住 거주
- 居安思危 거안사위

居 [中]
jū

- 邻居 línjū 이웃집
- 居然 jūrán 뜻밖에, 놀랍게도

居 [日]
음 きょ
훈 いる·おる

- ☐ 居住 きょじゅう 거주
- ☐ 同居 どうきょ 동거
- ■ 居間 いま 거실

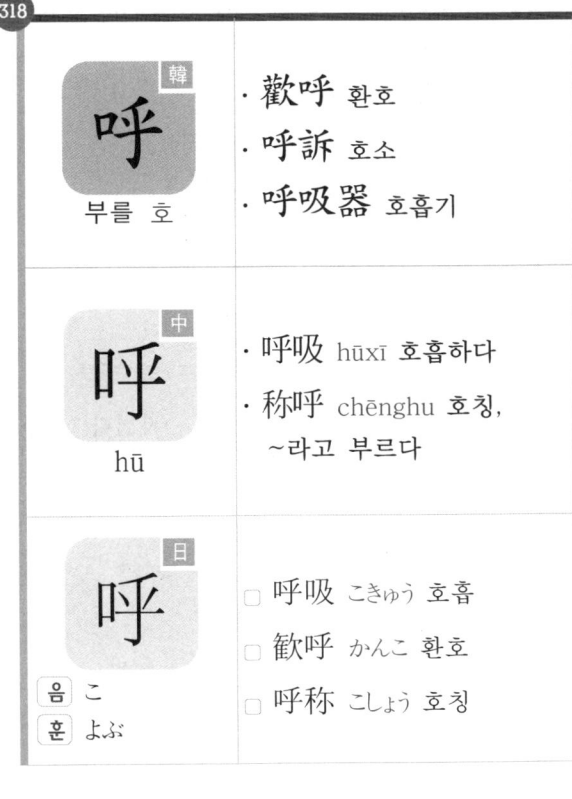

318

呼 [韓]
부를 호

- 歡呼 환호
- 呼訴 호소
- 呼吸器 호흡기

呼 [中]
hū

- 呼吸 hūxī 호흡하다
- 称呼 chēnghu 호칭, ~라고 부르다

呼 [日]
음 こ
훈 よぶ

- ☐ 呼吸 こきゅう 호흡
- ☐ 歡呼 かんこ 환호
- ☐ 呼称 こしょう 호칭

319

妹 [韓]
아랫누이 매

- 男妹 남매
- 姉妹 자매
- 妹兄 매형

妹 [中]
mèi

- 妹妹 mèimei 여동생
- 姐妹 jiěmèi 자매

妹 [日]
음 まい
훈 いもうと

- ☐ 姉妹 しまい 자매
- ☐ 弟妹 ていまい 남동생과 여동생

320

味 [韓]
맛 미

- 味覺 미각
- 興味 흥미
- 意味 의미

味 [中]
wèi

- 味道 wèidao 맛, 냄새
- 口味 kǒuwèi 입맛
- 风味 fēngwèi 풍미, 멋

味 [日]
음 み
훈 あじ·あじわう

- ☐ 興味 きょうみ 흥미
- ☐ 意味 いみ 의미
- ☐ 地味 じみ 수수함

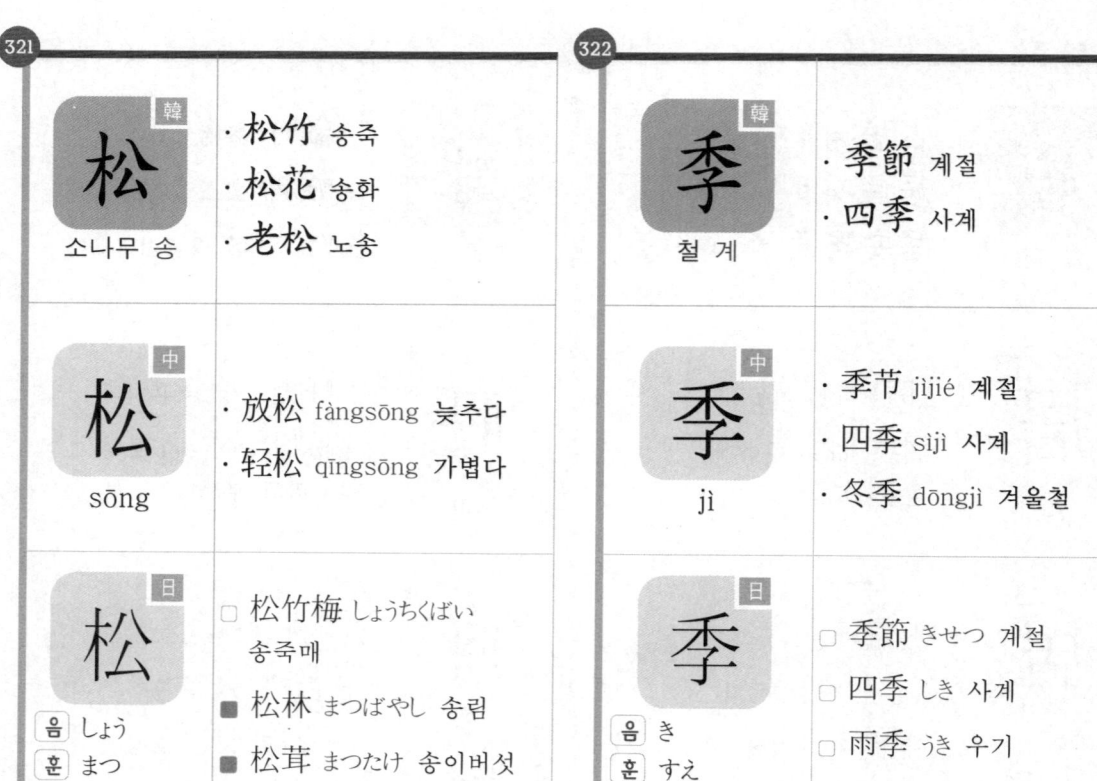

321

松 韓 소나무 송	· 松竹 송죽 · 松花 송화 · 老松 노송
松 中 sōng	· 放松 fàngsōng 늦추다 · 轻松 qīngsōng 가볍다
松 日 음 しょう 훈 まつ	□ 松竹梅 しょうちくばい 송죽매 ■ 松林 まつばやし 송림 ■ 松茸 まつたけ 송이버섯

322

季 韓 철 계	· 季節 계절 · 四季 사계
季 中 jì	· 季节 jìjié 계절 · 四季 sìjì 사계 · 冬季 dōngjì 겨울철
季 日 음 き 훈 すえ	□ 季節 きせつ 계절 □ 四季 しき 사계 □ 雨季 うき 우기

323

枝 韓 가지 지	· 枝葉 지엽 · 金枝玉葉 금지옥엽
枝 中 zhī	· 树枝 shùzhī 나뭇가지 · 枝叶 zhīyè 지엽, 부차적인 문제
枝 日 음 し 훈 えだ	□ 枝葉末節 しようまっせつ 지엽말절(하찮은 일) ■ 枝豆 えだまめ 풋콩 삶은 것

324

宗 韓 마루 종	· 宗教 종교 · 宗家 종가 · 宗派 종파
宗 中 zōng	· 宗教 zōngjiào 종교 · 宗旨 zōngzhǐ 취지, 목적
宗 日 음 しゅう・そう 훈 むね	□ 宗教 しゅうきょう 종교 □ 宗派 しゅうは 종파 □ 改宗 かいしゅう 개종

325

招
부를 초 ^韓

- 招待 초대
- 招請 초청
- 招人鐘 초인종

招
zhāo ^中

- 招聘 zhāopìn 초빙하다
- 招待 zhāodài 접대하다
- 打招呼 dǎzhāohu 인사하다

招
^日
음 しょう
훈 まねく

- ☐ 招待 しょうたい 초대
- ☐ 招聘 しょうへい 초빙
- ☐ 招来 しょうらい 초래

326

店
가게 점 ^韓

- 書店 서점
- 露店 노점
- 賣店 매점

店
diàn ^中

- 饭店 fàndiàn 호텔, 식당
- 商店 shāngdiàn 상점
- 酒店 jiǔdiàn 대형호텔

店
^日
음 てん
훈 たな・みせ

- ☐ 店員 てんいん 점원
- ☐ 開店 かいてん 개점
- ☐ 書店 しょてん 서점

327

幸
다행 행 ^韓

- 多幸 다행
- 幸運 행운
- 幸福 행복

幸
xìng ^中

- 幸福 xìngfú 행복
- 幸运 xìngyùn 행운
- 荣幸 róngxìng 매우 영광스럽다

幸
^日
음 こう
훈 さいわい・さち・しあわ

- ☐ 幸運 こううん 행운
- ☐ 幸福 こうふく 행복
- ☐ 不幸 ふこう 불행

328

妻
아내 처 ^韓

- 妻男 처남
- 妻家 처가
- 妻兄 처형

妻
qī ^中

- 妻子 qīzi 아내
- 夫妻 fūqī 부부

妻
^日
음 さい
훈 つま

- ☐ 夫妻 ふさい (타인의) 부부
- ☐ 妻子 さいし 처자
- ☐ 良妻 りょうさい 좋은 아내

抱 韓 안을 포	· 抱負 포부 · 抱擁 포옹 · 抱腹絕倒 포복절도
抱 中 bào	· 抱怨 bàoyuàn 원망하다 · 抱歉 bàoqiàn 미안해하다 · 擁抱 yōngbào 포옹하다
抱 日 음 ほう 훈 いだく· かかえる·だく	□ 抱負 ほうふ 포부 □ 辛抱 しんぼう 참고 견딤 □ 抱腹絕倒 ほうふくぜっとう 포복절도

虎 韓 범 호	· 虎皮 호피 · 猛虎 맹호
虎 中 hǔ	· 老虎 lǎohǔ 호랑이, 범 · 马虎 mǎhu 적당히 하다
虎 日 음 こ 훈 とら	□ 虎穴 こけつ 호랑이굴, 매우 위험한 곳 □ 白虎 びゃっこ 백호

卷 韓 책 권	· 壓卷 압권 · 席卷 석권 · 手不釋卷 수불석권
卷 中 juǎn/juàn	· 试卷 shìjuàn 시험지 · 答卷 dájuàn 답안지
卷 日 음 かん·けん 훈 まき·まく	□ 卷頭 かんとう 권두 □ 全卷 ぜんかん 전권

姓 韓 성씨 성	· 姓名 성명 · 百姓 백성 · 姓氏 성씨
姓 中 xìng	· 老百姓 lǎobǎixìng 백성 · 姓名 xìngmíng 성명 · 姓氏 xìngshì 성씨
姓 日 음 しょう·せい 훈 かばね	□ 姓名 せいめい 성명 □ 百姓 ひゃくせい 백성 □ 同姓 どうせい 동성

333

 韓

典
법 전

- 經典 경전
- 辭典 사전
- 法典 법전

 中

典
diǎn

- 词典 cídiǎn 사전
- 经典 jīngdiǎn 경전
- 古典 gǔdiǎn 고전적, 전고

 日

典
음 てん
훈 のり·ふみ

- ☐ 典型 てんけい 전형
- ☐ 古典 こてん 고전
- ☐ 百科事典 ひゃっかじてん 백과사전

334

彼 韓
저 피

- 彼我 피아
- 於此彼 어차피
- 知彼知己 지피지기

 中

彼
bǐ

- 彼此 bǐcǐ 피차, 상호

 日

彼
음 ひ
훈 かの·かれ

- ☐ 彼岸 ひがん 열반, 깨달음의 경지
- ■ 彼女 かのじょ 그녀, 여자친구
- ■ 彼氏 かれし 그이, 남자친구

335

 韓

奉
받들 봉

- 奉養 봉양
- 信奉 신봉
- 奉仕 봉사

 中

奉
fèng

- 信奉 xìnfèng 신봉하다
- 奉献 fèngxiàn 삼가 바치다

 日

奉
음 ぶ·ほう
훈 たてまつる

- ☐ 奉仕 ほうし 봉사
- ☐ 信奉 しんぽう 신봉
- ☐ 奉献 ほうけん 봉헌

336

舍 韓
집 사

- 廳舍 청사
- 舍監 사감
- 寄宿舍 기숙사

 中

舍
shè/shě

- 宿舍 sùshè 기숙사
- 舍不得 shěbude 미련이 남다, 헤어지기 섭섭해 하다

 日

舍
음 しゃ

- ☐ 田舍 いなか 시골
- ☐ 官舍 かんしゃ 관사
- ☐ 校舍 こうしゃ 교사

337

忠
충성 충 韓

· 忠誠 충성
· 忠告 충고
· 忠實 충실

忠
zhōng 中

· 忠实 zhōngshí 충실하다
· 忠诚 zhōngchéng
　충성하다

忠
음 ちゅう 日

☐ 忠告 ちゅうこく 충고
☐ 忠誠 ちゅうせい 충성
☐ 忠実 ちゅうじつ 충실

338

宙
집 주 韓

· 宇宙 우주

宙
zhòu 中

· 宇宙 yǔzhòu 우주

宙
음 ちゅう 日

☐ 宇宙 うちゅう 우주

339

泣
울 읍 韓

· 感泣 감읍
· 泣訴 읍소

泣
qì 中

· 哭泣 kūqì 흐느껴 울다

泣
음 きゅう
훈 なく 日

☐ 泣訴 きゅうそ
　울면서 호소함
☐ 号泣 ごうきゅう 통곡
■ 泣き声 なきごえ 울음소리

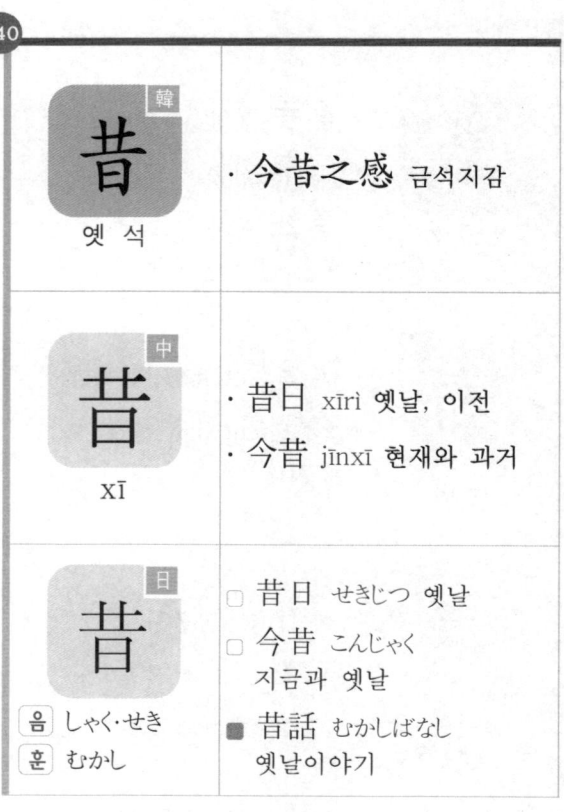

340

昔
옛 석 韓

· 今昔之感 금석지감

昔
xī 中

· 昔日 xīrì 옛날, 이전
· 今昔 jīnxī 현재와 과거

昔
음 しゃく·せき
훈 むかし 日

☐ 昔日 せきじつ 옛날
☐ 今昔 こんじゃく
　지금과 옛날
■ 昔話 むかしばなし
　옛날이야기

341

卒 韓
군사 졸

- 卒兵 졸병
- 卒業 졸업
- 烏合之卒 오합지졸

卒 中
zú

- 小卒 xiǎozú 졸병
- 兵卒 bīngzú 병졸, 병사

卒 日
음 そつ
훈 おわ・ついに・にわか

- ☐ 卒業 そつぎょう 졸업
- ☐ 高卒 こうそつ 고졸
- ☐ 卒倒 そっとう 졸도

342

青 韓
푸를 청

- 青春 청춘
- 丹青 단청
- 青銅器 청동기

青 中
qīng

- 青春 qīngchūn 청춘
- 青少年 qīngshàonián 청소년

青 日
음 しょう・せい
훈 あお・あおい

- ☐ 青春 せいしゅん 청춘
- ☐ 青少年 せいしょうねん 청소년
- ■ 青信号 あおしんごう 청신호

343

是 韓
옳을 시

- 是非 시비
- 或是 혹시
- 是認 시인

是 中
shì

- 但是 dànshì 그렇지만
- 是非 shìfēi 잘잘못
- 是否 shìfǒu ~인지 아닌지

是 日
음 ぜ
훈 これ

- ☐ 是非 ぜひ 시비, 꼭
- ☐ 是認 ぜにん 시인
- ☐ 如是 にょぜ 이와 같음

344

要 韓
구할 요

- 要求 요구
- 需要 수요
- 必要 필요

要 中
yào/yāo

- 需要 xūyào 필요하다
- 重要 zhòngyào 중요하다
- 要求 yāoqiú 요구하다

要 日
음 よう
훈 いる・かなめ

- ☐ 必要 ひつよう 필요
- ☐ 要請 ようせい 요청
- ☐ 要点 ようてん 요점

345

韓 活
살 활

- 活氣 활기
- 復活 부활
- 活動 활동

中 活
huó

- 活动 huódòng 움직이다
- 生活 shēnghuó 생활
- 活力 huólì 활력

日 活
음 かつ
훈 いきる

- ☐ 生活 せいかつ 생활
- ☐ 活動 かつどう 활동
- ☐ 活気 かっき 활기

346

韓 面
낯 면

- 面目 면목
- 假面 가면
- 面接 면접

中 面
miàn

- 前面 qiánmiàn 앞부분
- 后面 hòumiàn 뒷부분
- 面包 miànbāo 빵

日 面
음 めん
훈 おも·おもて·つら

- ☐ 面積 めんせき 면적
- ☐ 地面 じめん 지면, 땅
- ☐ 真面目 しんめんもく 진면목

347

韓 後
뒤 후

- 後孫 후손
- 後記 후기
- 後生可畏 후생가외

中 后
hòu

- 最后 zuìhòu 최후의
- 然后 ránhòu 연후에
- 后悔 hòuhuǐ 후회하다

日 後
음 こう·ご
훈 あと·うしろ

- ☐ 午後 ごご 오후
- ☐ 最後 さいご 마지막
- ☐ 前後 ぜんご 전후

348

韓 看
볼 간

- 看過 간과
- 看護 간호
- 看破 간파

中 看
kàn

- 看法 kànfǎ 견해
- 好看 hǎokàn 보기 좋다
- 看待 kàndài 대하다, 다루다

日 看
음 かん
훈 みる

- ☐ 看護 かんご 간호
- ☐ 看板 かんばん 간판
- ☐ 看病 かんびょう 간병

349	
 前 [韓] 앞 전	· 前後 전후 · 午前 오전 · 如前 여전
前 [中] qián	· 以前 yǐqián 이전, 과거 · 前途 qiántú 전도, 전망 · 前提 qiántí 전제
前 [日] [음] ぜん [훈] まえ	□ 午前 ごぜん 오전 □ 前進 ぜんしん 전진 ■ 名前 なまえ 이름

350	
政 [韓] 정사 정	· 政治 정치 · 行政 행정 · 政權 정권
 政 [中] zhèng	· 政府 zhèngfǔ 정부 · 政治 zhèngzhì 정치 · 行政 xíngzhèng 행정
政 [日] [음] しょう·せい [훈] まつりごと	□ 政治 せいじ 정치 □ 政權 せいけん 정권 □ 政府 せいふ 정부

351	
度 [韓] 법도 도 헤아릴 탁	· 制度 제도 · 速度 속도 · 度支部 탁지부
 度 [中] dù	· 速度 sùdù 속도 · 态度 tàidu 태도 · 温度 wēndù 온도
 度 [日] [음] たく·と·ど [훈] たび·はかる	□ 制度 せいど 제도 □ 温度 おんど 온도 □ 今度 こんど 이번, 이 다음

352	
重 [韓] 무거울 중	· 重要 중요 · 重傷 중상 · 嚴重 엄중
 重 [中] zhòng/chóng	· 重要 zhòngyào 중요하다 · 重視 zhòngshì 중시하다 · 重复 chóngfù 반복하다, 중복되다
  重 [日] [음] じゅう·ちょう [훈] え·おもい·かさねる	□ 重視 じゅうし 중시 □ 重点 じゅうてん 중점 □ 慎重 しんちょう 신중

353

韓 相 서로 상	· 相逢 상봉 · 相從 상종 · 相關 상관
中 相 xiāng/xiàng	· 互相 hùxiāng 서로, 상호 · 相信 xiāngxìn 믿다 · 照相机 zhàoxiàngjī 사진기
日 相 음 しょう·そう 훈 あい· たすける	□ 相談 そうだん 상담 □ 相応 そうおう 상응 ■ 相手 あいて 상대

354

韓 便 편할 편 똥오줌 변	· 便利 편리 · 便紙 편지 · 便所 변소
中 便 biàn/pián	· 方便 fāngbiàn 방편 · 便利 biànlì 편리 · 便宜 piányi 편의
日 便 음 びん·べん 훈 すなわち·たより	□ 郵便 ゆうびん 우편 □ 便利 べんり 편리함 □ 不便 ふべん 불편함

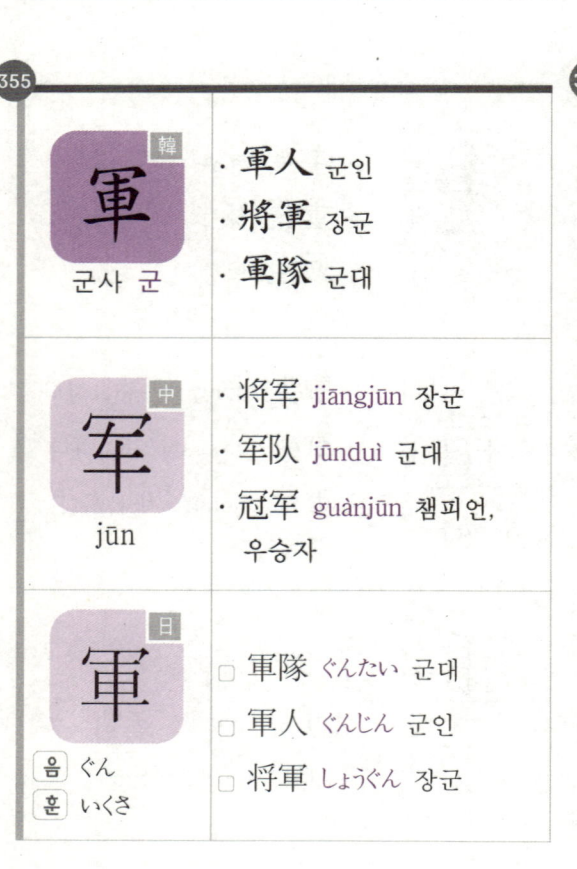

355

韓 軍 군사 군	· 軍人 군인 · 將軍 장군 · 軍隊 군대
中 军 jūn	· 将军 jiāngjūn 장군 · 军队 jūnduì 군대 · 冠军 guànjūn 챔피언, 우승자
日 軍 음 ぐん 훈 いくさ	□ 軍隊 ぐんたい 군대 □ 軍人 ぐんじん 군인 □ 将軍 しょうぐん 장군

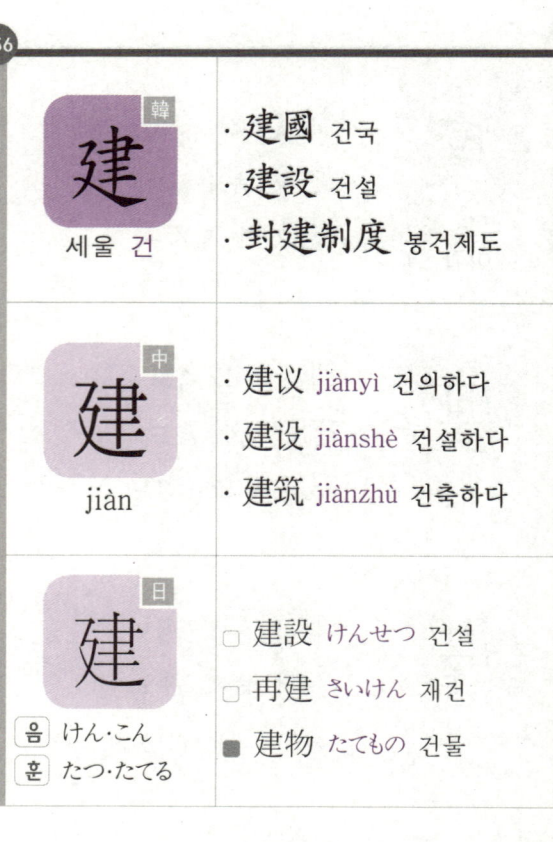

356

韓 建 세울 건	· 建國 건국 · 建設 건설 · 封建制度 봉건제도
中 建 jiàn	· 建议 jiànyì 건의하다 · 建设 jiànshè 건설하다 · 建筑 jiànzhù 건축하다
日 建 음 けん·こん 훈 たつ·たてる	□ 建設 けんせつ 건설 □ 再建 さいけん 재건 ■ 建物 たてもの 건물

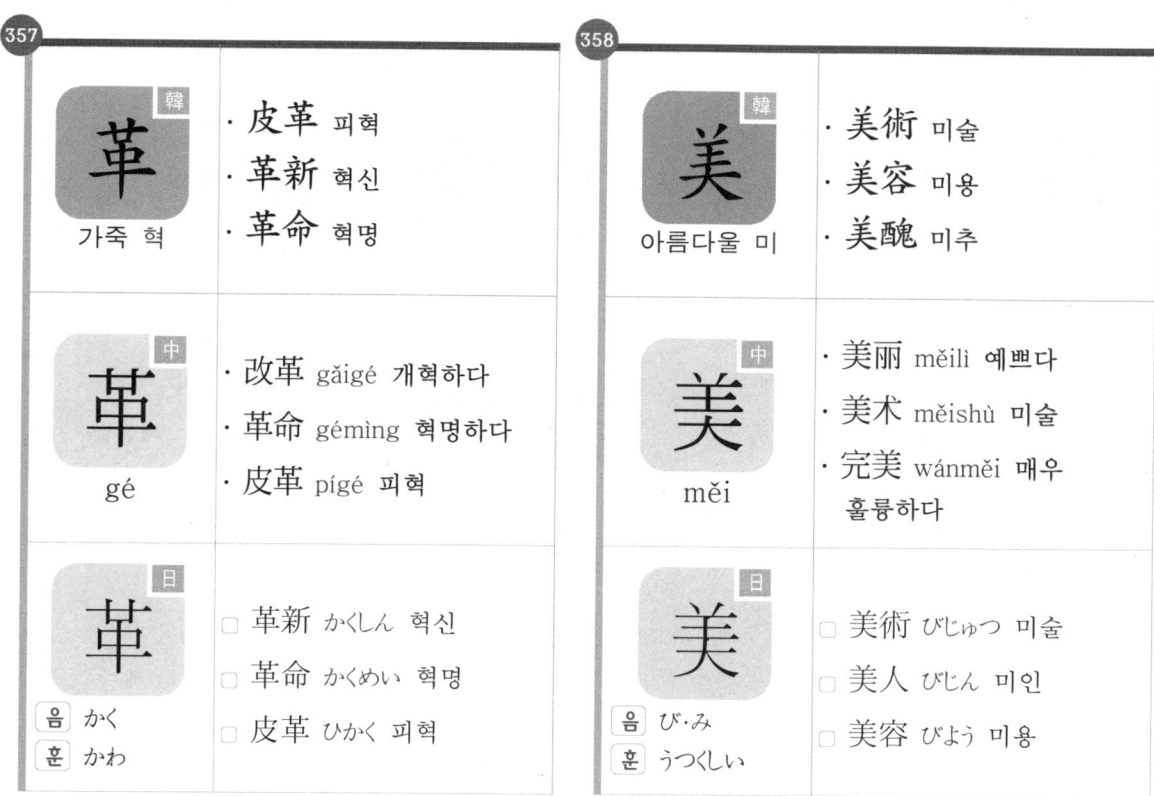

357

革 韓 가죽 혁	· 皮革 피혁 · 革新 혁신 · 革命 혁명
革 中 gé	· 改革 gǎigé 개혁하다 · 革命 gémìng 혁명하다 · 皮革 pígé 피혁
革 日 음 かく 훈 かわ	☐ 革新 かくしん 혁신 ☐ 革命 かくめい 혁명 ☐ 皮革 ひかく 피혁

358

美 韓 아름다울 미	· 美術 미술 · 美容 미용 · 美醜 미추
美 中 měi	· 美丽 měilì 예쁘다 · 美术 měishù 미술 · 完美 wánměi 매우 훌륭하다
美 日 음 び·み 훈 うつくしい	☐ 美術 びじゅつ 미술 ☐ 美人 びじん 미인 ☐ 美容 びよう 미용

359

南 韓 남녘 남	· 南山 남산 · 南極 남극 · 南大門 남대문
南 中 nán	· 南方 nánfāng 남방 · 南北 nánběi 남북 · 指南针 zhǐnánzhēn 나침반
南 日 음 な·なん 훈 みなみ	☐ 南極 なんきょく 남극 ☐ 南北 なんぼく 남북 ■ 南側 みなみがわ 남측

360

計 韓 셀 계	· 計算 계산 · 時計 시계 · 統計 통계
计 中 jì	· 计划 jìhuà 계획하다 · 计算 jìsuàn 계산하다 · 设计 shèjì 설계하다
計 日 음 けい 훈 はからう·はかる	☐ 時計 とけい 시계 ☐ 会計 かいけい 회계 ☐ 家計 かけい 가계

361

界 ^韓
지경 계

- 世界 세계
- 限界 한계
- 境界 경계

界 ^中
jiè

- 世界 shìjiè 세계
- 境界 jìngjiè 경계
- 外界 wàijiè 외부, 국외

界 ^日
음 かい
훈 さかい

- ☐ 世界 せかい 세계
- ☐ 境界 きょうかい 경계
- ☐ 限界 げんかい 한계

362

海 ^韓
바다 해

- 東海 동해
- 近海 근해
- 海兵 해병

海 ^中
hǎi

- 海洋 hǎiyáng 해양
- 海鮮 hǎixiān 해산물
- 沿海 yánhǎi 연해

海 ^日
음 かい
훈 うみ

- ☐ 海外 かいがい 해외
- ☐ 海岸 かいがん 해안
- ■ 海辺 うみべ 해변

363

思 ^韓
생각 사

- 思想 사상
- 思慕 사모
- 易地思之 역지사지

思 ^中
sī

- 意思 yìsi 의미, 뜻
- 思考 sīkǎo 사고하다
- 思想 sīxiǎng 생각, 사고

思 ^日
음 し
훈 おぼす・おもう

- ☐ 思想 しそう 사상
- ☐ 意思 いし 의사
- ☐ 思春期 ししゅんき 사춘기

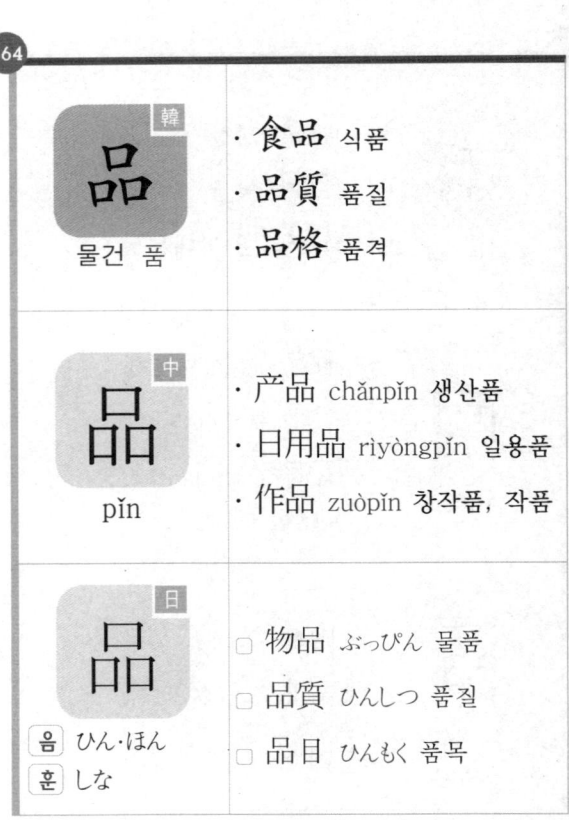

364

品 ^韓
물건 품

- 食品 식품
- 品質 품질
- 品格 품격

品 ^中
pǐn

- 产品 chǎnpǐn 생산품
- 日用品 rìyòngpǐn 일용품
- 作品 zuòpǐn 창작품, 작품

品 ^日
음 ひん・ほん
훈 しな

- ☐ 物品 ぶっぴん 물품
- ☐ 品質 ひんしつ 품질
- ☐ 品目 ひんもく 품목

365

指
손가락 지

- 指示 지시
- 中指 중지
- 指呼之間 지호지간

指
zhǐ

- 手指 shǒuzhǐ 수지
- 指导 zhǐdǎo 지도하다
- 指挥 zhǐhuī 지휘하다

指

- 指揮 しき 지휘
- 指示 しじ 지시
- 指針 ししん 지침

음 し
훈 さす · ゆび

366

科
과목 과

- 科目 과목
- 科學 과학
- 教科書 교과서

科
kē

- 科学 kēxué 과학
- 内科 nèikē 내과
- 本科 běnkē (대학교의) 학부

科

- 科学 かがく 과학
- 教科 きょうか 교과
- 学科 がっか 학과

음 か
훈 しな · とが

367

保
지킬 보

- 安保 안보
- 保險 보험
- 保守 보수

保
bǎo

- 保护 bǎohù 보호하다
- 保证 bǎozhèng 보증하다
- 保存 bǎocún 보존하다

保

- 保安 ほあん 보안
- 保険 ほけん 보험
- 確保 かくほ 확보

음 ほ
훈 たもつ ·
やすんずる

368

則
법칙 칙

- 原則 원칙
- 反則 반칙
- 法則 법칙

則
zé

- 規則 guīzé 규칙
- 原則 yuánzé 원칙적으로
- 准則 zhǔnzé 준칙, 규범

則

- 規則 きそく 규칙
- 原則 げんそく 원칙
- 反則 はんそく 반칙

음 そく
훈 のっとる · のり

369

信 〔韓〕
믿을 신

- 信用 신용
- 信義 신의
- 信號 신호

信 〔中〕
xìn

- 相信 xiāngxìn 믿다
- 自信 zìxìn 자신하다
- 信用卡 xìnyòngkǎ 신용카드

信 〔日〕

- □ 信号 しんごう 신호
- □ 信仰 しんこう 신앙
- □ 信念 しんねん 신념

 음 しん
훈 まこと

370

省 〔韓〕
살필 성
덜 생

- 省墓 성묘
- 省察 성찰
- 省略 생략

省 〔中〕
shěng

- 省略 shěnglüè 생략하다
- 节省 jiéshěng 아끼다

省 〔日〕

- □ 反省 はんせい 반성
- □ 省略 しょうりゃく 생략
- □ 帰省 きせい 귀성

음 しょう・せい
훈 かえりみる・
はぶく

371

風 〔韓〕
바람 풍

- 風俗 풍속
- 風向 풍향
- 風習 풍습

風 〔中〕
fēng

- 风格 fēnggé 풍격, 성품
- 风景 fēngjǐng 풍경
- 风俗 fēngsú 풍속

風 〔日〕

- □ 風呂 ふろ 목욕(탕)
- □ 風俗 ふうぞく 풍속
- ■ 風車 かざぐるま 풍차

음 ふ・ふう
훈 かざ・かぜ

372

持 〔韓〕
가질 지

- 所持 소지
- 維持 유지
- 持續 지속

持 〔中〕
chí

- 坚持 jiānchí 견지하다
- 支持 zhīchí 지지하다
- 持续 chíxù 지속하다

持 〔日〕

- □ 持参 じさん 지참
- □ 持続 じぞく 지속
- ■ 金持 かねもち 부자

음 じ
훈 もつ

373

約 韓 맺을 약	· 約束 약속 · 約定 약정 · 約婚 약혼
约 中 yuē	· 大約 dàyuē 아마, 대략 · 节约 jiéyuē 절약하다 · 约会 yuēhuì 만날 약속을 하다
約 日 음 やく 훈 つづめる	☐ 予約 よやく 예약 ☐ 約束 やくそく 약속 ☐ 要約 ようやく 요약

374

神 韓 귀신 신	· 鬼神 귀신 · 神仙 신선 · 神話 신화
神 中 shén	· 精神 jīngshén 정신 · 神话 shénhuà 신화 · 神秘 shénmì 신비하다
神 日 음 しん·じん 훈 かみ·かん·こう	☐ 神経 しんけい 신경 ☐ 神秘 しんぴ 신비 ☐ 神話 しんわ 신화

375

飛 韓 날 비	· 飛行 비행 · 烏飛梨落 오비이락
飞 中 fēi	· 飞机 fēijī 비행기 · 起飞 qǐfēi 이륙하다 · 飞跃 fēiyuè 비약하다
飛 日 음 ひ 훈 とばす·とぶ	☐ 飛行機 ひこうき 비행기 ☐ 飛躍 ひやく 비약 ■ 飛び火 とびひ 비화, 불똥

376

食 韓 밥 식	· 飲食 음식 · 食貪 식탐 · 衣食住 의식주
食 中 shí	· 粮食 liángshí 양식, 식량 · 食物 shíwù 음식물 · 饮食 yǐnshí 음식
食 日 음 しょく·じき 훈 くう·くらう	☐ 食堂 しょくどう 식당 ☐ 食欲 しょくよく 식욕 ☐ 朝食 ちょうしょく 조식

377

韓 首 머리 수
- 首席 수석
- 元首 원수
- 首肯 수긍

中 首 shǒu
- 首都 shǒudū 수도
- 首先 shǒuxiān 우선
- 元首 yuánshǒu 국가원수

日 首
음 しゅ
훈 くび
- □ 首都 しゅと 수도
- □ 首席 しゅせき 수석
- ■ 手首 てくび 손목

378

韓 故 연고 고
- 故鄉 고향
- 事故 사고
- 溫故知新 온고지신

中 故 gù
- 故事 gùshi 이야기
- 故意 gùyì 고의로
- 事故 shìgù 사고

日 故
음 こ
훈 ゆえ
- □ 故障 こしょう 고장
- □ 事故 じこ 사고
- □ 故鄉 こきょう 고향

379

韓 草 풀 초
- 藥草 약초
- 雜草 잡초
- 草綠 초록

中 草 cǎo
- 草案 cǎo'àn 초안
- 草地 cǎodì 초원
- 起草 qǐcǎo 초안을 작성하다

日 草
음 そう
훈 くさ
- □ 草食 そうしょく 초식
- □ 草書 そうしょ 초서
- ■ 草木 くさき 초목

380

韓 送 보낼 송
- 送別 송별
- 送年 송년
- 配送 배송

中 送 sòng
- 贈送 zèngsòng 증정하다
- 送人 sòngrén 전송하다
- 送礼 sònglǐ 선물을 주다

日 送
음 そう
훈 おくる
- □ 歡送 かんそう 환송
- □ 運送 うんそう 운송
- □ 放送 ほうそう 방송

381

音
소리 음

- 音聲 음성
- 音樂 음악
- 知音 지음

音
yīn

- 声音 shēngyīn 소리
- 音乐 yīnyuè 음악
- 录音 lùyīn 녹음하다

音
음 いん・おん
훈 おと・ね

- ☐ 発音 はつおん 발음
- ☐ 音楽 おんがく 음악
- ■ 音色 ねいろ 음색

382

洋
큰바다 양

- 洋服 양복
- 洋式 양식
- 洋藥 양약

洋
yáng

- 海洋 hǎiyáng 해양
- 洋装 yángzhuāng 양장
- 西洋 xīyáng 서양

洋
음 よう

- ☐ 洋服 ようふく 양복
- ☐ 東洋 とうよう 동양
- ☐ 太平洋 たいへいよう
태평양

383

紅
붉을 홍

- 朱紅 주홍
- 百日紅 백일홍
- 紅一點 홍일점

紅
hóng

- 鮮紅 xiānhóng 새빨갛다
- 西紅柿 xīhóngshì
토마토

紅
음 く・ぐ・こう
훈 くれない・
べに

- ☐ 紅茶 こうちゃ 홍차
- ☐ 紅一点 こういってん
홍일점
- ■ 口紅 くちべに 입술연지

384

城
재 성

- 城門 성문
- 城郭 성곽
- 萬里長城 만리장성

城
chéng

- 城市 chéngshì 도시
- (万里)长城
(Wànlǐ)Chángchéng
만리장성

城
음 じょう
훈 しろ

- ☐ 城門 じょうもん 성문
- ☐ 城郭 じょうかく 성곽
- ☐ 城主 じょうしゅ 성주

385

客 손님 객
- 客席 객석
- 乘客 승객
- 客觀的 객관적

客 kè
- 客人 kèrén 손님
- 乘客 chéngkè 승객
- 客观 kèguān 객관적이다

客
음 かく・きゃく
훈 まろうど
- ☐ 顧客 こきゃく 고객
- ☐ 客間 きゃくま 객실
- ☐ 旅客機 りょかくき 여객기

386

屋 집 옥
- 屋上 옥상
- 舍屋 사옥
- 家屋 가옥

屋 wū
- 屋子 wūzi 방
- 草屋 cǎowū 초가집
- 同屋 tóngwū 룸메이트

屋
음 おく
훈 や
- ☐ 屋上 おくじょう 옥상
- ■ 部屋 へや 방
- ■ 屋根 やね 지붕

387

律 법 률
- 律令 율령
- 自律 자율
- 千篇一律 천편일률

律 lǜ
- 法律 fǎlǜ 법률
- 律師 lǜshī 변호사
- 規律 guīlǜ 규율, 법칙

律
음 りち・りつ
- ☐ 法律 ほうりつ 법률
- ☐ 自律 じりつ 자율
- ☐ 一律 いちりつ 일률

388

施 베풀 시
- 施賞 시상
- 施設 시설
- 施行 시행

施 shī
- 措施 cuòshī 조치, 대책
- 设施 shèshī 시설
- 实施 shíshī 실시하다

施
음 し・せ
훈 しく・ほどこす
- ☐ 施行 しこう 시행
- ☐ 施設 しせつ 시설
- ☐ 実施 じっし 실시

389

急 急할 급 `[韓]`	· 急死 급사 · 急速 급속 · 緊急 긴급
急 jí `[中]`	· 急忙 jímáng 급히 · 緊急 jǐnjí 긴급하다 · 着急 zháojí 조급해하다
急 음 きゅう 훈 いそぐ `[日]`	☐ 特急 とっきゅう 특급 ☐ 急行 きゅうこう 급행 ☐ 急増 きゅうぞう 급증

390

星 별 성 `[韓]`	· 星雲 성운 · 星團 성단 · 衛星 위성
星 xīng `[中]`	· 行星 xíngxīng 행성 · 卫星 wèixīng 위성 · 明星 míngxīng 스타, 샛별
星 음 しょう·せい 훈 ほし `[日]`	☐ 火星 かせい 화성 ☐ 星座 せいざ 별자리 ☐ 北斗七星 ほくとしちせい 북두칠성

391

待 기다릴 대 `[韓]`	· 招待 초대 · 期待 기대 · 鶴首苦待 학수고대
待 dài `[中]`	· 待遇 dàiyù 대우 · 接待 jiēdài 접대하다 · 期待 qīdài 기대하다
待 음 たい 훈 まつ `[日]`	☐ 招待 しょうたい 초대 ☐ 期待 きたい 기대 ☐ 待遇 たいぐう 대우

392

春 봄 춘 `[韓]`	· 回春 회춘 · 靑春 청춘 · 春秋 춘추
春 chūn `[中]`	· 青春 qīngchūn 청춘 · 春节 chūnjié 설, 춘절 · 春秋 chūnqiū 세월, 봄과 가을
春 음 しゅん 훈 はる `[日]`	☐ 春風 しゅんぷう 봄바람 ☐ 青春 せいしゅん 청춘 ■ 春雨 はるさめ 봄비

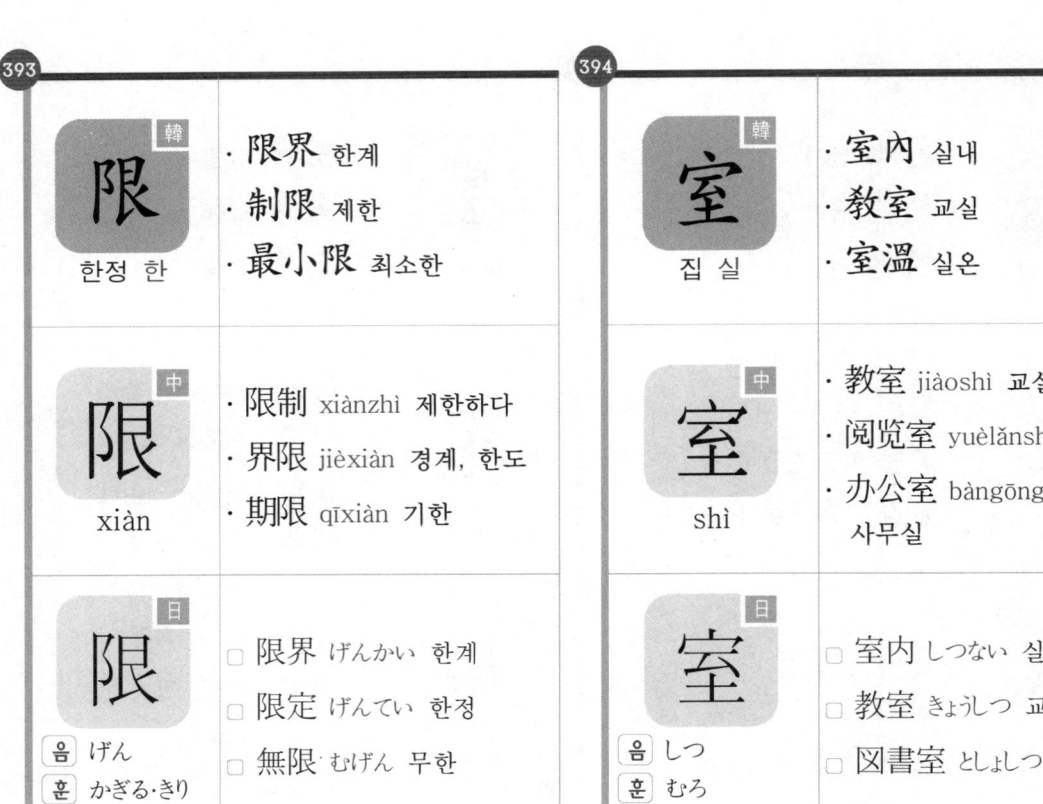

393

韓 限 한정 한	· 限界 한계 · 制限 제한 · 最小限 최소한
中 限 xiàn	· 限制 xiànzhì 제한하다 · 界限 jièxiàn 경계, 한도 · 期限 qīxiàn 기한
日 限 음 げん 훈 かぎる·きり	□ 限界 げんかい 한계 □ 限定 げんてい 한정 □ 無限 むげん 무한

394

韓 室 집 실	· 室內 실내 · 教室 교실 · 室溫 실온
中 室 shì	· 教室 jiàoshì 교실 · 阅览室 yuèlǎnshì 열람실 · 办公室 bàngōngshì 사무실
日 室 음 しつ 훈 むろ	□ 室内 しつない 실내 □ 教室 きょうしつ 교실 □ 図書室 としょしつ 도서실

395

韓 香 향기 향	· 香氣 향기 · 香料 향료 · 墨香 묵향
中 香 xiāng	· 香蕉 xiāngjiāo 바나나 · 香水 xiāngshuǐ 향수
日 香 음 きょう·こう 훈 か·かおり	□ 香水 こうすい 향수 □ 香料 こうりょう 향료 ★ 香港 ほんこん 홍콩

396

韓 退 물러날 퇴	· 退勤 퇴근 · 退場 퇴장 · 退職 퇴직
中 退 tuì	· 退步 tuìbù 퇴보하다 · 退休 tuìxiū 퇴직하다 · 衰退 shuāituì 쇠퇴하다
日 退 음 たい 훈 しりぞく·しりぞける	□ 退院 たいいん 퇴원 □ 退学 たいがく 퇴학 □ 早退 そうたい 조퇴

397

祖
할아버지 조 [韓]

· 元祖 원조
· 先祖 선조
· 祖父 조부

祖
zǔ [中]

· 祖父 zǔfù 조부
· 祖国 zǔguó 조국
· 祖先 zǔxiān 선조, 조상

祖
음 そ [日]

☐ 祖母 そぼ 조모
☐ 祖父 そふ 조부
☐ 先祖 せんぞ 선조

398

威
위엄 위 [韓]

· 威嚴 위엄
· 權威 권위
· 威風堂堂 위풍당당

威
wēi [中]

· 威胁 wēixié 위협하다
· 示威 shìwēi 시위하다
· 权威 quánwēi 권위,
  권위자

威
음 い
훈 おどす [日]

☐ 威力 いりょく 위력
☐ 威厳 いげん 위엄
☐ 権威 けんい 권위

399

洗
씻을 세 [韓]

· 洗手 세수
· 洗車 세차
· 洗練 세련

洗
xǐ [中]

· 洗澡 xǐzǎo 목욕하다
· 洗手间 xǐshǒujiān
  화장실

洗
음 せん
훈 あらう [日]

☐ 洗濯 せんたく 세탁
☐ 洗剤 せんざい 세제
☐ 洗車 せんしゃ 세차

400

昨
어제 작 [韓]

· 昨年 작년
· 昨今 작금

昨
zuó [中]

· 昨天 zuótiān 어제
· 昨晚 zuówǎn 어제 저녁
· 昨夜 zuóyè 어제 밤

昨
음 さく [日]

☐ 昨日 さくじつ 어제
☐ 昨年 さくねん 작년
☐ 昨夜 さくや 어젯밤

401

拜 [韓]
절 배

- 禮拜 예배
- 歲拜 세배
- 拜上 배상

拜 [中]
bài

- 崇拜 chóngbài 숭배하다
- 拜年 bàinián 세배하다
- 礼拜天 lǐbàitiān 일요일

拝 [日]
음 はい
훈 おがむ

- ☐ 崇拝 すうはい 숭배
- ☐ 拝見 はいけん 삼가 뵘
- ☐ 拝啓 はいけい 삼가 아룀
  (편지 첫머리에 씀)

402

秋 [韓]
가을 추

- 秋夕 추석
- 立秋 입추
- 春秋 춘추

秋 [中]
qiū

- 秋收 qiūshōu 추수하다
- 秋景 qiūjǐng 가을 풍경
- 中秋 zhōngqiū 한가위,
  추석

秋 [日]
음 しゅう
훈 あき・とき

- ☐ 秋分 しゅうぶん 추분
- ☐ 千秋 せんしゅう 천추
- ■ 秋雨 あきさめ 가을비

403

厚 [韓]
두터울 후

- 厚德 후덕
- 重厚 중후
- 厚顔無恥 후안무치

厚 [中]
hòu

- 浓厚 nónghòu 짙다
- 深情厚谊
  shēnqínghòuyì
  깊고 돈독한 정

厚 [日]
음 こう
훈 あつい

- ☐ 厚生 こうせい 후생
- ☐ 濃厚 のうこう 농후
- ☐ 温厚 おんこう 온후

404

追 [韓]
쫓을 추

- 追加 추가
- 追慕 추모
- 追憶 추억

追 [中]
zhuī

- 追求 zhuīqiú 추구하다
- 追悼 zhuīdào 추도하다

追 [日]
음 つい
훈 おう

- ☐ 追加 ついか 추가
- ☐ 追突 ついとつ 추돌
- ☐ 追放 ついほう 추방

405

皆
다 개

· 皆勤 개근
· 皆骨山 개골산

皆
jiē

· 有口皆碑 yǒukǒujiēbēi
  칭송이 자자하다
· 比比皆是 bǐbǐjiēshì
  무척 많다

皆
음 かい
훈 みな

皆勤 かいきん 개근
皆勤賞 かいきんしょう
개근상

406

勇
날랠 용

· 勇氣 용기
· 勇士 용사
· 勇敢 용감

勇
yǒng

· 勇敢 yǒnggǎn 용감하다
· 勇气 yǒngqì 용기
· 英勇 yīngyǒng 매우
  용감하다

勇
음 ゆう
훈 いさむ

勇敢 ゆうかん 용감
勇気 ゆうき 용기

407

恨
한할 한

· 痛恨 통한
· 恨歎 한탄

恨
hèn

· 怨恨 yuànhèn 원한
· 悔恨 huǐhèn 뼈저리게
  뉘우치다
· 恨不得 hènbude ~하지
  못해 안타깝다

恨
음 こん
훈 うらむ·
  うらめしい

怨恨 えんこん 원한
痛恨 つうこん 통한

408

皇
임금 황

· 皇帝 황제
· 皇室 황실
· 皇太子 황태자

皇
huáng

· 皇后 huánghòu 황후
· 皇帝 huángdì 황제

皇
음 おう·こう

皇帝 こうてい 황제
皇室 こうしつ 황실
皇太后 こうたいごう
황태후

409

怒
성낼 노

· 憤怒 분노
· 怒發大發 노발대발

怒
nù

· 愤怒 fènnù 분노하다
· 暴怒 bàonù 격노하다

怒
음 ど・ぬ
훈 いかる・おこる

☐ 激怒 げきど 격노
☐ 怒気 どき 노기, 화가 난 얼굴

410

俗
풍속 속

· 俗談 속담
· 民俗 민속
· 俗世 속세

俗
sú

· 风俗 fēngsú 풍속
· 通俗 tōngsú 통속적이다
· 习俗 xísú 풍속, 습속

俗
음 ぞく

☐ 俗説 ぞくせつ 속설
☐ 土俗 どぞく 토속
☐ 風俗 ふうぞく 풍속

411

祝
빌 축

· 祝杯 축배
· 祝賀 축하
· 慶祝 경축

祝
zhù

· 祝贺 zhùhè 축하하다
· 庆祝 qìngzhù 경축하다
· 祝福 zhùfú 축복하다

祝
음 しゅう・しゅく
훈 いわう

☐ 祝辞 しゅくじ 축사
☐ 祝福 しゅくふく 축복
☐ 祝日 しゅくじつ 축일

412

拾
주울 습
열 십

· 拾得 습득
· 收拾 수습
· 八拾 팔십

拾
shí

· 收拾 shōushi 거두다
· 拾物 shíwù 습득물, 습득하다

拾
음 しゅう・じゅう
훈 ひろう

☐ 収拾 しゅうしゅう 수습
☐ 拾得 しゅうとく 습득

413

泉
샘 천 ^韓

· 溫泉 온천
· 黃泉 황천
· 源泉 원천

泉
quán ^中

· 源泉 yuánquán 원천
· 矿泉水 kuàngquánshuǐ
　광천수, 생수

泉
음 せん
훈 いずみ ^日

☐ 温泉 おんせん 온천
☐ 源泉 げんせん 원천
☐ 黄泉 こうせん 황천, 저승

414

柔
부드러울 유 ^韓

· 柔順 유순
· 柔道 유도
· 優柔不斷 우유부단

柔
róu ^中

· 温柔 wēnróu 온유하다
· 柔和 róuhé 연하고
　부드럽다

柔
음 じゅう·にゅう
훈 やわらか ^日

☐ 柔道 じゅうどう 유도
☐ 柔軟 じゅうなん 유연

415

哀
슬플 애 ^韓

· 悲哀 비애
· 哀惜 애석
· 哀痛 애통

哀
āi ^中

· 哀悼 āidào 애도하다
· 悲哀 bēi'āi 슬프고
　애통하다

哀
음 あい
훈 あわれ·
あわれむ·かな ^日

☐ 哀愁 あいしゅう 애수
☐ 哀悼 あいとう 애도
☐ 悲哀 ひあい 비애

416

怨
원망할 원 ^韓

· 怨望 원망
· 怨恨 원한
· 怨聲 원성

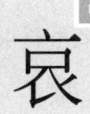
怨
yuàn ^中

· 抱怨 bàoyuàn 원망하다
· 恩怨 ēnyuàn 은혜와
　원한
· 埋怨 mányuàn 탓하다,
　불평하다

怨
음 えん·おん
훈 うらむ ^日

☐ 怨恨 えんこん 원한
☐ 怨念 おんねん 원한을
　품은 집념

417

逆 韓
거스를 역
· 逆行 역행
· 反逆 반역
· 逆轉 역전

逆 中
nì
· 逆行 nìxíng 역행하다
· 逆水 nìshuǐ 역류하다
· 莫逆 mònì 막역하다

逆 日
음 ぎゃく·げき
훈 さか·さからう
□ 逆転 ぎゃくてん 역전
□ 逆順 ぎゃくじゅん 역순
□ 逆効果 ぎゃっこうか 역효과

418

個 韓
낱 개
· 個別 개별
· 個性 개성
· 各個 각개

个 中
gè
· 个人 gèrén 개인
· 个别 gèbié 개별적인
· 个性 gèxìng 개성

個 日
음 か·こ
□ 個性 こせい 개성
□ 個別 こべつ 개별
□ 個室 こしつ 독실, 개인용 방

419

時 韓
때 시
· 時間 시간
· 同時 동시
· 時計 시계

时 中
shí
· 时间 shíjiān 시간
· 当时 dāngshí 당시
· 同时 tóngshí 동시에

時 日
음 し·じ
훈 とき
□ 時間 じかん 시간
□ 時代 じだい 시대
■ 時計 とけい 시계

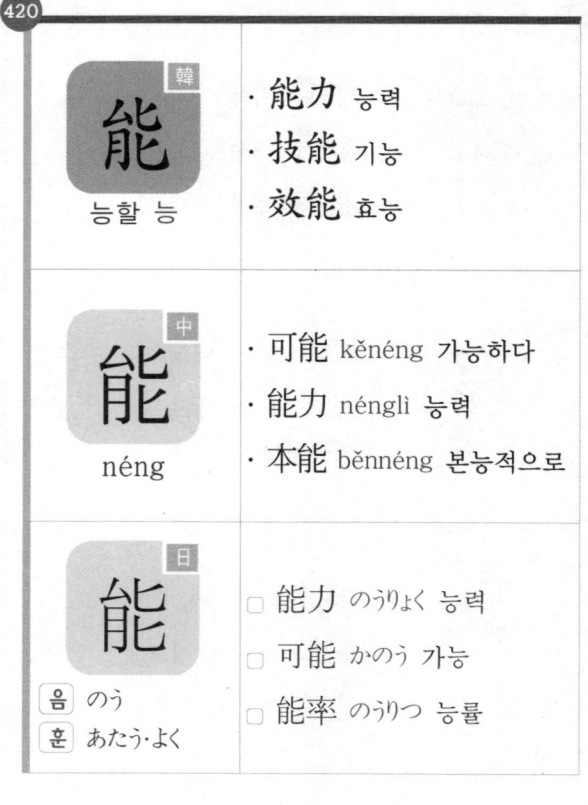

420

能 韓
능할 능
· 能力 능력
· 技能 기능
· 效能 효능

能 中
néng
· 可能 kěnéng 가능하다
· 能力 nénglì 능력
· 本能 běnnéng 본능적으로

能 日
음 のう
훈 あたう·よく
□ 能力 のうりょく 능력
□ 可能 かのう 가능
□ 能率 のうりつ 능률

421

| 家 韓
집 가 | · 家族 가족
· 家庭 가정
· 專門家 전문가 |

| 家 中
jiā | · 大家 dàjiā 모두, 다들
· 国家 guójiā 국가, 나라
· 家具 jiājù 가구 |

| 家 日
음 か·け
훈 いえ·や | ☐ 家族 かぞく 가족
☐ 家庭 かてい 가정
☐ 家内 かない 아내 |

422

| 起 韓
일어날 기 | · 起立 기립
· 起床 기상
· 起伏 기복 |

| 起 中
qǐ | · 起床 qǐchuáng 일어나다
· 一起 yìqǐ 같이, 함께
· 引起 yǐnqǐ (주의를) 끌다 |

| 起 日
음 き
훈 おきる·おこす | ☐ 起源 きげん 기원
☐ 起床 きしょう 기상
☐ 起立 きりつ 기립 |

423

| 高 韓
높을 고 | · 高尚 고상
· 高層 고층
· 等高線 등고선 |

| 高 中
gāo | · 高兴 gāoxìng 기쁘다
· 提高 tígāo 제고하다
· 高级 gāojí 고급, 상급 |

| 高 日
음 こう
훈 たか·たかい | ☐ 高校 こうこう 고등학교
☐ 高温 こうおん 고온
☐ 高級 こうきゅう 고급 |

424

| 氣 韓
기운 기 | · 氣溫 기온
· 勇氣 용기
· 感氣 감기 |

| 气 中
qì | · 天气 tiānqì 날씨, 일기
· 空气 kōngqì 공기, 분위기
· 气候 qìhòu 기후 |

| 気 日
음 き·け | ☐ 人気 にんき 인기
☐ 電気 でんき 전기
☐ 空気 くうき 공기 |

425

原 ^韓
근원 원

- 原因 원인
- 原理 원리
- 原料 원료

原 ^中
yuán

- 原来 yuánlái 원래
- 原因 yuányīn 원인
- 原料 yuánliào 원료

原 ^日

 げん
훈 はら·もと

- ☐ 原因 げんいん 원인
- ☐ 原作 げんさく 원작
- ☐ 原理 げんり 원리

426

展 ^韓
펼 전

- 發展 발전
- 展開 전개
- 展示會 전시회

展 ^中
zhǎn

- 发展 fāzhǎn 발전하다
- 展开 zhǎnkāi 전개하다
- 展示 zhǎnshì 전시하다

展 ^日

 てん
훈 のべる

- ☐ 展開 てんかい 전개
- ☐ 展示 てんじ 전시
- ☐ 発展 はってん 발전

427

通 ^韓
통할 통

- 通過 통과
- 流通 유통
- 共通 공통

通 ^中
tōng

- 交通 jiāotōng 교통
- 通过 tōngguò 통과하다
- 普通话 pǔtōnghuà 현대 중국 표준어

通 ^日

 つ·つう
훈 かよう·
とおす·とおる

- ☐ 普通 ふつう 보통
- ☐ 交通 こうつう 교통
- ☐ 通勤 つうきん 통근

428

華 ^韓
빛날 화

- 榮華 영화
- 昇華 승화
- 華燭 화촉

华 ^中
huá

- 豪华 háohuá 호화스럽다
- 华丽 huálì 화려하다
- 华侨 huáqiáo 화교

華 ^日

 か·け·げ
훈 はな

- ☐ 華麗 かれい 화려
- ☐ 豪華 ごうか 호화
- ☐ 中華 ちゅうか 중화

429 特 특별할 특

韓
- 特別 특별
- 特效 특효
- 特許 특허

中 特 tè
- 特別 tèbié 특별하다
- 特点 tèdiǎn 특징, 특색
- 独特 dútè 독특하다

日 特
- 특 特別 とくべつ 특별
- 独特 どくとく 독특
- 特技 とくぎ 특기

음 とく

430 書 글 서

韓
- 書店 서점
- 書堂 서당
- 落書 낙서

中 书 shū
- 书架 shūjià 책장
- 书法 shūfǎ 서법, 서예
- 图书馆 túshūguǎn 도서관

日 書
- 図書 としょ 도서
- 書類 しょるい 서류
- 書留 かきとめ 등기우편

음 しょ
훈 かく

431 馬 말 마

韓
- 馬車 마차
- 馬夫 마부
- 出馬 출마

中 马 mǎ
- 马上 mǎshàng 곧, 금방
- 马虎 mǎhu 적당히 하다, 대강하다

日 馬
- 馬車 ばしゃ 마차
- 競馬 けいば 경마
- 乗馬 じょうば 승마

음 ば·め
훈 うま·ま

432 造 지을 조

韓
- 造成 조성
- 偽造 위조
- 構造 구조

中 造 zào
- 创造 chuàngzào 창조하다
- 造成 zàochéng 조성하다
- 制造 zhìzào 제조하다

日 造
- 構造 こうぞう 구조
- 創造 そうぞう 창조
- 造船 ぞうせん 조선

음 ぞう

433

流　흐를 류
- 流行 유행
- 流通 유통
- 流配 유배

流　liú
- 交流 jiāoliú 교류하다
- 流行 liúxíng 유행하다
- 潮流 cháoliú 조류, 추세

流　[음] りゅう・る　[훈] ながす・ながれる
- ☐ 流行 りゅうこう 유행
- ☐ 一流 いちりゅう 일류
- ☐ 交流 こうりゅう 교류

434

記　기록할 기
- 日記 일기
- 記憶 기억
- 記錄 기록

记　jì
- 忘记 wàngjì 잊어버리다
- 记者 jìzhě 기자
- 日记 rìjì 일기

記　[음] き　[훈] しるす
- ☐ 日記 にっき 일기
- ☐ 記憶 きおく 기억
- ☐ 記者 きしゃ 기자

435

根　뿌리 근
- 根性 근성
- 根源 근원
- 根本 근본

根　gēn
- 根据 gēnjù 근거, ~에 의거하여
- 根本 gēnběn 근본
- 根源 gēnyuán 근원

根　[음] こん　[훈] ね
- ☐ 根性 こんじょう 근성
- ☐ 根本 こんぽん 근본
- ■ 屋根 やね 지붕

436

料　헤아릴 료
- 料理 요리
- 香料 향료
- 原料 원료

料　liào
- 饮料 yǐnliào 음료
- 资料 zīliào 자료
- 材料 cáiliào 재료, 데이터

料　[음] りょう　[훈] はかる
- ☐ 料理 りょうり 요리
- ☐ 材料 ざいりょう 재료
- ☐ 無料 むりょう 무료

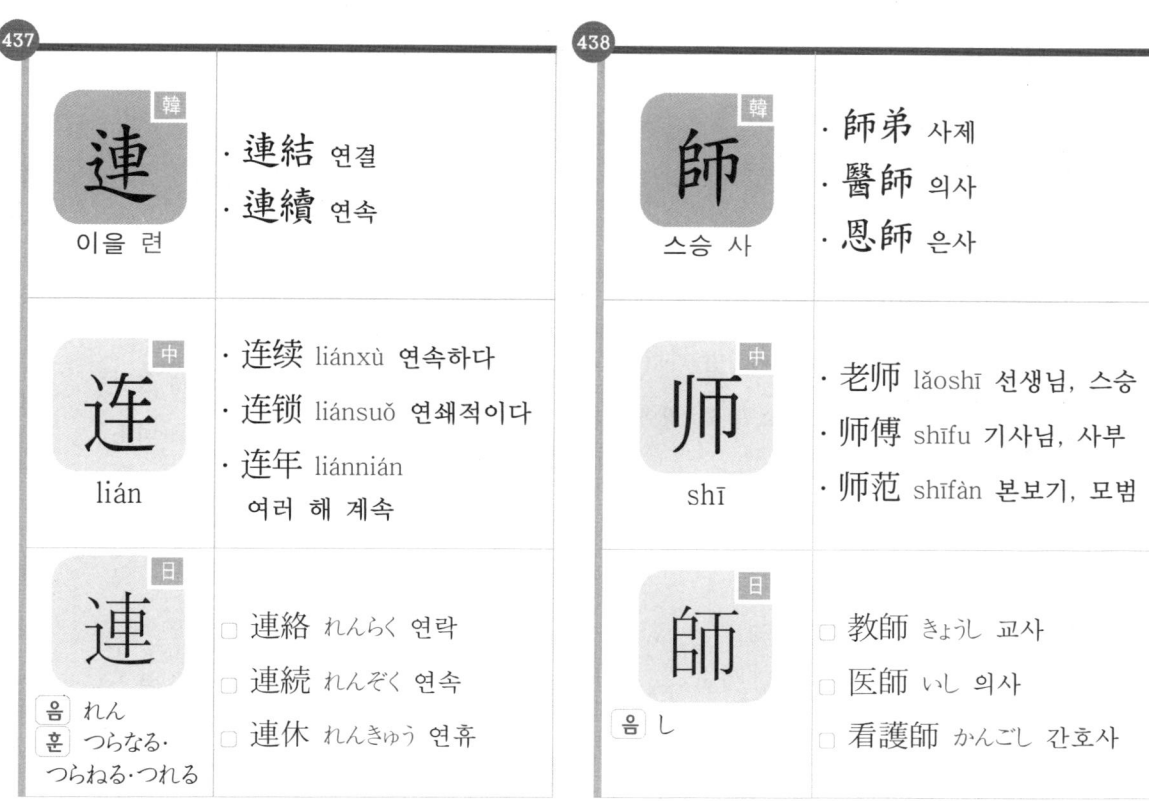

437

韓 **連** 이을 련	· 連結 연결 · 連續 연속
中 **连** lián	· 连续 liánxù 연속하다 · 连锁 liánsuǒ 연쇄적이다 · 连年 liánnián 여러 해 계속
日 **連** 음 れん 훈 つらなる·つらねる·つれる	□ 連絡 れんらく 연락 □ 連続 れんぞく 연속 □ 連休 れんきゅう 연휴

438

韓 **師** 스승 사	· 師弟 사제 · 醫師 의사 · 恩師 은사
中 **师** shī	· 老师 lǎoshī 선생님, 스승 · 师傅 shīfu 기사님, 사부 · 师范 shīfàn 본보기, 모범
日 **師** 음 し	□ 教師 きょうし 교사 □ 医師 いし 의사 □ 看護師 かんごし 간호사

439

韓 **校** 학교 교	· 校歌 교가 · 登校 등교 · 校門 교문
中 **校** xiào	· 学校 xuéxiào 학교 · 校长 xiàozhǎng 학교장
日 **校** 음 きょう·こう	□ 校長 こうちょう 교장 □ 学校 がっこう 학교 □ 中学校 ちゅうがっこう 중학교

440

韓 **席** 자리 석	· 空席 공석 · 參席 참석 · 卽席 즉석
中 **席** xí	· 主席 zhǔxí 의장, 주석 · 缺席 quēxí 결석하다 · 出席 chūxí 회의에 참가하다
日 **席** 음 せき	□ 欠席 けっせき 결석 □ 客席 きゃくせき 객석 □ 首席 しゅせき 수석

441

病 韓 병 병	· **疾病** 질병 · **病院** 병원 · **問病** 문병
病 中 bìng	· 生病 shēngbìng 병 나다 · 毛病 máobìng 고장, 장애 · 病毒 bìngdú 병균, 바이러스
病 日  びょう·へい 훈 やまい·やむ	□ 病気 びょうき 병 □ 病院 びょういん 병원 □ 看病 かんびょう 간병

442

笑 韓 웃음 소	· **談笑** 담소 · **冷笑** 냉소 · **微笑** 미소
笑 中 xiào	· 笑话 xiàohua 농담 · 微笑 wēixiào 미소 · 嘲笑 cháoxiào 비웃다
笑 日  しょう 훈 えむ·わらう	□ 冷笑 れいしょう 냉소 □ 爆笑 ばくしょう 폭소 □ 微笑 びしょう 미소

443

除 韓 덜 제	· **除去** 제거 · **除隊** 제대 · **解除** 해제
除 中 chú	· 除夕 chúxī 섣달 그믐날 · 删除 shānchú 삭제하다 · 解除 jiěchú 제거하다
除 日  じ·じょ 훈 のぞく	□ 掃除 そうじ 청소 □ 除外 じょがい 제외 □ 排除 はいじょ 배제

444

速 韓 빠를 속	· **速度** 속도 · **過速** 과속 · **拙速** 졸속
速 中 sù	· 速度 sùdù 속도 · 迅速 xùnsù 신속하다 · 高速公路 gāosùgōnglù 고속도로
速 日  そく 훈 すみやか· はやい·はやめる	□ 早速 さっそく 즉시 □ 速度 そくど 속도 □ 速達 そくたつ 속달

445

害
해칠 해 ^韓

- 害蟲 해충
- 害惡 해악
- 被害 피해

害 ^中
hài

- 伤害 shānghài 손상시키다
- 灾害 zāihài 재해, 재난
- 害怕 hàipà 겁내다

害 ^日
음 がい

- ☐ 被害 ひがい 피해
- ☐ 殺害 さつがい 살해
- ☐ 損害 そんがい 손해

446

消
사라질 소 ^韓

- 消去 소거
- 消費 소비
- 消火器 소화기

消 ^中
xiāo

- 消息 xiāoxi 소식, 정보
- 取消 qǔxiāo 취소하다
- 消費 xiāofèi 소비하다

消 ^日
음 しょう
훈 きえる・けす

- ☐ 解消 かいしょう 해소
- ☐ 消費 しょうひ 소비
- ☐ 消火器 しょうかき 소화기

447

破
깨뜨릴 파 ^韓

- 破格 파격
- 破鏡 파경
- 突破 돌파

破 ^中
pò

- 破产 pòchǎn 파산하다
- 破坏 pòhuài 파괴하다
- 突破 tūpò 돌파하다

破 ^日
음 は
훈 やぶる・やぶれる

- ☐ 破壊 はかい 파괴
- ☐ 爆破 ばくは 폭파
- ☐ 破片 はへん 파편

448

容
얼굴/담을 용 ^韓

- 美容 미용
- 內容 내용
- 容易 용이

容 ^中
róng

- 容易 róngyì 쉽다
- 內容 nèiróng 내용
- 形容 xíngróng 형용하다, 용모

容 ^日
음 よう
훈 いれる・かたち・ゆるす

- ☐ 容易 ようい 용이
- ☐ 内容 ないよう 내용
- ☐ 容器 ようき 용기

449

修 韓 닦을 수	· 修理 수리 · 修學 수학 · 修身 수신
修 中 xiū	· 修理 xiūlǐ 수리하다 · 修养 xiūyǎng 수양하다 · 修改 xiūgǎi (원고를) 수정하다
修 日 음 しゅ·しゅう 훈 おさまる· おさめる	☐ 研修 けんしゅう 연수 ☐ 修正 しゅうせい 수정 ☐ 修理 しゅうり 수리

450

效 韓 본받을 효	· 效果 효과 · 效能 효능 · 特效 특효
效 中 xiào	· 效果 xiàoguǒ 효과 · 效率 xiàolǜ 능률, 효율 · 功效 gōngxiào 효능, 효과
効 日 음 こう 훈 きく	☐ 効果 こうか 효과 ☐ 効力 こうりょく 효력 ☐ 効率 こうりつ 효율

451

留 韓 머무를 류	· 留保 유보 · 留學 유학 · 停留場 정류장
留 中 liú	· 留学 liúxué 유학하다 · 保留 bǎoliú 보존하다 · 滞留 zhìliú 체류하다
留 日 음 りゅう·る 훈 とどまる· とどめる·とまる·と	☐ 留学 りゅうがく 유학 ☐ 留守 るす 부재중 ☐ 留年 りゅうねん 유급, 낙제

452

致 韓 이를 치	· 景致 경치 · 一致 일치 · 致命的 치명적
致 中 zhì	· 一致 yízhì 일치하다 · 导致 dǎozhì 야기하다 · 大致 dàzhì 대개, 대체로
致 日 음 ち 훈 いたす	☐ 一致 いっち 일치 ☐ 合致 がっち 합치 ☐ 致命傷 ちめいしょう 치명상

453

財 韓
재물 재

· 財産 재산
· 財物 재물
· 財貨 재화

財 中
cái

· 財产 cáichǎn 재산
· 財务 cáiwù 재무, 재정
· 发財 fācái 큰 돈을 벌다

財 日

음 さい・ざい
훈 たから

☐ 財産 ざいさん 재산
☐ 財政 ざいせい 재정
☐ 文化財 ぶんかざい 문화재

454

旅 韓
나그네 려

· 旅客 여객
· 旅行 여행
· 旅館 여관

旅 中
lǚ

· 旅游 lǚyóu 여행하다
· 旅行 lǚxíng 여행하다

旅 日

음 りょ
훈 たび

☐ 旅行 りこう 여행
☐ 旅館 りょかん 여관
☐ 旅程 りょてい 여정

455

益 韓
더할 익

· 損益 손익
· 利益 이익
· 弘益人間 홍익인간

益 中
yì

· 利益 lìyì 이익
· 日益 rìyì 나날이 더욱
· 效益 xiàoyì 효과와 수익

益 日

음 えき・やく
훈 ます・ますます

☐ 利益 りえき 이익
☐ 損益 そんえき 손익
☐ 有益 ゆうえき 유익

456

素 韓
흴 소

· 素朴 소박
· 素材 소재
· 儉素 검소

素 中
sù

· 因素 yīnsù 요소, 성분
· 朴素 pǔsù 소박하다
· 素质 sùzhì 소질

素 日

음 す・そ
훈 もと

☐ 素材 そざい 소재
☐ 素朴 そぼく 소박
☐ 元素 げんそ 원소

457

恩
은혜 은

- 恩惠 은혜
- 恩師 은사
- 結草報恩 결초보은

恩
ēn

- 感恩 gǎnēn 은혜에
  감사하다
- 忘恩负义 wàng'ēnfùyì
  배은망덕

恩
음 おん

- 恩人 おんじん 은인
- 恩師 おんし 은사
- 恩惠 おんけい 은혜

458

酒
술 주

- 麥酒 맥주
- 飮酒 음주
- 酒店 주점

酒
jiǔ

- 酒吧 jiǔbā 술집, 바(bar)
- 啤酒 píjiǔ 맥주

酒
음 しゅ
훈 さか・さけ

- 飮酒 いんしゅ 음주
- 禁酒 きんしゅ 금주
- 居酒屋 いざかや 선술집

459

降
내릴 강
항복할 항

- 下降 하강
- 降服 항복
- 降水量 강수량

降
jiàng/xiáng

- 降低 jiàngdī 내리다,
  내려가다
- 降临 jiànglín 도래하다
- 投降 tóuxiáng 투항하다

降
음 こう
훈 おりる・
  おろす・ふる

- 下降 かこう 하강
- 降水量 こうすいりょう
  강수량

460

案
책상 안

- 代案 대안
- 提案 제안
- 擧案齊眉 거안제미

案
àn

- 答案 dá'àn 답안
- 方案 fāng'àn 방안
- 案件 ànjiàn 안건, 사안

案
음 あん

- 案内 あんない 안내
- 提案 ていあん 제안
- 案件 あんけん 안건

461

紙
종이 지 ^韓

· 便紙 편지
· 韓紙 한지
· 休紙 휴지

纸
zhǐ ^中

· 信纸 xìnzhǐ 편지지
· 报纸 bàozhǐ 신문,
  인쇄용지

紙
^日
음 し
훈 かみ

☐ 用紙 ようし 용지
☐ 白紙 はくし 백지
■ 手紙 てがみ 편지

462

借
빌릴 차 ^韓

· 借名 차명
· 借用 차용
· 賃借 임차

借
jiè ^中

· 借口 jièkǒu 구실, 핑계
· 借鉴 jièjiàn 본보기로 삼다
· 借助 jièzhù 도움을 빌다

借
^日
음 しゃく
훈 かりる

☐ 借金 しゃっきん 돈을 꿈
☐ 借用 しゃくよう 차용
☐ 借名 しゃくめい 차명(남의
  이름을 빌림)

463

殺
죽일 살
덜 쇄 ^韓

· 殺伐 살벌
· 打殺 타살
· 相殺 상쇄

杀
shā ^中

· 自杀 zìshā 자살하다
· 抹杀 mǒshā 말살하다

殺
^日
음 さい·さつ·
  せつ
훈 ころす·そぐ

☐ 殺人 さつじん 살인
☐ 暗殺 あんさつ 암살
☐ 殺到 さっとう 쇄도

464

射
쏠 사 ^韓

· 注射 주사
· 反射 반사
· 放射能 방사능

射
shè ^中

· 射击 shèjī 사격하다
· 发射 fāshè 발사하다
· 注射 zhùshè 주사하다

射
^日
음 しゃ·せき
훈 いる

☐ 注射 ちゅうしゃ 주사
☐ 発射 はっしゃ 발사
☐ 反射 はんしゃ 반사

465

針 韓 바늘 침	· 時針 시침 · 方針 방침 · 針葉樹 침엽수
针 中 zhēn	· 打针 dǎzhēn 주사를 놓다 · 方针 fāngzhēn 방침 · 针对 zhēnduì 겨누다
針 日 음 しん 훈 はり	□ 方針 ほうしん 방침 □ 指針 ししん 지침 □ 針葉樹 しんようじゅ 침엽수

466

烈 韓 뜨거울 렬	· 烈女 열녀 · 熱烈 열렬 · 先烈 선열
烈 中 liè	· 激烈 jīliè 격렬하다 · 强烈 qiángliè 강렬하다 · 热烈 rèliè 열렬하다
烈 日 음 れつ 훈 はげしい	□ 強烈 きょうれつ 강렬 □ 熱烈 ねつれつ 열렬

467

訓 韓 가르칠 훈	· 家訓 가훈 · 教訓 교훈 · 訓練 훈련
训 中 xùn	· 教训 jiàoxùn 교훈하다 · 训练 xùnliàn 훈련하다 · 培训 péixùn 양성하다
訓 日 음 きん·くん 훈 おしえる	□ 訓練 くんれん 훈련 □ 教訓 きょうくん 교훈 □ 家訓 かくん 가훈

468

夏 韓 여름 하	· 夏至 하지 · 立夏 입하 · 夏服 하복
夏 中 xià	· 初夏 chūxià 초여름 · 消夏 xiāoxià 피서하다 · 夏天 xiàtiān 여름
夏 日 음 か·げ 훈 なつ	□ 夏季 かき 하계 □ 夏至 げし 하지 ■ 夏服 なつふく 하복

469	
骨 韓 뼈 골	· 白骨 백골 · 遺骨 유골 · 露骨的 노골적
骨 中 gǔ	· 骨头 gǔtou 뼈 · 骨干 gǔgàn 골간
骨 日 음 こつ 훈 ほね	□ 骨折 こっせつ 골절 □ 遺骨 いこつ 유골 □ 露骨的 ろこつてき 노골적

470	
孫 韓 손자 손	· 孫子 손자 · 孫女 손녀 · 代代孫孫 대대손손
孙 中 sūn	· 孙子 sūnzi 손자 · 外孙 wàisūn 외손자 · 曾孙 zēngsūn 증손자
孫 日 음 そん 훈 まご	□ 子孫 しそん 자손 □ 王孫 おうそん 왕손 ■ 孫娘 まごむすめ 손녀

471	
庭 韓 뜰 정	· 親庭 친정 · 家庭 가정 · 法庭 법정
庭 中 tíng	· 家庭 jiātíng 가정 · 门庭若市 méntíngruòshì 문전성시
庭 日 음 てい 훈 にわ	□ 家庭 かてい 가정 □ 校庭 こうてい 교정 □ 庭園 ていえん 정원

472	
島 韓 섬 도	· 獨島 독도 · 多島海 다도해 · 韓半島 한반도
岛 中 dǎo	· 半岛 bàndǎo 반도 · 列岛 lièdǎo 열도 · 孤岛 gūdǎo 외딴 섬
島 日 음 とう 훈 しま	□ 無人島 むじんとう 무인도 □ 半島 はんとう 반도 ■ 島国 しまぐに 섬나라

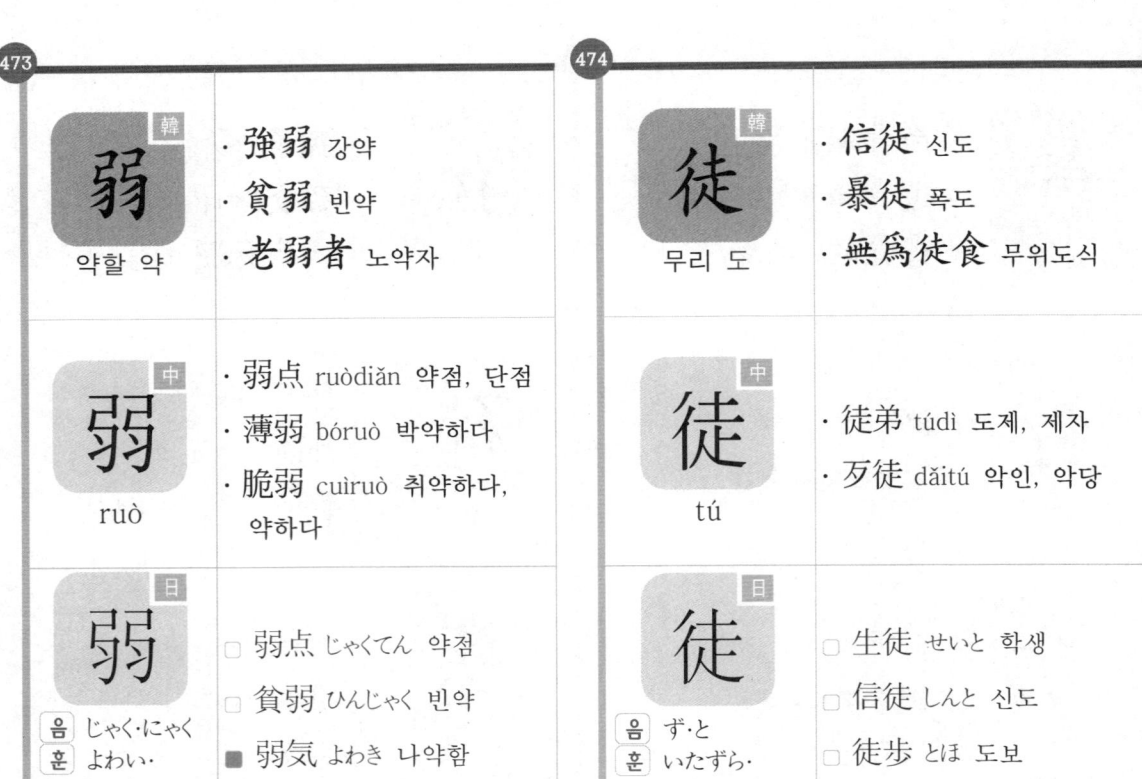

473

韓 **弱** 약할 약	· **強弱** 강약 · **貧弱** 빈약 · **老弱者** 노약자
中 **弱** ruò	· 弱点 ruòdiǎn 약점, 단점 · 薄弱 bóruò 박약하다 · 脆弱 cuìruò 취약하다, 약하다
日 **弱** 음 じゃく·にゃく 훈 よわい·よわまる·よわめる	□ 弱点 じゃくてん 약점 □ 貧弱 ひんじゃく 빈약 ■ 弱気 よわき 나약함

474

韓 **徒** 무리 도	· **信徒** 신도 · **暴徒** 폭도 · **無爲徒食** 무위도식
中 **徒** tú	· 徒弟 túdì 도제, 제자 · 歹徒 dǎitú 악인, 악당
日 **徒** 음 ず·と 훈 いたずら·かち·ともがら	□ 生徒 せいと 학생 □ 信徒 しんと 신도 □ 徒歩 とほ 도보

475

韓 **浪** 물결 랑	· **浪費** 낭비 · **放浪** 방랑 · **孟浪** 맹랑
中 **浪** làng	· 浪费 làngfèi 낭비하다 · 浪漫 làngmàn 낭만적이다 · 波浪 bōlàng 파도, 물결
日 **浪** 음 ろう 훈 なみ	□ 浪費 ろうひ 낭비 □ 放浪 ほうろう 방랑 □ 波浪 はろう 파랑, 물결

476

韓 **純** 순수할 순	· **純眞** 순진 · **單純** 단순 · **純潔** 순결
中 **纯** chún	· 单纯 dānchún 단순하다 · 纯粹 chúncuì 순수하다 · 纯洁 chúnjié 순결하다
日 **純** 음 じゅん	□ 純粋 じゅんすい 순수 □ 単純 たんじゅん 단순 □ 不純 ふじゅん 불순

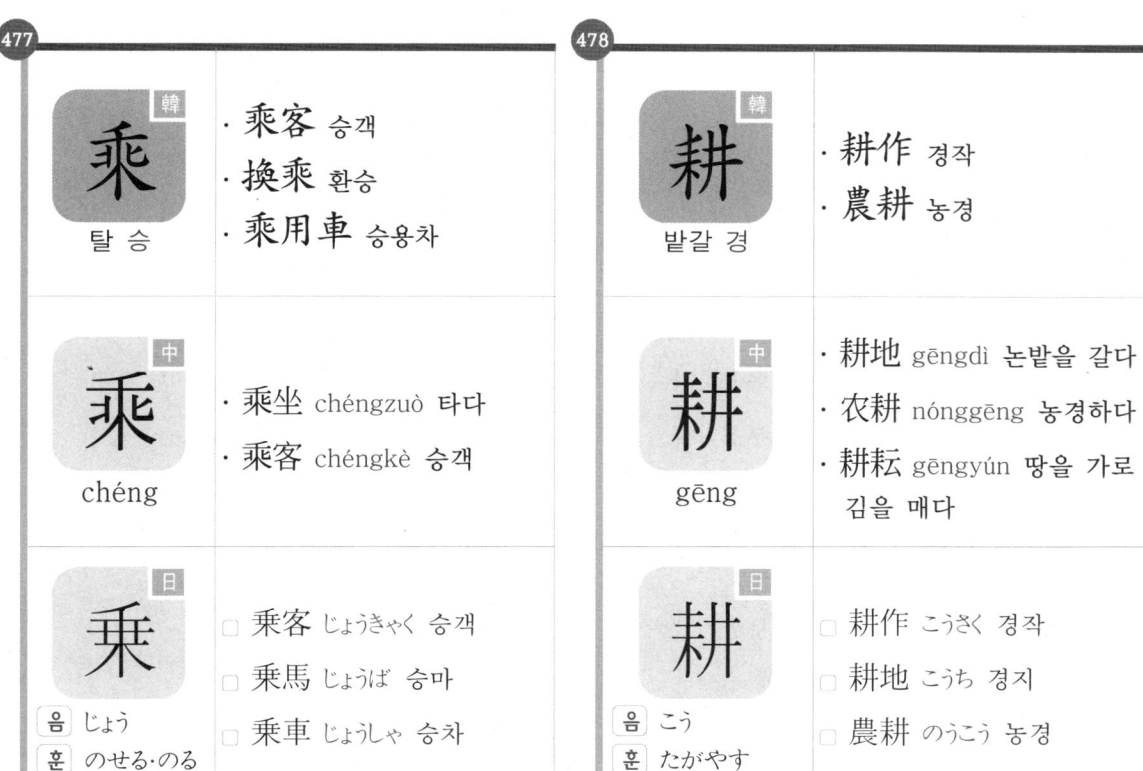

477

韓 乘
탈 승

· 乘客 승객
· 換乘 환승
· 乘用車 승용차

中 乘
chéng

· 乘坐 chéngzuò 타다
· 乘客 chéngkè 승객

日 乘
음 じょう
훈 のせる・のる

☐ 乘客 じょうきゃく 승객
☐ 乘馬 じょうば 승마
☐ 乘車 じょうしゃ 승차

478

韓 耕
밭갈 경

· 耕作 경작
· 農耕 농경

中 耕
gēng

· 耕地 gēngdì 논밭을 갈다
· 农耕 nónggēng 농경하다
· 耕耘 gēngyún 땅을 가로 김을 매다

日 耕
음 こう
훈 たがやす

☐ 耕作 こうさく 경작
☐ 耕地 こうち 경지
☐ 農耕 のうこう 농경

479

韓 悟
깨달을 오

· 覺悟 각오
· 大悟 대오

中 悟
wù

· 觉悟 juéwù 각오
· 大悟 dàwù 크게 깨닫다
· 顿悟 dùnwù 갑자기 문득 깨달음

日 悟
음 ご
훈 さとる

☐ 覚悟 かくご 각오
☐ 改悟 かいご 개오

480

韓 泰
클 태

· 泰山 태산
· 泰然 태연

中 泰
tài

· 泰国 Tàiguó 태국
· 泰斗 tàidǒu 태산북두
· 泰山 tàishān 태산, 존경받는 사람

日 泰
음 たい
훈 やすい

☐ 泰然 たいぜん 태연
☐ 泰山 たいざん 태산

481

韓	
浮 뜰 부	· 浮上 부상 · 浮力 부력 · 浮揚 부양
中 浮 fú	· 浮动 fúdòng 유동하다 · 浮沉 fúchén 부침하다 · 漂浮 piāofú 표류하다
日 浮 음 ふ 훈 うかぶ·うかべる·うかれ	☐ 浮上 ふじょう 부상 ☐ 浮力 ふりょく 부력 ■ 浮気 うわき 바람기, 변덕

482

韓	
胸 가슴 흉	· 胸部 흉부 · 胸像 흉상
中 胸 xiōng	· 胸怀 xiōnghuái 흉부 · 胸襟 xiōngjīn 흉금 · 胸章 xiōngzhāng 흉장
日 胸 음 きょう 훈 むな·むね	☐ 胸部 きょうぶ 흉부 ☐ 胸中 きょうちゅう 가슴속, 심정 ☐ 度胸 どきょう 담력, 배짱

483

韓	
栽 심을 재	· 植栽 식재 · 栽培 재배
中 栽 zāi	· 栽培 zāipéi 배양하다 · 盆栽 pénzāi 분재하다
日 栽 음 さい	☐ 栽培 さいばい 재배 ☐ 盆栽 ぼんさい 분재

484

韓	
勉 힘쓸 면	· 勉學 면학 · 勤勉 근면 · 勸勉 권면
中 勉 miǎn	· 勉励 miǎnlì 고무하다 · 劝勉 quànmiǎn 충고하고 격려하다 · 勉强 miǎnqiǎng 간신히 (억지로) ~하다
日 勉 음 べん 훈 つとめる	☐ 勤勉 きんべん 근면 ☐ 勉学 べんがく 면학 ☐ 勉強 べんきょう 공부

485

眠 韓 잠잘 면	・永眠 영면 ・熟眠 숙면 ・睡眠 수면
眠 中 mián	・冬眠 dōngmián 동면하다 ・永眠 yǒngmián 영면하다 ・失眠 shīmián 잠을 이루지 못하다
眠 日 음 みん 훈 ねむい・ ねむる	□ 睡眠 すいみん 수면 □ 安眠 あんみん 안면 □ 不眠症 ふみんしょう 불면증

486

浴 韓 목욕할 욕	・浴室 욕실 ・浴湯 욕탕 ・海水浴 해수욕
浴 中 yù	・沐浴 mùyù 목욕하다 ・浴室 yùshì 욕실, 목욕탕 ・浴巾 yùjīn 목욕수건
浴 日 음 よく 훈 あびせる・ あびる	□ 浴室 よくしつ 욕실 □ 日光浴 にっこうよく 일광욕 □ 海水浴 かいすいよく 해수욕

487

茶 韓 차 다/차	・茶道 다도 ・綠茶 녹차 ・紅茶 홍차
茶 中 chá	・茶道 chádào 다도 ・茶杯 chábēi 찻잔
茶 日 음 さ・ちゃ	□ 緑茶 りょくちゃ 녹차 □ 喫茶店 きっさてん 찻집 □ 茶道 さどう 다도

488

眞 韓 참 진	・眞理 진리 ・眞談 진담 ・眞實 진실
真 中 zhēn	・真实 zhēnshí 진실하다 ・真正 zhēnzhèng 진정한 ・传真 chuánzhēn 팩스
真 日 음 しん 훈 ま・まこと	□ 真実 しんじつ 진실 □ 写真 しゃしん 사진 ■ 真面目 まじめ 진면목, 진심

國 韓 나라 국	· 國民 국민 · 國家 국가 · 韓國 한국
国 中 guó	· 国家 guójiā 국가 · 国際 guójì 국제적인 · 国籍 guójí 국적
国 日 음 こく 훈 くに	□ 国際 こくさい 국제 □ 国語 こくご 국어 □ 外国 がいこく 외국

得 韓 얻을 득	· 取得 취득 · 說得 설득 · 一擧兩得 일거양득
得 中 dé	· 获得 huòdé 얻다 · 心得 xīndé 느낌, 소감 · 得意 déyì 대단히 만족하다
得 日 음 とく 훈 うる·える	□ 説得 せっとく 설득 □ 納得 なっとく 납득, 이해 □ 得点 とくてん 득점

動 韓 움직일 동	· 動物 동물 · 運動 운동 · 活動 활동
动 中 dòng	· 运动 yùndòng 운동 · 动物 dòngwù 동물 · 感动 gǎndòng 감동하다
動 日 음 どう 훈 うごかす· うごく	□ 動物 どうぶつ 동물 □ 運動 うんどう 운동 □ 自動車 じどうしゃ 자동차

都 韓 도읍 도	· 都市 도시 · 首都 수도 · 都邑地 도읍지
都 中 dū/dōu	· 首都 shǒudū 수도 · 大都 dàdū 대도시 · 到处都是 dàochùdōushì 득실거리다, 도처에 있다
都 日 음 つ·と 훈 みやこ	□ 都合 つごう 형편, 사정 □ 都市 とし 도시 □ 首都 しゅと 수도

493

進 韓 나아갈 진	· 行進 행진 · 進步 진보 · 增進 증진
进 中 jìn	· 进行 jìnxíng 진행하다 · 进步 jìnbù 진보하다 · 促进 cùjìn 촉진하다, 재촉하다
進 日 음 しん 훈 すすむ· すすめる	☐ 進路 しんろ 진로 ☐ 進学 しんがく 진학 ☐ 進化 しんか 진화

494

着 韓 붙을 착	· 到着 도착 · 着陸 착륙 · 執着 집착
着 中 zhe/zháo/zhuó	· 接着 jiēzhe 이어서 · 着急 zháojí 조급해하다 · 执着 zhízhuó 집착하다
着 日 음 じゃく·ちゃく 훈 きる·つく	☐ 到着 とうちゃく 도착 ☐ 着実 ちゃくじつ 착실 ■ 水着 みずぎ 수영복

495

部 韓 거느릴 부	· 部首 부수 · 內部 내부 · 部分 부분
部 中 bù	· 部分 bùfen 부분 · 全部 quánbù 전부 · 部门 bùmén 부문, 부서
部 日 음 ぶ 훈 へ	☐ 全部 ぜんぶ 전부 ☐ 部品 ぶひん 부품 ■ 部屋 へや 방

496

問 韓 물을 문	· 問題 문제 · 問安 문안 · 東問西答 동문서답
问 中 wèn	· 问题 wèntí 문제 · 学问 xuéwèn 학문, 학식 · 疑问 yíwèn 의문
問 日 음 もん 훈 とい·とう·とん	☐ 問題 もんだい 문제 ☐ 質問 しつもん 질문 ☐ 学問 がくもん 학문

497

從
좇을 종

- 服從 복종
- 從事 종사
- 面從腹背 면종복배

从
cóng

- 从来 cónglái 지금까지
- 从前 cóngqián 이전
- 从事 cóngshì 종사하다

從
음 しょう·じゅ·じゅう
훈 したがう

- ☐ 從事 じゅうじ 종사
- ☐ 從来 じゅうらい 종래
- ☐ 服從 ふくじゅう 복종

498

現
나타날 현

- 現實 현실
- 表現 표현
- 現代 현대

現
xiàn

- 現在 xiànzài 현재
- 发现 fāxiàn 발견하다
- 表現 biǎoxiàn 표현, 태도

現
음 げん
훈 あらわす·あらわれる·うつつ

- ☐ 現在 げんざい 현재
- ☐ 現像 げんぞう 현상
- ☐ 現実 げんじつ 현실

499

著
나타날 저

- 著者 저자
- 著書 저서
- 顯著 현저

著
zhù

- 著名 zhùmíng 저명하다
- 显著 xiǎnzhù 현저하다
- 著作 zhùzuò 저작, 작품

著
음 ちゃく·ちょ
훈 あらわす·いちじるしい

- ☐ 著者 ちょしゃ 저자
- ☐ 著名 ちょめい 저명, 유명
- ☐ 著書 ちょしょ 저서

500

理
다스릴 리

- 理致 이치
- 論理 논리
- 眞理 진리

理
lǐ

- 管理 guǎnlǐ 관리하다
- 整理 zhěnglǐ 정리하다
- 理解 lǐjiě 이해하다

理
음 り
훈 おさめる·ことわり

- ☐ 料理 りょうり 요리
- ☐ 地理 ちり 지리
- ☐ 理由 りゆう 이유

501

第 韓 차례 제	· 第一 제일 · 及第 급제 · 落第 낙제
第 中 dì	· 第一 dìyī 첫째 · 及第 jídì 급제하다 · 第二名 dì'èrmíng 제2위
第 日 음 だい·てい	☐ 第一 だいいち 제일 ☐ 落第 らくだい 낙제

502

將 韓 장수 장	· 將軍 장군 · 老將 노장 · 日就月將 일취월장
将 中 jiāng/jiàng	· 将来 jiānglái 장래 · 将军 jiāngjūn 장군 · 老将 lǎojiàng 백전노장
将 日 음 しょう 훈 はた·ひきいる·まさに	☐ 将来 しょうらい 장래 ☐ 将軍 しょうぐん 장군 ☐ 将棋 しょうぎ 장기

503

情 韓 뜻 정	· 情報 정보 · 友情 우정 · 事情 사정
情 中 qíng	· 热情 rèqíng 열정적이다 · 爱情 àiqíng 애정 · 情况 qíngkuàng 정황
情 日 음 じょう·せい 훈 なさけ	☐ 情報 じょうほう 정보 ☐ 事情 じじょう 사정 ☐ 表情 ひょうじょう 표정

504

常 韓 항상 상	· 恒常 항상 · 常識 상식 · 人之常情 인지상정
常 中 cháng	· 日常 rìcháng 일상의 · 非常 fēicháng 대단히, 특별한 · 正常 zhèngcháng 정상적인
常 日 음 じょう 훈 つね·とこ	☐ 非常 ひじょう 비상, 대단함 ☐ 常識 じょうしき 상식 ☐ 日常 にちじょう 일상

505

接 [韓]
이을 접
- 接續 접속
- 面接 면접
- 接受 접수

接 [中]
jiē
- 接受 jiēshòu 받아들이다
- 接待 jiēdài 접대하다
- 直接 zhíjiē 직접적인

接 [日]
음 せつ
훈 つぐ
- ☐ 接続 せつぞく 접속
- ☐ 面接 めんせつ 면접
- ☐ 直接 ちょくせつ 직접

506

設 [韓]
베풀 설
- 設立 설립
- 設置 설치
- 施設 시설

设 [中]
shè
- 建设 jiànshè 건설하다
- 假设 jiǎshè 가정하다
- 设备 shèbèi 설비

設 [日]
음 せつ
훈 もうける
- ☐ 建設 けんせつ 건설
- ☐ 施設 しせつ 시설
- ☐ 設計 せっけい 설계

507

許 [韓]
허락할 허
- 許可 허가
- 特許 특허
- 許容 허용

许 [中]
xǔ
- 许多 xǔduō 매우 많다
- 或许 huòxǔ 아마, 혹시
- 允许 yǔnxǔ 허가하다, 동의하다

許 [日]
음 きょ
훈 もと·ゆるす
- ☐ 許可 きょか 허가
- ☐ 免許 めんきょ 면허
- ☐ 許容 きょよう 허용

508

務 [韓]
힘쓸 무
- 業務 업무
- 勤務 근무
- 義務 의무

务 [中]
wù
- 任务 rènwù 임무
- 业务 yèwù 업무
- 服务员 fúwùyuán 종업원, 안내원

務 [日]
음 む
훈 つとめる
- ☐ 事務所 じむしょ 사무소
- ☐ 任務 にんむ 임무
- ☐ 勤務 きんむ 근무

509

基
터 기

- 基準 기준
- 基本 기본
- 基礎 기초

基
jī

- 基地 jīdì 근거지, 기지
- 基本 jīběn 기본의
- 基础 jīchǔ 기초, 토대

基

- 基本 きほん 기본
- 基準 きじゅん 기준
- 基礎 きそ 기초

음 き
훈 もと・もとい・
もとづく

510

深
깊을 심

- 深化 심화
- 深度 심도
- 深夜 심야

深
shēn

- 深度 shēndù 깊이, 심도
- 深化 shēnhuà 심화되다
- 深刻 shēnkè (인상이) 깊다, 강렬하다

深

- 深夜 しんや 심야
- 深刻 しんこく 심각
- 水深 すいしん 수심

음 しん
훈 ふかい・
ふかまる・ふかめ

511

處
곳 처

- 處理 처리
- 處地 처지
- 對處 대처

处
chǔ/chù

- 处理 chǔlǐ 처리하다
- 好处 hǎochu 이로운 점
- 到处 dàochù 도처, 곳곳

処

- 処分 しょぶん 처분
- 処理 しょり 처리
- 処罰 しょばつ 처벌

음 しょ
훈 ところ

512

眼
눈 안

- 眼目 안목
- 眼科 안과
- 眼鏡 안경

眼
yǎn

- 眼镜 yǎnjìng 안경
- 心眼儿 xīnyǎnr 내심
- 眼光 yǎnguāng 시선, 안목

眼

- 眼科 がんか 안과
- 着眼 ちゃくがん 착안
- 肉眼 にくがん 육안

음 がん・げん
훈 まなこ・め

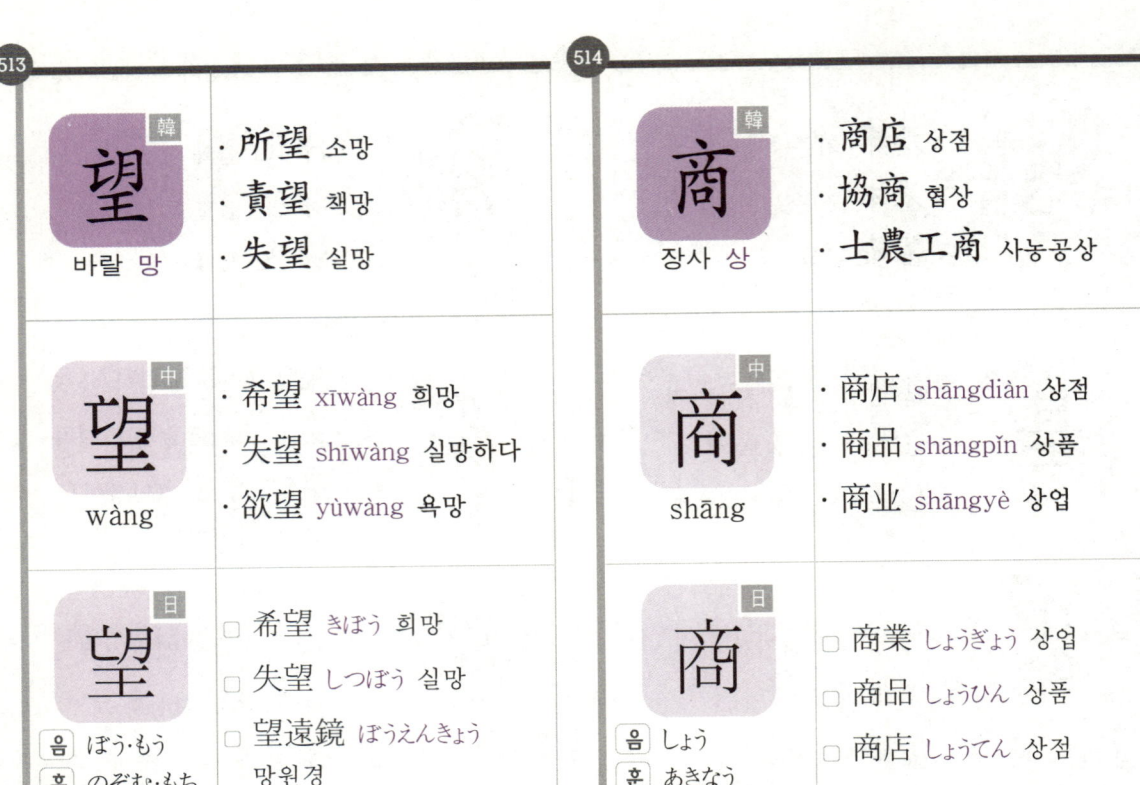

513

望 韓 바랄 망	· 所望 소망 · 責望 책망 · 失望 실망
望 中 wàng	· 希望 xīwàng 희망 · 失望 shīwàng 실망하다 · 欲望 yùwàng 욕망
望 日 [음] ぼう·もう [훈] のぞむ·もち	□ 希望 きぼう 희망 □ 失望 しつぼう 실망 □ 望遠鏡 ぼうえんきょう 망원경

514

商 韓 장사 상	· 商店 상점 · 協商 협상 · 士農工商 사농공상
商 中 shāng	· 商店 shāngdiàn 상점 · 商品 shāngpǐn 상품 · 商业 shāngyè 상업
商 日 [음] しょう [훈] あきなう	□ 商業 しょうぎょう 상업 □ 商品 しょうひん 상품 □ 商店 しょうてん 상점

515

習 韓 익힐 습	· 習得 습득 · 習慣 습관 · 風習 풍습
习 中 xí	· 复习 fùxí 복습하다 · 练习 liànxí 연습하다 · 习惯 xíguàn 버릇, 습관
習 日 [음] しゅう [훈] ならう	□ 練習 れんしゅう 연습 □ 復習 ふくしゅう 복습 □ 習慣 しゅうかん 습관

516

參 韓 참여할 참 석 삼	· 參席 참석 · 同參 동참 · 參拾 삼십
参 中 cān	· 参加 cānjiā 참가하다 · 参观 cānguān 참관하다 · 参考 cānkǎo 참고하다
参 日 [음] さん·しん [훈] まいる	□ 参加 さんか 참가 □ 参考 さんこう 참고 □ 参観 さんかん 참관

517

韓 婚
혼인할 혼

· 既婚 기혼
· 結婚 결혼
· 請婚 청혼

中 婚
hūn

· 结婚 jiéhūn 결혼하다
· 婚礼 hūnlǐ 결혼식
· 婚姻 hūnyīn 혼인

日 婚
음 こん

☐ 結婚 けっこん 결혼
☐ 婚約 こんやく 약혼
☐ 離婚 りこん 이혼

518

韓 球
공 구

· 地球 지구
· 野球 야구
· 卓球 탁구

中 球
qiú

· 地球 dìqiú 지구
· 排球 páiqiú 배구
· 足球 zúqiú 축구

日 球
음 きゅう
훈 たま

☐ 野球 やきゅう 야구
☐ 地球 ちきゅう 지구
☐ 電球 でんきゅう 전구

519

韓 細
가늘 세

· 微細 미세
· 細密 세밀
· 詳細 상세

中 细
xì

· 详细 xiángxì 상세하다
· 仔细 zǐxì 세심하다
· 细胞 xìbāo 세포

日 細
음 さい
훈 こまか·
こまかい·ほそい

☐ 詳細 しょうさい 상세
☐ 細胞 さいぼう 세포
☐ 明細書 めいさいしょ
　명세서

520

韓 推
밀 추

· 推仰 추앙
· 推移 추이
· 類推 유추

中 推
tuī

· 推迟 tuīchí 늦추다
· 推测 tuīcè 추측하다
· 推论 tuīlùn 추론하다

日 推
음 すい
훈 おす

☐ 推進 すいしん 추진
☐ 推測 すいそく 추측
☐ 推薦 すいせん 추천

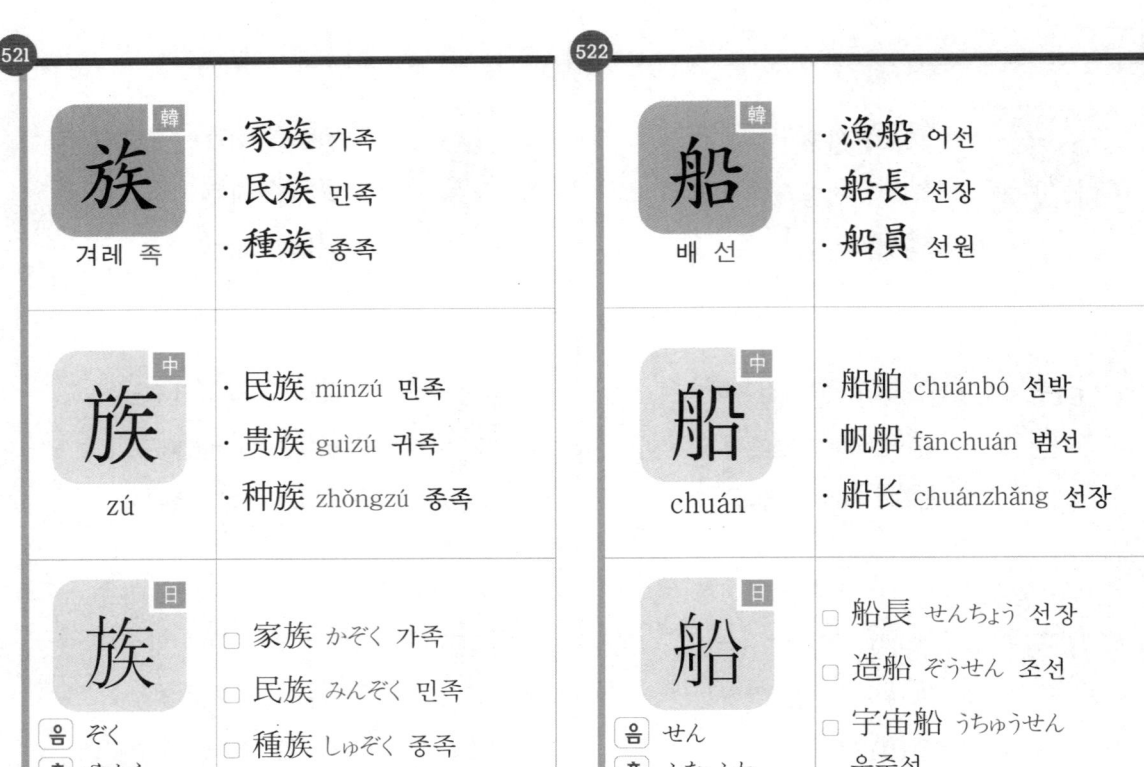

521

族
겨레 족 <韓>
- 家族 가족
- 民族 민족
- 種族 종족

族
zú <中>
- 民族 mínzú 민족
- 貴族 guìzú 귀족
- 种族 zhǒngzú 종족

族
<日>
음 ぞく
훈 やから
- ☐ 家族 かぞく 가족
- ☐ 民族 みんぞく 민족
- ☐ 種族 しゅぞく 종족

522

船
배 선 <韓>
- 漁船 어선
- 船長 선장
- 船員 선원

船
chuán <中>
- 船舶 chuánbó 선박
- 帆船 fānchuán 범선
- 船长 chuánzhǎng 선장

船
<日>
음 せん
훈 ふな·ふね
- ☐ 船長 せんちょう 선장
- ☐ 造船 ぞうせん 조선
- ☐ 宇宙船 うちゅうせん 우주선

523

魚
고기 어 <韓>
- 魚類 어류
- 文魚 문어
- 魚族 어족

鱼
yú <中>
- 鱼肉 yúròu 어육
- 钓鱼 diàoyú 낚시하다
- 金鱼 jīnyú 금붕어

魚
<日>
음 ぎょ
훈 うお·さかな
- ☐ 人魚 にんぎょ 인어
- ☐ 魚類 ぎょるい 어류
- ■ 魚屋 さかなや 생선가게

524

婦
아내 부 <韓>
- 夫婦 부부
- 主婦 주부
- 新婦 신부

妇
fù <中>
- 妇女 fùnǚ 부녀자
- 夫妇 fūfù 부부
- 妇科 fùkē 부인과

婦
<日>
음 ふ
훈 おんな
- ☐ 主婦 しゅふ 주부
- ☐ 夫婦 ふうふ 부부
- ☐ 新婦 しんぷ 신부

525

黄 [韓]
누를 황

- 黄金 황금
- 黄色 황색
- 黄沙 황사

黄 [中]
huáng

- 黄金 huángjīn 황금
- 黄昏 huánghūn 황혼
- 黄河 Huánghé 황허

黄 [日]
음 おう·こう
훈 き·こ

- □ 黄金 おうごん 황금
- ■ 黄色 きいろ 노란색

526

視 [韓]
볼 시

- 視聴 시청
- 視線 시선
- 視力 시력

視 [中]
shì

- 电视 diànshì 텔레비전
- 重视 zhòngshì 중시하다
- 轻视 qīngshì 경시하다

視 [日]
음 し
훈 みる

- □ 無視 むし 무시
- □ 視線 しせん 시선
- □ 監視 かんし 감시

527

責 [韓]
꾸짖을 책

- 責望 책망
- 責任 책임
- 問責 문책

責 [中]
zé

- 责任 zérèn 책임
- 负责 fùzé 책임지다
- 谴责 qiǎnzé 견책하다

責 [日]
음 しゃく·せき
훈 せめる

- □ 責任 せきにん 책임
- □ 自責 じせき 자책
- □ 問責 もんせき 문책

528

密 [韓]
빽빽할 밀

- 密度 밀도
- 密閉 밀폐
- 密着 밀착

密 [中]
mì

- 秘密 mìmì 비밀
- 密封 mìfēng 밀봉하다
- 亲密 qīnmì 친밀하다

密 [日]
음 みつ
훈 こまやか·
ひそか·みそか

- □ 秘密 ひみつ 비밀
- □ 厳密 げんみつ 엄밀
- □ 親密 しんみつ 친밀

529 貨 재화 화 韓
- 外貨 외화
- 百貨店 백화점
- 貨物船 화물선

货 huò 中
- 货币 huòbì 화폐
- 通货 tōnghuò 통화
- 百货 bǎihuò 여러 가지 상품

貨 か 日
음 か
- 貨物 かもつ 화물
- 通貨 つうか 통화
- 財貨 ざいか 재화

530 救 구원할 구 韓
- 救出 구출
- 救助 구조
- 救援 구원

救 jiù 中
- 救济 jiùjì 구제하다
- 救护车 jiùhùchē 구급차
- 急救 jíjiù 응급처치를 하다

救 日
음 きゅう
훈 すくう
- 救助 きゅうじょ 구조
- 救出 きゅうしゅつ 구출
- 救急車 きゅうきゅうしゃ 구급차

531 終 마칠 종 韓
- 終末 종말
- 始終 시종
- 臨終 임종

终 zhōng 中
- 始终 shǐzhōng 처음과 끝
- 终点 zhōngdiǎn 종착지
- 终身 zhōngshēn 일생

終 日
음 しゅう・じゅう
훈 おえる・おわる
- 終了 しゅうりょう 종료
- 始終 しじゅう 시종
- 最終 さいしゅう 최종

532 停 머무를 정 韓
- 停止 정지
- 停車 정차
- 停電 정전

停 tíng 中
- 停车 tíngchē 정차하다
- 停泊 tíngbó 정박하다
- 停滞 tíngzhì 정체되다

停 日
음 てい
훈 とまる・とめる
- 停止 ていし 정지
- 停車 ていしゃ 정차
- 停電 ていでん 정전

533

章 ^韓
글 장

- 圖章 도장
- 文章 문장
- 印章 인장

章 ^中
zhāng

- 文章 wénzhāng 문장
- 規章 guīzhāng 규칙, 규정
- 盖章 gàizhāng 도장을 찍다

章 ^日
음 しょう

☐ 文章 ぶんしょう 문장
☐ 印章 いんしょう 인장, 도장
☐ 憲章 けんしょう 헌장

534

頂 ^韓
정수리 정

- 絕頂 절정
- 頂上 정상

顶 ^中
dǐng

- 山顶 shāndǐng 산꼭대기
- 顶点 dǐngdiǎn 정점, 최고조

頂 ^日
음 ちょう
훈 いただき・いただく

☐ 頂上 ちょうじょう 정상
☐ 頂点 ちょうてん 정점
☐ 登頂 とうちょう 등정

535

假 ^韓
거짓 가

- 假定 가정
- 假說 가설
- 假面 가면

假 ^中
jiǎ

- 假装 jiǎzhuāng 가장하다
- 假设 jiǎshè 가정하다
- 请假 qǐngjià (휴가·결석 등의 허락을) 신청하다

仮 ^日
음 か・け
훈 かり

☐ 仮定 かてい 가정
☐ 仮面 かめん 가면
☐ 仮想 かそう 가상

536

訪 ^韓
찾을 방

- 訪問 방문
- 探訪 탐방
- 來訪 내방

访 ^中
fǎng

- 来访 láifǎng 내방하다
- 访问 fǎngwèn 방문하다
- 采访 cǎifǎng 탐방하다, 인터뷰하다

訪 ^日
음 ほう
훈 おとずれる・たずねる・とう

☐ 訪問 ほうもん 방문
☐ 来訪 らいほう 내방
☐ 探訪 たんぼう 탐방

537

野 들 야 〔韓〕
- 野外 야외
- 廣野 광야
- 野球 야구

野 yě 〔中〕
- 視野 shìyě 시야
- 田野 tiányě 논밭과 들판
- 野蛮 yěmán 야만적이다

野 〔日〕
- □ 野菜 やさい 야채
- □ 分野 ぶんや 분야
- □ 野党 やとう 야당

음 や
훈 の

538

麥 보리 맥 〔韓〕
- 麥酒 맥주
- 麥飯 맥반

麦 mài 〔中〕
- 小麦 xiǎomài 밀
- 大麦 dàmài 보리
- 丹麦 Dānmài 덴마크(Denmark)

麦 〔日〕
- □ 麦芽 ばくが 맥아
- ■ 麦茶 むぎちゃ 보리차
- ■ 小麦 こむぎ 소맥

음 ばく
훈 むぎ

539

唱 부를 창 〔韓〕
- 合唱 합창
- 唱法 창법
- 獨唱 독창

唱 chàng 〔中〕
- 合唱 héchàng 합창하다
- 独唱 dúchàng 독창하다
- 唱歌 chànggē 노래 부르다

唱 〔日〕
- □ 合唱 がっしょう 합창
- □ 独唱 どくしょう 독창
- □ 斉唱 せいしょう 제창

음 しょう
훈 となえる

540

菜 나물 채 〔韓〕
- 野菜 야채
- 菜食 채식
- 花菜 화채

菜 cài 〔中〕
- 菜单 càidān 메뉴
- 蔬菜 shūcài 채소

菜 〔日〕
- □ 野菜 やさい 야채
- □ 菜食 さいしょく 채식
- □ 山菜 さんさい 산채, 산나물

음 さい
훈 な

541

堂 [韓]
집 당

- 書堂 서당
- 食堂 식당
- 正正堂堂 정정당당

堂 [中]
táng

- 天堂 tiāntáng 천당
- 课堂 kètáng 교실

堂 [日]
음 どう

- ☐ 食堂 しょくどう 식당
- ☐ 講堂 こうどう 강당

542

移 [韓]
옮길 이

- 移動 이동
- 移轉 이전
- 移民 이민

移 [中]
yí

- 移动 yídòng 옮기다
- 转移 zhuǎnyí 전이하다

移 [日]
음 い
훈 うつる・うつす

- ☐ 移動 いどう 이동
- ☐ 移民 いみん 이민
- ☐ 移植 いしょく 이식

543

異 [韓]
다를 이

- 異常 이상
- 差異 차이
- 異變 이변

异 [中]
yì

- 异常 yìcháng 이상하다, 매우, 특별히
- 日新月异 rìxīnyuèyì
  1. 나날이 새로워지다.
  2. 변화와 발전이 빠르다.

異 [日]
음 い
훈 こと

- ☐ 異常 いじょう 이상
- ☐ 異姓 いせい 이성
- ☐ 異議 いぎ 이의

544

脫 [韓]
벗을 탈

- 脫線 탈선
- 脫衣 탈의
- 逸脫 일탈

脱 [中]
tuō

- 摆脱 bǎituō 벗어나다, 빠져나오다

脱 [日]
음 だつ
훈 ぬぐ・ぬげる

- ☐ 脱出 だっしゅつ 탈출
- ☐ 脱線 だっせん 탈선
- ☐ 脱税 だつぜい 탈세

545

韓 **執** 잡을 집	· **執行** 집행 · **執着** 집착 · **我執** 아집
中 **执** zhí	· 执行 zhíxíng 집행하다 · 固执 gùzhí 고집스럽다
日 **執** 음 つ·しゅう 훈 とる	□ 執着 しゅうちゃく 집착 □ 執行 しっこう 집행 □ 執念 しゅうねん 집념

546

韓 **貧** 가난할 빈	· **貧富** 빈부 · **貧弱** 빈약 · **貧困** 빈곤
中 **贫** pín	· 贫穷 pínqióng 가난하다 · 贫困 pínkùn 빈곤하다
日 **貧** 음 ひん·びん 훈 まずしい	□ 貧血 ひんけつ 빈혈 □ 貧困 ひんこん 빈곤

547

韓 **敗** 패할 패	· **敗北** 패배 · **失敗** 실패 · **腐敗** 부패
中 **败** bài	· 失败 shībài 실패하다 · 败坏 bàihuài 손상시키다
日 **敗** 음 はい 훈 やぶれる	□ 失敗 しっぱい 실패 □ 勝敗 しょうはい 승패 □ 敗北 はいぼく 패배

548

韓 **混** 섞을 혼	· **混合** 혼합 · **混食** 혼식 · **混雜** 혼잡
中 **混** hùn	· 混合 hùnhé 혼합하다 · 混乱 hùnluàn 혼란하다
日 **混** 음 こん 훈 まじる·まざる·まぜる	□ 混雑 こんざつ 혼잡 □ 混乱 こんらん 혼란 □ 混合 こんごう 혼합

探 ^韓
찾을 탐
- 探究 탐구
- 探索 탐색
- 探査 탐사

探 ^中
tàn
- 探索 tànsuǒ 탐색하다
- 探望 tànwàng 방문하다

探 ^日
[음] たん
[훈] さぐる·さがす
- 探究 たんきゅう 탐구
- 探険 たんけん 탐험
- 探査 たんさ 탐사

盛 ^韓
성할 성
- 茂盛 무성
- 繁盛 번성
- 昌盛 창성

盛 ^中
chéng/shèng
- 丰盛 fēngshèng 풍성하다
- 昌盛 chāngshèng 창성하다

盛 ^日
[음] せい·じょう
[훈] もる·さかる·さかん
- 盛大 せいだい 성대
- 盛況 せいきょう 성황
- 繁盛 はんじょう 번성

鳥 ^韓
새 조
- 鳥嶺 조령
- 白鳥 백조
- 一石二鳥 일석이조

鸟 ^中
niǎo
- 鸟枪 niǎoqiāng 새총

鳥 ^日
[음] ちょう
[훈] とり
- 白鳥 はくちょう 백조
- 鳥類 ちょうるい 조류
- 鳥小屋 とりごや 닭장

陸 ^韓
뭍 륙
- 着陸 착륙
- 陸地 육지
- 陸軍 육군

陆 ^中
lù
- 陆地 lùdì 육지
- 陆续 lùxù 끊임없이, 연이어

陸 ^日
[음] りく·ろく
[훈] おか·くが
- 陸軍 りくぐん 육군
- 大陸 たいりく 대륙
- 着陸 ちゃくりく 착륙

553

韓 陰
그늘 음

- 陰陽 음양
- 綠陰 녹음
- 陰曆 음력

中 阴
yīn

- 阴谋 yīnmóu 음모를 꾸미다

日 陰
음 いん・おん
훈 かげ・かげる

- ☐ 陰陽 いんよう 음양
- ☐ 陰気 いんき 음기
- ☐ 陰性 いんせい 음성

554

韓 欲
하고자할 욕

- 欲求 욕구
- 意欲 의욕
- 欲心 욕심

中 欲
yù

- 欲望 yùwàng 욕망

日 欲
음 よく
훈 ほつする・ほしい

- ☐ 欲望 よくぼう 욕망
- ☐ 貪欲 どんよく 탐욕
- ☐ 意欲 いよく 의욕

555

韓 閉
닫을 폐

- 閉校 폐교
- 開閉 개폐
- 閉門 폐문

中 闭
bì

- 关闭 guānbì 닫다
- 倒闭 dǎobì 도산하다

日 閉
음 へい
훈 とじる・とざす

- ☐ 開閉 かいへい 개폐
- ☐ 密閉 みっぺい 밀폐
- ☐ 閉店 へいてん 폐점

556

韓 雪
눈 설

- 白雪 백설
- 雪原 설원
- 螢雪之功 형설지공

中 雪
xuě

- 滑雪 huáxuě 스키를 타다
- 雪上加霜 xuěshàngjiāshuāng 설상가상

日 雪
음 せつ
훈 すすぐ・ゆき

- ☐ 積雪 せきせつ 적설
- ☐ 除雪 じょせつ 제설
- ■ 初雪 はつゆき 초설, 첫눈

557

淨
깨끗할 정 [韓]

- 清淨 청정
- 洗淨 세정
- 淨水器 정수기

净
jìng [中]

- 干净 gānjìng 깨끗하다
- 清净 qīngjìng 청정하다

浄 [日]

음 じょう
훈 きよい

- ☐ 浄化 じょうか 정화
- ☐ 清浄 しょうじょう 청정

558

淺
얕을 천 [韓]

- 淺薄 천박
- 深淺 심천

浅
qiǎn [中]

- 深浅 shēnqiǎn 깊이, 심도
- 浅海 qiǎnhǎi 얕은 바다

浅 [日]

음 せん
훈 あさい

- ☐ 深浅 しんせん 깊이
- ☐ 浅海 せんかい 얕은 바다

559

虛
빌 허 [韓]

- 空虛 공허
- 虛費 허비
- 虛脫 허탈

虛
xū [中]

- 谦虚 qiānxū 겸손하다
- 虚心 xūxīn 겸허하다

虛 [日]

음 きょ・こ
훈 むなしい

- ☐ 謙虚 けんきょ 겸허
- ☐ 空虚 くうきょ 공허
- ☐ 虚虚実実 きょきょじつじつ
  허허실실

560

惜
아낄 석 [韓]

- 哀惜 애석
- 惜別 석별

惜
xī [中]

- 可惜 kěxī 섭섭하다
- 珍惜 zhēnxī 귀중히
  여기다

惜 [日]

음 しゃく・せき
훈 おしい・おしむ

- ☐ 哀惜 あいせき 애석
- ☐ 惜敗 せきはい 석패

561

授 韓
줄 수

- 授受 수수
- 授與 수여
- 教授 교수

授 中
shòu

- 传授 chuánshòu 전수하다
- 教授 jiàoshòu 교수, 가르치다

授 日
음 じゅ
훈 さずかる・さずける

- ☐ 授業 じゅぎょう 수업
- ☐ 教授 きょうじゅ 교수
- ☐ 授受 じゅじゅ 주고받음

562

患 韓
근심 환

- 患者 환자
- 病患 병환
- 有備無患 유비무환

患 中
huàn

- 患者 huànzhě 환자
- 患处 huànchù 환부

患 日
음 かん
훈 わずらう

- ☐ 患部 かんぶ 환부
- ☐ 患者 かんじゃ 환자
- ☐ 急患 きゅうかん 급환

563

宿 韓
잘 숙
별자리 수

- 宿題 숙제
- 宿所 숙소
- 星宿 성수

宿 中
sù

- 宿舍 sùshè 기숙사
- 住宿 zhùsù 묵다

宿 日
음 しゅく
훈 やど・やどす・やどる

- ☐ 宿題 しゅくだい 숙제
- ☐ 合宿 がっしゅく 합숙
- ☐ 下宿 げしゅく 하숙

564

涼 韓
서늘할 량

- 納涼 납량
- 炎涼世態 염량세태

涼 中
liáng

- 涼快 liángkuai 시원하다
- 凄涼 qīliáng 처량하다
- 着涼 zháoliáng 감기에 걸리다

涼 日
음 りょう
훈 すずしい・すずむ

- ☐ 納涼 のうりょう 납량
- ☐ 荒涼 こうりょう 황량
- ☐ 清涼飲料 せいりょういんりょう 청량음료

565	
畫 韓 낮 주	· 畫間 주간 · 畫耕夜讀 주경야독
昼 中 zhòu	· 昼夜 zhòuyè 낮과 밤 · 白昼 báizhòu 백주, 대낮
昼 日 음 ちゅう 훈 ひる	☐ 昼食 ちゅうしょく 점심 ☐ 昼夜 ちゅうや 주야 ■ 昼間 ひるま 주간

566	
崇 韓 높일 숭	· 崇尙 숭상 · 崇拜 숭배 · 崇禮門 숭례문
崇 中 chóng	· 崇拜 chóngbài 숭배하다 · 崇高 chónggāo 숭고하다
崇 日 음 す·すう 훈 あがめる	☐ 崇高 すうこう 숭고 ☐ 崇拜 すうはい 숭배

567	
祭 韓 제사 제	· 祝祭 축제 · 祭祀 제사 · 祭物 제물
祭 中 jì	· 祭祀 jìsì 제사 · 祭礼 jìlǐ 제례
祭 日 음 さい 훈 まつり·まつる	☐ 祭日 さいじつ 제삿날 ☐ 祝祭 しゅくさい 축제 ☐ 祭祀 さいし 제사

568	
堅 韓 굳을 견	· 堅固 견고 · 中堅 중견 · 堅持 견지
坚 中 jiān	· 坚持 jiānchí 견지하다 · 坚强 jiānqiáng 굳세다 · 坚固 jiāngù 견고하다
堅 日 음 けん 훈 かたい	☐ 堅固 けんご 견고 ☐ 堅実 けんじつ 견실 ☐ 中堅 ちゅうけん 중견

569

偉 클 위 [韓]	· 偉大 위대 · 偉人 위인 · 偉業 위업
伟 wěi [中]	· 伟大 wěidà 위대하다 · 雄伟 xióngwěi 웅대하다
偉 [日] 음 い 훈 えらい	☐ 偉大 いだい 위대 ☐ 偉人 いじん 위인 ☐ 偉業 いぎょう 위업

570

教 가르칠 교 [韓]	· 教養 교양 · 教育 교육 · 教學相長 교학상장
教 jiào [中]	· 教室 jiàoshì 교실 · 教育 jiàoyù 교육 · 教授 jiàoshòu 교수, 가르치다
教 [日] 음 きょう 훈 おしえる· おそわる	☐ 教育 きょういく 교육 ☐ 教会 きょうかい 교회 ☐ 教室 きょうしつ 교실

571

區 나눌 구 [韓]	· 區別 구별 · 區間 구간 · 區域 구역
区 qū [中]	· 区別 qūbié 구별, 나누다 · 区分 qūfēn 구분하다 · 地区 dìqū 지역, 지구
区 [日] 음 く 훈 まち	☐ 区別 くべつ 구별 ☐ 区分 くぶん 구분 ☐ 区域 くいき 구역

572

晚 늦을 만 [韓]	· 早晩間 조만간 · 大器晩成 대기만성
晚 wǎn [中]	· 晚上 wǎnshang 저녁 · 大器晚成 dàqìwǎnchéng 대기만성
晚 [日] 음 ばん 훈 おそい	☐ 今晚 こんばん 오늘밤 ☐ 晩年 ばんねん 늘그막, 노년 ☐ 毎晩 まいばん 매일밤

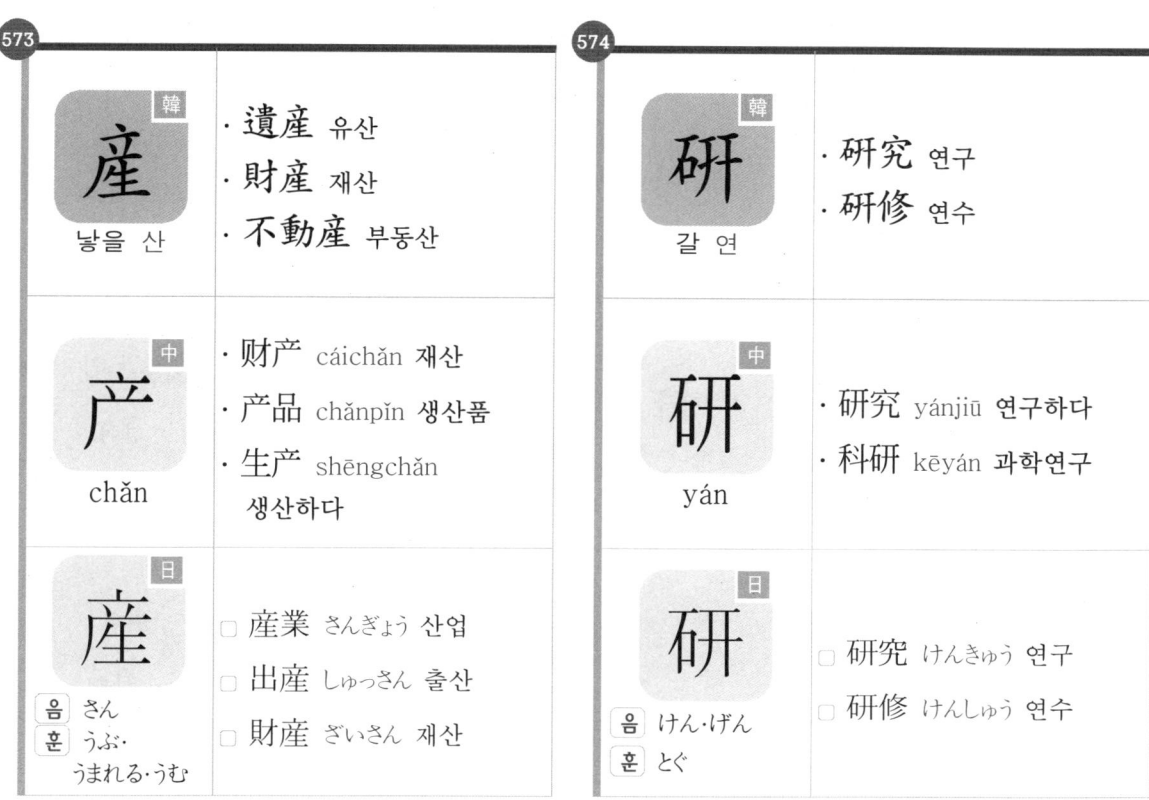

573

産 韓
낳을 산

· 遺産 유산
· 財産 재산
· 不動産 부동산

产 中
chǎn

· 财产 cáichǎn 재산
· 产品 chǎnpǐn 생산품
· 生产 shēngchǎn 생산하다

産 日
음 さん
훈 うぶ·うまれる·うむ

☐ 産業 さんぎょう 산업
☐ 出産 しゅっさん 출산
☐ 財産 ざいさん 재산

574

研 韓
갈 연

· 研究 연구
· 研修 연수

研 中
yán

· 研究 yánjiū 연구하다
· 科研 kēyán 과학연구

研 日
음 けん·げん
훈 とぐ

☐ 研究 けんきゅう 연구
☐ 研修 けんしゅう 연수

575

窓 韓
창문 창

· 窓門 창문
· 窓口 창구
· 窓戶紙 창호지

窗 中
chuāng

· 窗户 chuānghu 창문
· 窗口 chuāngkǒu 창구

窓 日
음 そう
훈 まど

☐ 同窓 どうそう 동창
☐ 車窓 しゃそう 차창
■ 窓口 まどぐち 창구

576

採 韓
캘 채

· 採集 채집
· 採血 채혈

采 中
cǎi

· 采取 cǎiqǔ 채택하다
· 采集 cǎijí 채집하다

採 日
음 さい
훈 とる

☐ 採用 さいよう 채용
☐ 採点 さいてん 채점
☐ 採血 さいけつ 채혈

清 [韓] 맑을 청	· 清明 청명 · 清掃 청소 · 清白吏 청백리
清 [中] qīng	· 清淡 qīngdàn 담백하다 · 清洁 qīngjié 청결하다
清 [日] [음] しょう·せい [훈] きよい· きよまる·きよめる	☐ 清潔 せいけつ 청결 ☐ 清算 せいさん 청산 ☐ 清浄 しょうじょう 청정

就 [韓] 나아갈 취	· 就職 취직 · 就任 취임 · 成就 성취
就 [中] jiù	· 就业 jiùyè 취업하다 · 成就 chéngjiù 성취, 성과
就 [日] [음] しゅう·じゅ [훈] つく·つける	☐ 就学 しゅうがく 취학 ☐ 就業 しゅうぎょう 취업 ☐ 成就 じょうじゅ 성취

發 [韓] 필 발	· 發展 발전 · 發表 발표 · 告發 고발
发 [中] fā	· 发现 fāxiàn 발견하다 · 出发 chūfā 출발하다 · 发表 fābiǎo 발표하다
発 [日] [음] はつ·ほつ [훈] はなつ	☐ 発見 はっけん 발견 ☐ 発音 はつおん 발음 ☐ 出発 しゅっぱつ 출발

等 [韓] 무리 등	· 等級 등급 · 平等 평등 · 均等 균등
等 [中] děng	· 平等 píngděng 평등하다 · 等级 děngjí 등급, 계급 · 等待 děngdài 기다리다
等 [日] [음] とう [훈] など·ひとしい	☐ 均等 きんとう 균등 ☐ 平等 びょうどう 평등 ☐ 優等 ゆうとう 우등

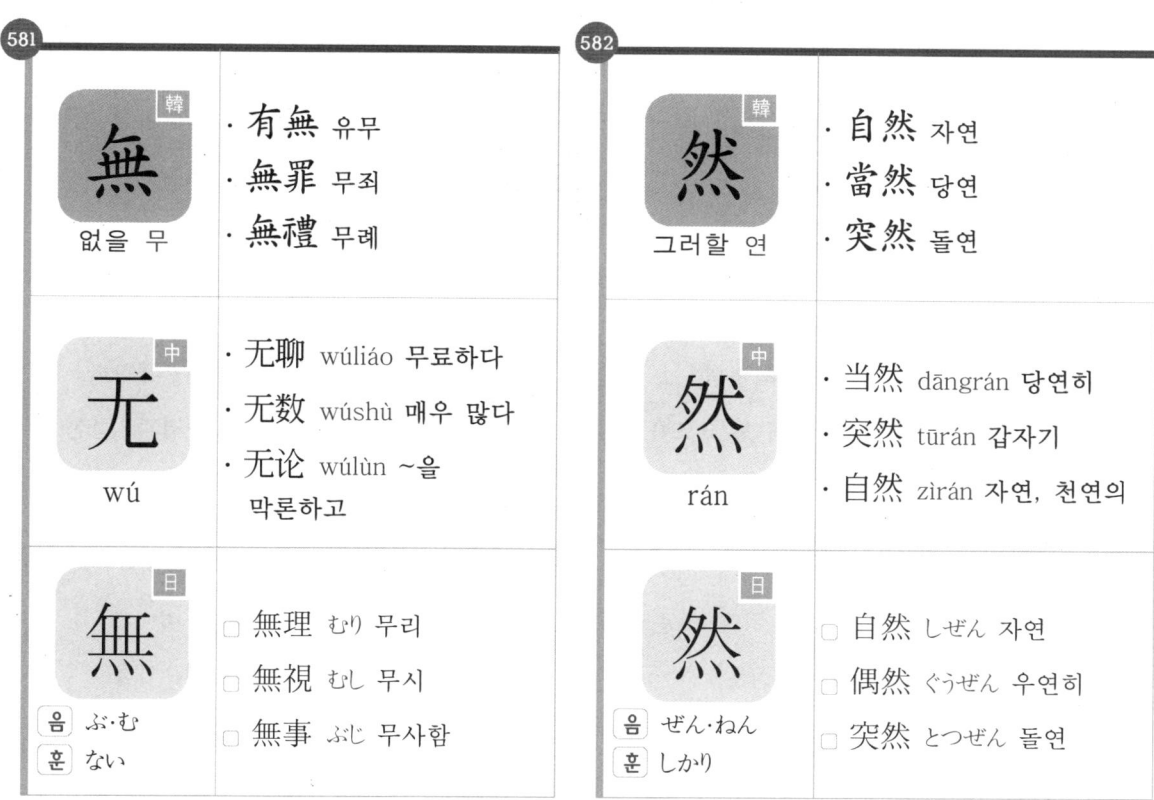

581

韓 無 없을 무	· 有無 유무 · 無罪 무죄 · 無禮 무례
中 无 wú	· 无聊 wúliáo 무료하다 · 无数 wúshù 매우 많다 · 无论 wúlùn ~을 막론하고
日 無 음 ぶ·む 훈 ない	☐ 無理 むり 무리 ☐ 無視 むし 무시 ☐ 無事 ぶじ 무사함

582

韓 然 그러할 연	· 自然 자연 · 當然 당연 · 突然 돌연
中 然 rán	· 当然 dāngrán 당연히 · 突然 tūrán 갑자기 · 自然 zìrán 자연, 천연의
日 然 음 ぜん·ねん 훈 しかり	☐ 自然 しぜん 자연 ☐ 偶然 ぐうぜん 우연히 ☐ 突然 とつぜん 돌연

583

韓 間 사이 간	· 區間 구간 · 間或 간혹 · 早晚間 조만간
中 间 jiān	· 时间 shíjiān 시간, 동안 · 中间 zhōngjiān 중간 · 空间 kōngjiān 공간
日 間 음 かん·けん 훈 あいだ·ま	☐ 時間 じかん 시간 ☐ 間食 かんしょく 간식 ■ 昼間 ひるま 주간

584

韓 量 헤아릴 량	· 質量 질량 · 度量 도량 · 酒量 주량
中 量 liàng/liáng	· 数量 shùliàng 수량, 양 · 质量 zhìliàng 질량, 품질 · 重量 zhòngliàng 중량 · 测量 cèliáng 측량하다
日 量 음 りょう 훈 はかる	☐ 大量 たいりょう 대량 ☐ 多量 たりょう 다량 ☐ 分量 ぶんりょう 분량

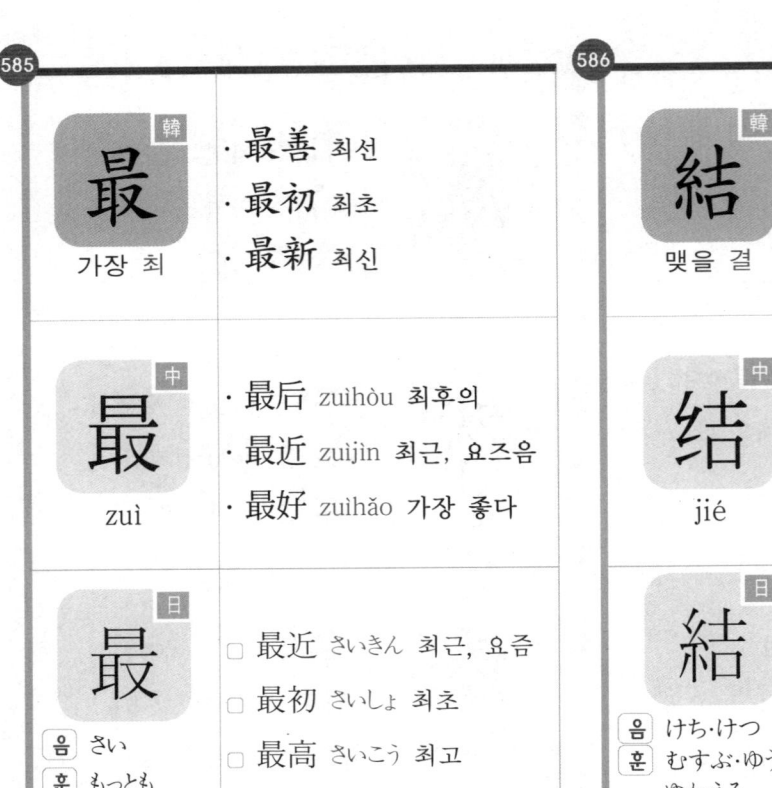

585

最
가장 최

- 最善 최선
- 最初 최초
- 最新 최신

最
zuì

- 最后 zuìhòu 최후의
- 最近 zuìjìn 최근, 요즈음
- 最好 zuìhǎo 가장 좋다

最
음 さい
훈 もっとも

- ☐ 最近 さいきん 최근, 요즘
- ☐ 最初 さいしょ 최초
- ☐ 最高 さいこう 최고

586

結
맺을 결

- 結果 결과
- 結論 결론
- 結婚 결혼

结
jié

- 结婚 jiéhūn 결혼하다
- 结果 jiéguǒ 결과, 결실
- 结合 jiéhé 결합하다

結
음 けち·けつ
훈 むすぶ·ゆう·ゆわえる

- ☐ 結果 けっか 결과
- ☐ 結局 けっきょく 결국
- ☐ 結論 けつろん 결론

587

給
줄 급

- 給與 급여
- 供給 공급
- 支給 지급

给
gěi/jǐ

- 给予 jǐyǔ 주다, 부여하다
- 供给 gōngjǐ 공급하다
- 自给自足 zìjǐzìzú 자급자족

給
음 きゅう
훈 たまう·たまわる

- ☐ 給食 きゅうしょく 급식
- ☐ 供給 きょうきゅう 공급
- ☐ 補給 ほきゅう 보급

588

期
기약할 기

- 延期 연기
- 任期 임기
- 期約 기약

期
qī

- 学期 xuéqī 학기
- 期间 qījiān 기간, 시간
- 期待 qīdài 기대하다

期
음 き·ご

- ☐ 期間 きかん 기간
- ☐ 時期 じき 시기
- ☐ 学期 がっき 학기

589 報

갚을/알릴 보

- 報道 보도
- 報答 보답
- 情報 정보

报 bào

- 报纸 bàozhǐ 신문
- 报道 bàodào 보도하다
- 预报 yùbào 예보하다

報

음 ほう
훈 しらせる·むくいる

- 情報 じょうほう 정보
- 報告 ほうこく 보고
- 報道 ほうどう 보도

590 統

거느릴 통

- 統一 통일
- 傳統 전통
- 血統 혈통

统 tǒng

- 传统 chuántǒng 전통
- 统一 tǒngyī 통일하다
- 统计 tǒngjì 통계

統

음 とう
훈 すべる

- 統一 とういつ 통일
- 統計 とうけい 통계
- 大統領 だいとうりょう 대통령

591 勞

수고로울 로

- 勞苦 노고
- 勞使 노사
- 勞動組合 노동조합

劳 láo

- 劳动 láodòng 노동, 일
- 疲劳 píláo 피로하다
- 功劳 gōngláo 공로

労

음 ろう
훈 いたわる·ねぎらう

- 苦労 くろう 고생
- 過労 かろう 과로
- 疲労 ひろう 피로

592 場

마당 장

- 場所 장소
- 場面 장면
- 市場 시장

场 chǎng

- 广场 guǎngchǎng 광장
- 市场 shìchǎng 시장
- 场面 chǎngmiàn 장면

場

음 じょう
훈 ば

- 農場 のうじょう 농장
- 工場 こうじょう 공장
- 場所 ばしょ 장소

593

單 韓
홑 단

· 單位 단위
· 單語 단어
· 單獨 단독

单 中
dān

· 简单 jiǎndān 간단하다
· 单纯 dānchún 단순하다
· 单调 dāndiào 단조롭다

単 日
음 たん
훈 ひとえ·ひとつ

☐ 簡単 かんたん 간단함
☐ 単純 たんじゅん 단순
☐ 単語 たんご 단어

594

須 韓
모름지기 수

· 必須 필수

须 中
xū

· 胡须 húxū 수염
· 须知 xūzhī 주의사항
· 必须 bìxū 반드시 ~해야 한다

須 日
음 しゅ·す
훈 すべからく

☐ 必須 ひっす 필수

595

備 韓
갖출 비

· 準備 준비
· 常備 상비
· 完備 완비

备 中
bèi

· 准备 zhǔnbèi 준비하다
· 具备 jùbèi 구비하다
· 设备 shèbèi 설비, 시설

備 日
음 び
훈 そなえる· そなわる

☐ 準備 じゅんび 준비
☐ 警備 けいび 경비
☐ 予備 よび 예비

596

集 韓
모을 집

· 集約 집약
· 採集 채집
· 募集 모집

集 中
jí

· 集合 jíhé 집합하다
· 集中 jízhōng 집중하다
· 集团 jítuán 집단, 단체

集 日
음 しゅう
훈 あつまる· あつめる·つどう

☐ 集合 しゅうごう 집합
☐ 集中 しゅうちゅう 집중
☐ 募集 ぼしゅう 모집

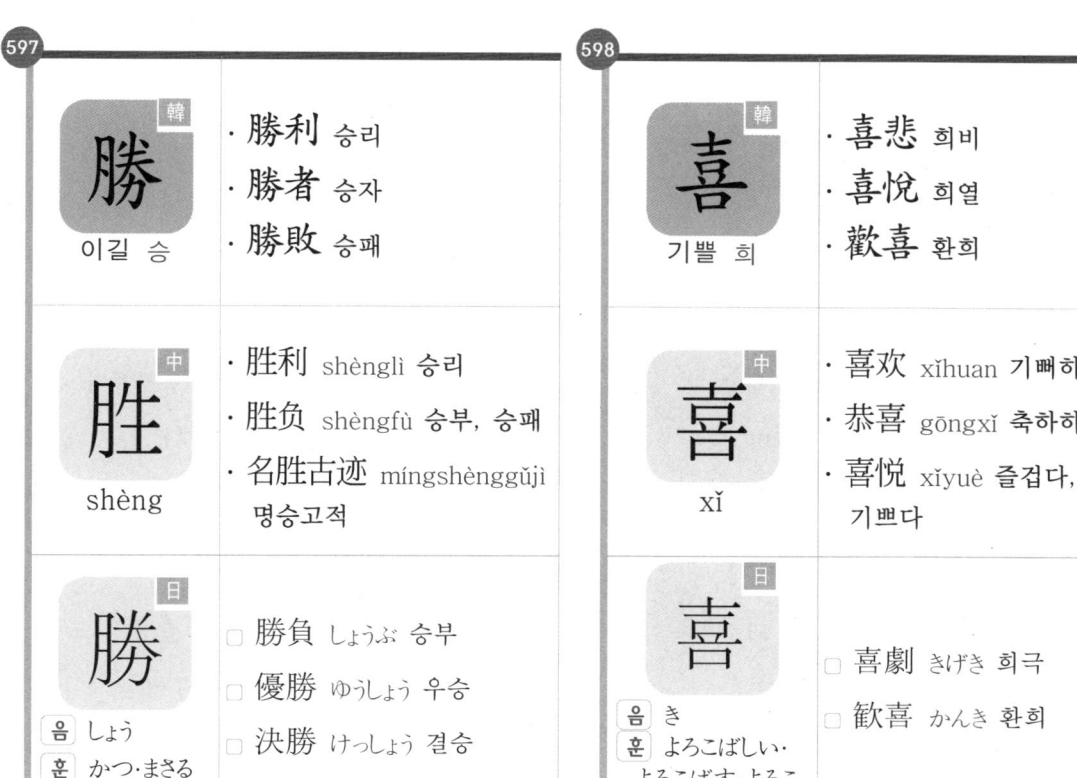

597

韓 **勝** 이길 승	· 勝利 승리 · 勝者 승자 · 勝敗 승패
中 **胜** shèng	· 胜利 shènglì 승리 · 胜负 shèngfù 승부, 승패 · 名胜古迹 míngshènggǔjì 명승고적
日 **勝** 음 しょう 훈 かつ·まさる	□ 勝負 しょうぶ 승부 □ 優勝 ゆうしょう 우승 □ 決勝 けっしょう 결승

598

韓 **喜** 기쁠 희	· 喜悲 희비 · 喜悅 희열 · 歡喜 환희
中 **喜** xǐ	· 喜欢 xǐhuan 기뻐하다 · 恭喜 gōngxǐ 축하하다 · 喜悦 xǐyuè 즐겁다, 기쁘다
日 **喜** 음 き 훈 よろこばしい·よろこばす·よろこ	□ 喜劇 きげき 희극 □ 歓喜 かんき 환희

599

韓 **黑** 검을 흑	· 暗黑 암흑 · 黑白 흑백 · 黑字 흑자
中 **黑** hēi	· 黑板 hēibǎn 칠판 · 黑白 hēibái 흑백 · 乌黑 wūhēi 새까맣다, 깜깜하다
日 **黒** 음 こく 훈 くろ·くろい	□ 黒板 こくばん 칠판 □ 黒人 こくじん 흑인 ■ 黒字 くろじ 흑자

600

韓 **買** 살 매	· 賣買 매매 · 買入 매입 · 買收 매수
中 **买** mǎi	· 买卖 mǎimai 매매 · 购买 gòumǎi 구매하다 · 现买 xiànmǎi 현금으로 구매하다
日 **買** 음 ばい 훈 かう	□ 購買 こうばい 구매 □ 売買 ばいばい 매매 ■ 買い物 かいもの 쇼핑

601

陽 ^韓
볕 양

- 太陽 태양
- 陽曆 양력
- 斜陽 사양

阳 ^中
yáng

- 太阳 tàiyáng 태양
- 阳光 yángguāng 햇빛
- 夕阳 xīyáng 석양

陽 ^日
음 よう
훈 ひ・ひなた

- ☐ 太陽 たいよう 태양
- ☐ 陽気 ようき 양기
- ☐ 陽性 ようせい 양성

602

富 ^韓
부자 부

- 富裕 부유
- 富者 부자
- 富貴榮華 부귀영화

富 ^中
fù

- 丰富 fēngfù 풍부하다
- 财富 cáifù 재산
- 富裕 fùyù 부유하다

富 ^日
음 ふ・ふう
훈 とみ・とむ

- ☐ 貧富 ひんぷ 빈부
- ☐ 富貴 ふうき 부귀
- ☐ 豊富 ほうふ 풍부

603

答 ^韓
대답 답

- 報答 보답
- 對答 대답
- 誤答 오답

答 ^中
dá

- 回答 huídá 대답하다
- 答案 dá'àn 답안, 해답
- 报答 bàodá 보답하다

答 ^日
음 とう
훈 こたえ・
こたえる

- ☐ 解答 かいとう 해답
- ☐ 応答 おうとう 응답
- ☐ 問答 もんどう 문답

604

揚 ^韓
날릴 양

- 止揚 지양
- 抑揚 억양
- 立身揚名 입신양명

扬 ^中
yáng

- 表扬 biǎoyáng 표창하다
- 宣扬 xuānyáng 선양하다
- 发扬 fāyáng 드높이다,
  발휘하다

揚 ^日
음 よう
훈 あがる・あげる

- ☐ 浮揚 ふよう 부양
- ☐ 揭揚 けいよう 게양
- ☐ 抑揚 よくよう 억양

朝 아침 조	· 朝食 조식 · 朝鮮 조선 · 花朝月夕 화조월석

朝
zhāo/cháo
	· 朝三暮四 zhāosānmùsì
	  조삼모사
	· 朝代 cháodài 왕조의
	  연대

朝 음 ちょう 훈 あさ·あした	□ 朝食 ちょうしょく 조식 □ 朝刊 ちょうかん 조간 ■ 毎朝 まいあさ 매일 아침

 雲 구름 운	· 雲集 운집 · 風雲 풍운 · 望雲之情 망운지정
 云 yún	· 彩云 cǎiyún 꽃구름 · 云雾 yúnwù 구름과 안개
雲 음 うん 훈 くも	□ 星雲 せいうん 성운 □ 風雲 ふううん 풍운 ■ 雨雲 あまぐも 비구름

敢 감히 감	· 勇敢 용감 · 果敢 과감 · 焉敢生心 언감생심
 敢 gǎn	· 勇敢 yǒnggǎn 용감하다 · 果敢 guǒgǎn 과감하다 · 不敢 bùgǎn 감히 ~하지 못하다
 敢 음 かん 훈 あえて	□ 敢行 かんこう 감행 □ 果敢 かかん 과감 □ 勇敢 ゆうかん 용감

減 덜 감	· 減少 감소 · 減量 감량 · 增減 증감
 減 jiǎn	· 削減 xuējiǎn 삭감하다 · 減少 jiǎnshǎo 감소하다 · 減肥 jiǎnféi 살을 빼다
 減 음 げん 훈 へらす·へる	□ 減少 げんしょう 감소 □ 減量 げんりょう 감량 □ 加減 かげん 가감

短 韓 짧을 단	· 長短 장단 · 短命 단명 · 短點 단점
短 中 duǎn	· 縮短 suōduǎn 단축하다 · 短信 duǎnxìn 문자메시지
短 日 음 たん 훈 みじかい	☐ 短期 たんき 단기 ☐ 短気 たんき 급한 성미 ☐ 短所 たんしょ 단점

善 韓 착할 선	· 善惡 선악 · 改善 개선 · 改過遷善 개과천선
善 中 shàn	· 改善 gǎishàn 개선하다 · 善良 shànliáng 선량하다 · 慈善 císhàn 자선을 베풀다
善 日 음 ぜん 훈 よい	☐ 改善 かいぜん 개선 ☐ 最善 さいぜん 최선 ☐ 善悪 ぜんあく 선악

童 韓 아이 동	· 童畫 동화 · 兒童 아동 · 童謠 동요
童 中 tóng	· 儿童 értóng 아동 · 童话 tónghuà 동화 · 牧童 mùtóng 목동
童 日 음 どう 훈 わらべ	☐ 童話 どうわ 동화 ☐ 童顔 どうがん 동안 ☐ 児童 じどう 아동

散 韓 흩어질 산	· 閑散 한산 · 霧散 무산 · 散策 산책
散 中 sǎn/sàn	· 散文 sǎnwén 산문 · 散步 sànbù 산보하다 · 分散 fēnsàn 분산하다
散 日 음 さん 훈 ちらかす・ ちらかる・ちらす・ち	☐ 散歩 さんぽ 산책 ☐ 散会 さんかい 산회 (모임 을 마치고 해산함) ☐ 解散 かいさん 해산

613

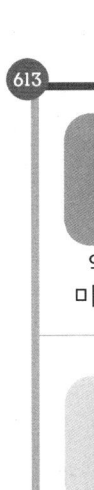

惡 韓
악할 악
미워할 오

- 善惡 선악
- 憎惡 증오
- 勸善懲惡 권선징악

恶 中
è/wù

- 恶劣 èliè 열악하다
- 丑恶 chǒu'è 추악하다
- 厌恶 yànwù 혐오하다

悪 日
음 あく·お
훈 にくむ·わるい

- ☐ 悪夢 あくむ 악몽
- ☐ 最悪 さいあく 최악
- ☐ 悪化 あっか 악화

614

貴 韓
귀할 귀

- 貴下 귀하
- 高貴 고귀
- 貴重 귀중

贵 中
guì

- 宝贵 bǎoguì 진귀한
- 贵族 guìzú 귀족
- 珍贵 zhēnguì 진귀하다

貴 日
음 き
훈 たつとい·
たつとぶ·とうとい·と

- ☐ 貴重 きちょう 귀중
- ☐ 貴族 きぞく 귀족
- ☐ 兄貴 あにき 형님

615

植 韓
심을 식

- 植木 식목
- 移植 이식
- 植物園 식물원

植 中
zhí

- 植物 zhíwù 식물
- 种植 zhòngzhí 종식하다, 재배하다

植 日
음 しょく·
훈 うえる·うわる

- ☐ 植物 しょくぶつ 식물
- ☐ 移植 いしょく 이식
- ■ 植木 うえき 정원수, 분재

616

登 韓
오를 등

- 登校 등교
- 登錄 등록
- 登場 등장

登 中
dēng

- 登记 dēngjì 기입하다
- 登录 dēnglù 등록하다
- 登陆 dēnglù 상륙하다

登 日
음 と·とう
훈 のぼる

- ☐ 登校 とうこう 등교
- ☐ 登場 とうじょう 등장
- ☐ 登録 とうろく 등록

617

景 별경

- 景氣 경기
- 背景 배경
- 景致 경치

景 jǐng

- 背景 bèijǐng 배경
- 风景 fēngjǐng 풍경
- 前景 qiánjǐng 장래

景
음 けい
훈 けしき

- ☐ 景色 けしき 풍색
- ☐ 景気 けいき 경기
- ☐ 光景 こうけい 광경

618

順 순할 순

- 順番 순번
- 溫順 온순
- 順序 순서

順 shùn

- 順利 shùnlì 순조롭다
- 順序 shùnxù 순서, 차례
- 孝順 xiàoshùn 효도하다

順
음 じゅん
훈 したがう

- ☐ 順番 じゅんばん 순번
- ☐ 順調 じゅんちょう 순조
- ☐ 順位 じゅんい 순위

619

筆 붓필

- 筆記 필기
- 名筆 명필
- 筆順 필순

笔 bǐ

- 铅笔 qiānbǐ 연필
- 笔划 bǐhuà 필획
- 笔记本 bǐjìběn 노트북, 수첩

筆
음 ひつ
훈 ふで

- ☐ 鉛筆 えんぴつ 연필
- ☐ 筆箱 ふでばこ 필통
- ☐ 万年筆 まんねんひつ 만년필

620

街 거리가

- 商街 상가
- 住宅街 주택가
- 街路樹 가로수

街 jiē

- 街道 jiēdào 거리
- 街头 jiētóu 가두, 길 입구
- 大街 dàjiē 큰 길, 번화가

街
음 かい・がい
훈 まち

- ☐ 商店街 しょうてんがい 상가
- ☐ 街頭 がいとう 가두
- ☐ 街路樹 がいろじゅ 가로수

621

湖 韓 호수 호	· 湖水 호수 · 湖南 호남 · 江湖 강호
湖 中 hú	· 江湖 jiānghú 강과 호수 · 湖畔 húpàn 호반 · 湖面 húmiàn 호수의 수면
湖 日 음 こ 훈 みずうみ	☐ 湖畔 こはん 호반 ☐ 淡水湖 たんすいこ 담수호

622

雄 韓 수컷 웅	· 英雄 영웅 · 雄壯 웅장 · 群雄割據 군웅할거
雄 中 xióng	· 英雄 yīngxióng 영웅 · 雌雄 cíxióng 암컷과 수컷 · 雄壯 xióngzhuàng 웅장하다
雄 日 음 ゆう 훈 お·おす	☐ 雄大 ゆうだい 웅대 ☐ 英雄 えいゆう 영웅

623

税 韓 세금 세	· 税金 세금 · 脱税 탈세 · 租税 조세
税 中 shuì	· 国税 guóshuì 국세 · 税收 shuìshōu 세금수입 · 税制 shuìzhì 세금제도
税 日 음 ぜい	☐ 税金 ぜいきん 세금 ☐ 脱税 だつぜい 탈세 ☐ 免税 めんぜい 면세

624

寒 韓 찰 한	· 防寒 방한 · 寒帶 한대 · 三寒四溫 삼한사온
寒 中 hán	· 寒假 hánjià 겨울방학 · 清寒 qīnghán 청빈하다 · 严寒 yánhán 추위가 심하다
寒 日 음 かん 훈 さむい	☐ 寒波 かんぱ 한파 ☐ 悪寒 おかん 오한 ☐ 防寒 ぼうかん 방한

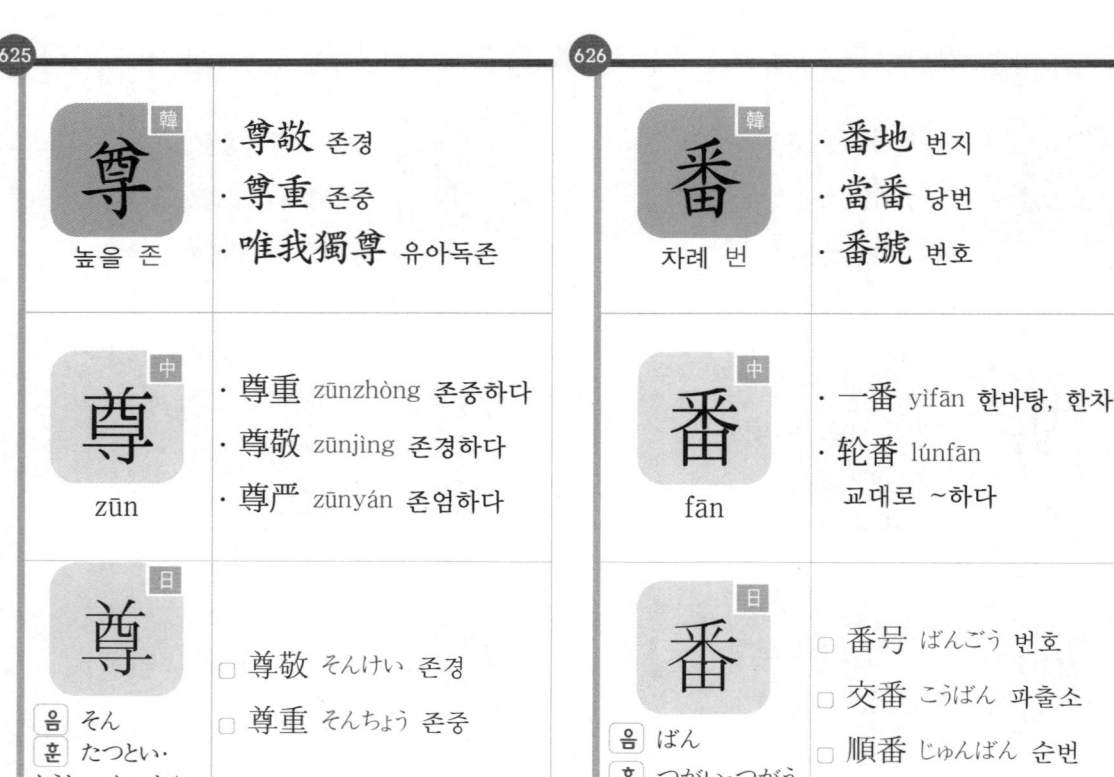

625 韓

尊
높을 존

- 尊敬 존경
- 尊重 존중
- 唯我獨尊 유아독존

中

尊
zūn

- 尊重 zūnzhòng 존중하다
- 尊敬 zūnjìng 존경하다
- 尊严 zūnyán 존엄하다

日

尊
음 そん
훈 たつとい·
とうとい·たつとぶ

- ☐ 尊敬 そんけい 존경
- ☐ 尊重 そんちょう 존중

626 韓

番
차례 번

- 番地 번지
- 當番 당번
- 番號 번호

中

番
fān

- 一番 yìfān 한바탕, 한차례
- 轮番 lúnfān
  교대로 ~하다

日

番
음 ばん
훈 つがい·つがう

- ☐ 番号 ばんごう 번호
- ☐ 交番 こうばん 파출소
- ☐ 順番 じゅんばん 순번

627 韓

賀
하례할 하

- 祝賀 축하
- 賀客 하객
- 致賀 치하

中

贺
hè

- 祝贺 zhùhè 축하하다
- 贺礼 hèlǐ 축하선물
- 贺词 hècí 축사

日

賀
음 が

- ☐ 祝賀 しゅくが 축하
- ☐ 年賀状 ねんがじょう 연하장
- ☐ 謹賀新年 きんがしんねん
  근하신년

628 韓

悲
슬플 비

- 悲鳴 비명
- 慈悲 자비
- 悲觀的 비관적

中

悲
bēi

- 悲观 bēiguān 비관하다
- 悲惨 bēicǎn 비참하다
- 悲哀 bēi'āi 슬프고
  애통하다

日

悲
음 ひ
훈 かなしい·
かなしむ

- ☐ 悲劇 ひげき 비극
- ☐ 悲鳴 ひめい 비명
- ☐ 悲観 ひかん 비관

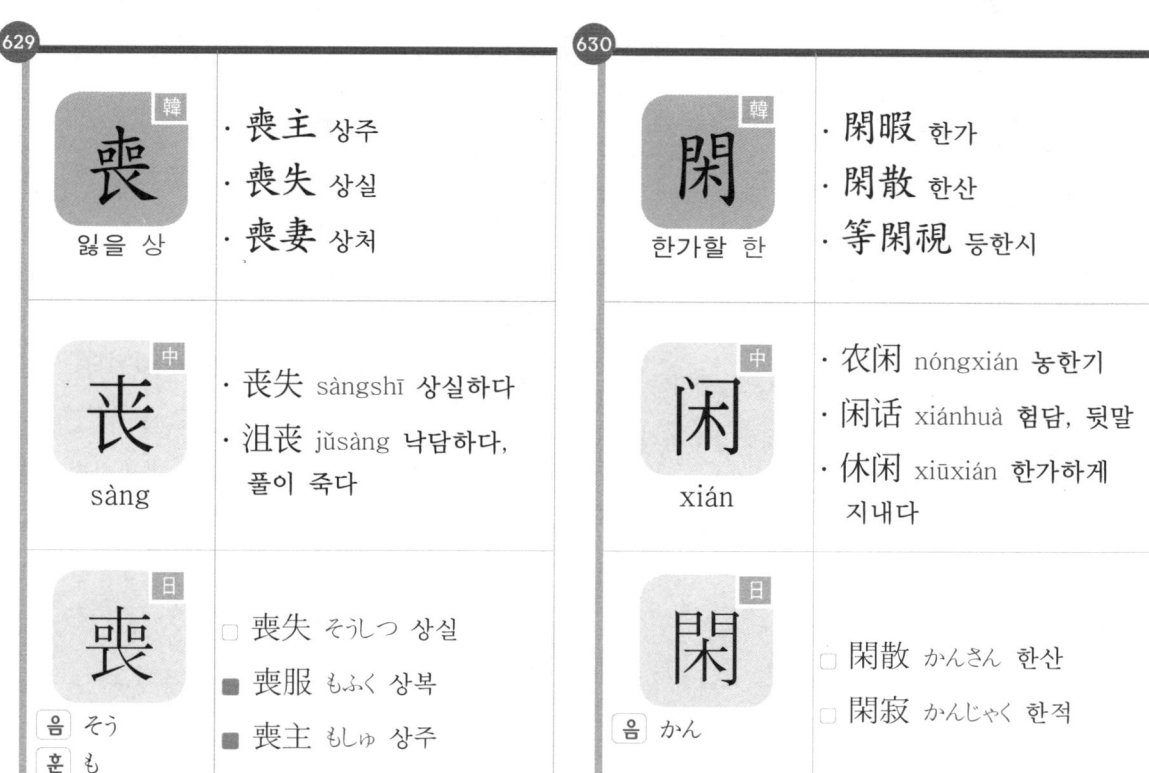

629

喪 〔韓〕
잃을 상

- 喪主 상주
- 喪失 상실
- 喪妻 상처

丧 〔中〕
sàng

- 丧失 sàngshī 상실하다
- 沮丧 jǔsàng 낙담하다, 풀이 죽다

喪 〔日〕

- 喪失 そうしつ 상실
- 喪服 もふく 상복
- 喪主 もしゅ 상주

음 そう
훈 も

630

閑 〔韓〕
한가할 한

- 閑暇 한가
- 閑散 한산
- 等閑視 등한시

闲 〔中〕
xián

- 农闲 nóngxián 농한기
- 闲话 xiánhuà 험담, 뒷말
- 休闲 xiūxián 한가하게 지내다

閑 〔日〕

- 閑散 かんさん 한산
- 閑寂 かんじゃく 한적

음 かん

631

惠 〔韓〕
은혜 혜

- 恩惠 은혜
- 惠澤 혜택
- 特惠 특혜

惠 〔中〕
huì

- 优惠 yōuhuì 특혜의
- 实惠 shíhuì 실속 있다
- 受惠 shòuhuì 은혜를 입다

惠 〔日〕

- 恩惠 おんけい 은혜
- 知恵 ちえ 지혜

음 え・けい
훈 めぐむ

632

貯 〔韓〕
쌓을 저

- 貯金 저금
- 貯蓄 저축
- 貯水池 저수지

贮 〔中〕
zhù

- 贮藏 zhùcáng 저장하다
- 贮存 zhùcún 저축해두다

貯 〔日〕

- 貯金 ちょきん 저금
- 貯蔵 ちょぞう 저장
- 貯蓄 ちょちく 저축

음 ちょ
훈 たくわえる

633

強 강할 강
<small>韓</small>

· 強調 강조
· 強勢 강세
· 牽強附會 견강부회

强 qiáng
<small>中</small>

· 堅强 jiānqiáng 굳세다
· 强调 qiángdiào 강조하다
· 强烈 qiángliè 강렬하다

強
<small>日</small>
음 きょう·ごう
훈 しいる·
つよい·つよまる·

□ 勉強 べんきょう 공부
□ 強制 きょうせい 강제
□ 強大 きょうだい 강대

634

開 열 개
<small>韓</small>

· 開學 개학
· 展開 전개
· 開票 개표

开 kāi
<small>中</small>

· 开始 kāishǐ 시작되다
· 公开 gōngkāi 공개하다
· 开放 kāifàng 개방하다,
  해제하다

開
<small>日</small>
음 かい
훈 あく·あける·
ひらく·ひらける

□ 開発 かいはつ 개발
□ 開放 かいほう 개방
□ 展開 てんかい 전개

635

絶 끊을 절
<small>韓</small>

· 絶對 절대
· 斷絶 단절
· 絶望 절망

绝 jué
<small>中</small>

· 拒绝 jùjué 거절하다
· 绝对 juéduì 절대적인

絶
<small>日</small>
음 ぜつ
훈 たえる·
たつ·たやす

□ 絶望 ぜつぼう 절망
□ 絶対 ぜったい 절대
□ 絶交 ぜっこう 절교

636

衆 무리 중
<small>韓</small>

· 大衆 대중
· 觀衆 관중
· 民衆 민중

众 zhòng
<small>中</small>

· 观众 guānzhòng 관중
· 群众 qúnzhòng 군중

衆
<small>日</small>
음 しゅ·しゅう

□ 公衆 こうしゅう 공중
□ 観衆 かんしゅう 관중
□ 衆生 しゅじょう 중생

637	
道 韓 길 도	· 孝道 효도 · 水道 수도 · 鐵道 철도
道 中 dào	· 知道 zhīdào 알다 · 街道 jiēdào 거리, 대로 · 道理 dàolǐ 도리, 이치
道 日 음 とう·どう 훈 みち	☐ 水道 すいどう 수도 ☐ 道路 どうろ 도로 ■ 近道 ちかみち 지름길

638	
過 韓 지날 과	· 過速 과속 · 超過 초과 · 看過 간과
过 中 guò	· 过去 guòqù 지나가다 · 超过 chāoguò 초과하다 · 过程 guòchéng 과정
過 日 음 か 훈 あやまち· あやまつ·すぎる	☐ 過去 かこ 과거 ☐ 過失 かしつ 과실 ☐ 過程 かてい 과정

639	
萬 韓 일만 만	· 萬歲 만세 · 千萬 천만 · 萬物 만물
万 中 wàn	· 千万 qiānwàn 부디, 제발 · 万一 wànyī 만일에 · 万分 wànfēn 대단히, 극히
万 日 음 ばん·まん 훈 よろず	☐ 万歲 ばんざい 만세 ☐ 万能 ばんのう 만능 ☐ 万年筆 まんねんひつ 만년필

640	
運 韓 움직일 운	· 運動 운동 · 運數 운수 · 幸運 행운
运 中 yùn	· 运动 yùndòng 운동 · 幸运 xìngyùn 운이 좋다 · 命运 mìngyùn 운명
運 日 음 うん 훈 はこぶ	☐ 運命 うんめい 운명 ☐ 運動 うんどう 운동 ☐ 幸運 こううん 행운

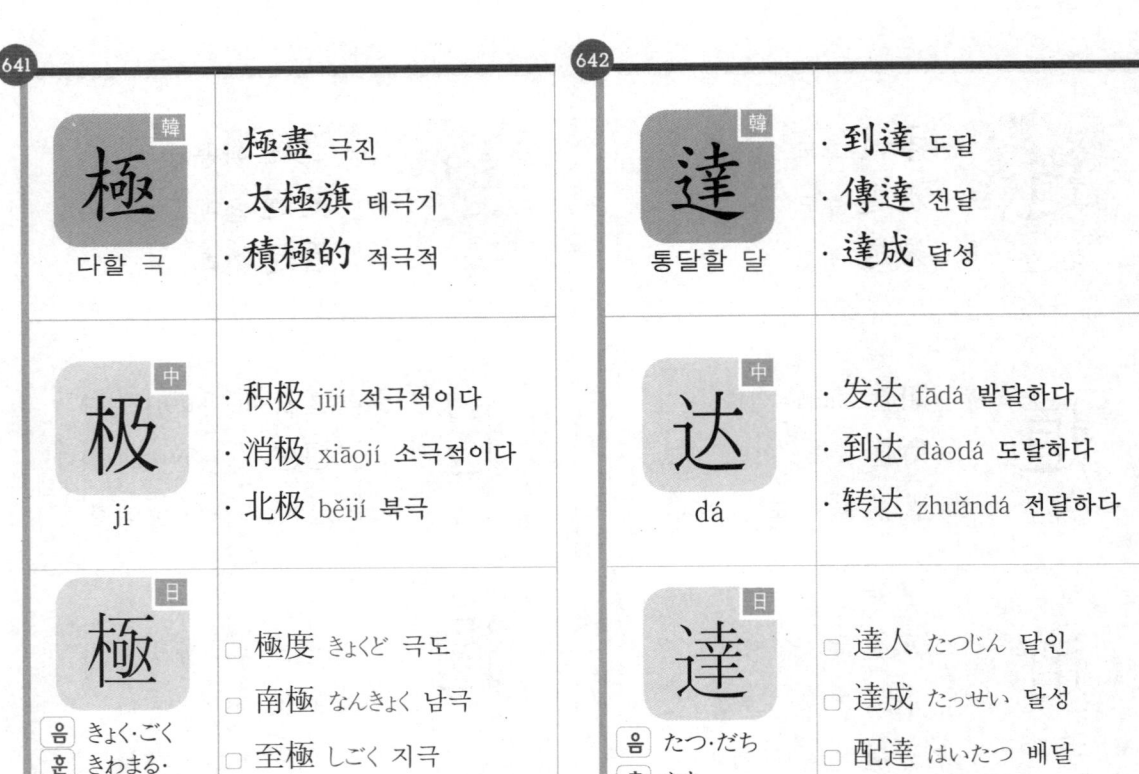

641

韓	
極 다할 극	· 極盡 극진 · 太極旗 태극기 · 積極的 적극적
中 極 jí	· 积极 jījí 적극적이다 · 消极 xiāojí 소극적이다 · 北极 běijí 북극
日 極 음 きょく·ごく 훈 きわまる·きわみ·きわめる	□ 極度 きょくど 극도 □ 南極 なんきょく 남극 □ 至極 しごく 지극

642

韓	
達 통달할 달	· 到達 도달 · 傳達 전달 · 達成 달성
中 达 dá	· 发达 fādá 발달하다 · 到达 dàodá 도달하다 · 转达 zhuǎndá 전달하다
日 達 음 たつ·だち 훈 たち	□ 達人 たつじん 달인 □ 達成 たっせい 달성 □ 配達 はいたつ 배달

643

韓	
遊 놀 유	· 浮遊 부유 · 遊園地 유원지 · 遊覽船 유람선
中 游 yóu	· 旅游 lǚyóu 여행하다 · 游泳 yóuyǒng 수영하다 · 游览 yóulǎn 유람하다
日 遊 음 ゆ·ゆう 훈 あそぶ	□ 遊戱 ゆうぎ 유희 □ 遊覧 ゆうらん 유람 □ 遊園地 ゆうえんち 유원지

644

韓	
落 떨어질 락	· 落書 낙서 · 落葉 낙엽 · 下落 하락
中 落 luò	· 落后 luòhòu 낙후되다 · 堕落 duòluò 타락하다 · 降落 jiàngluò 내려오다, 착륙하다
日 落 음 らく 훈 おちる·おとす	□ 下落 げらく 하락 □ 急落 きゅうらく 급락 □ 落語 らくご 만담

645

葉
잎 엽 〔韓〕

- 葉書 엽서
- 葉錢 엽전
- 葉綠素 엽록소

叶
yè 〔中〕

- 叶子 yèzi 잎, 잎사귀
- 红叶 hóngyè 단풍잎

葉
〔日〕
음 よう
훈 は

- □ 紅葉 こうよう 단풍
- ■ 葉書 はがき 엽서
- ■ 言葉 ことば 말, 언어

646

圓
둥글 원 〔韓〕

- 圓滿 원만
- 圓形 원형
- 圓卓 원탁

圆
yuán 〔中〕

- 方圆 fāngyuán 주위
- 圆满 yuánmǎn 원만하다
- 团圆 tuányuán 한 자리에 모이다

円
〔日〕
음 えん
훈 まるい

- □ 円満 えんまん 원만
- □ 円形 えんけい 원형
- ■ 円滑 えんかつ 원활

647

畫
그림 화 〔韓〕

- 畫家 화가
- 畫面 화면
- 圖畫紙 도화지

画
huà 〔中〕

- 笔画 bǐhuà 필획
- 漫画 mànhuà 만화
- 画蛇添足 huàshétiānzú 화사첨족

画
〔日〕
음 え・かく・が
훈 えがく・くぎる

- □ 漫画 まんが 만화
- □ 映画 えいが 영화
- □ 画家 がか 화가

648

飯
밥 반 〔韓〕

- 白飯 백반
- 飯床 반상
- 飯酒 반주

饭
fàn 〔中〕

- 饭店 fàndiàn 호텔, 식당
- 米饭 mǐfàn 쌀밥
- 晚饭 wǎnfàn 저녁밥

飯
〔日〕
음 はん
훈 めし

- □ 夕飯 ゆうはん 저녁밥
- □ 残飯 ざんぱん 남은 밥
- ■ 麦飯 むぎめし 보리밥

敬 ^韓 공경할 경	· 敬老 경로 · 尊敬 존경 · 敬天愛人 경천애인
敬 ^中 jing	· 尊敬 zūnjìng 존경하다 · 恭敬 gōngjìng 공손하다 · 敬礼 jìnglǐ 경례하다
敬 ^日 음 きょう·けい 훈 うやまう· つつしむ	☐ 敬語 けいご 경어 ☐ 尊敬 そんけい 존경 ☐ 敬老 けいろう 경로

遇 ^韓 만날 우	· 待遇 대우 · 禮遇 예우 · 不遇 불우
遇 ^中 yù	· 遇到 yùdào 만나다 · 待遇 dàiyù 대우하다 · 遭遇 zāoyù 조우하다
遇 ^日 음 ぐう 훈 あう	☐ 待遇 たいぐう 대우 ☐ 遭遇 そうぐう 조우 ☐ 処遇 しょぐう 처우

勤 ^韓 부지런할 근	· 勤勞 근로 · 出勤 출근 · 退勤 퇴근
勤 ^中 qín	· 缺勤 quēqín 결근하다 · 勤俭 qínjiǎn 근검하다 · 勤劳 qínláo 열심히 일하다
勤 ^日 음 きん·ごん 훈 いそしむ· つとまる·つとめる	☐ 出勤 しゅっきん 출근 ☐ 勤務 きんむ 근무 ☐ 勤勉 きんべん 근면

暑 ^韓 더울 서	· 避暑 피서 · 處暑 처서
暑 ^中 shǔ	· 暑假 shǔjià 여름휴가 · 避暑 bìshǔ 피서하다 · 寒暑 hánshǔ 겨울과 여름, 한 해
暑 ^日 음 しょ 훈 あつい	☐ 避暑 ひしょ 피서 ☐ 残暑 ざんしょ 늦더위 ☐ 大暑 たいしょ 대서

653

會 韓 모일 회	· 會計 회계 · 會社 회사 · 會者定離 회자정리
会 中 huì	· 机会 jīhuì 기회 · 社会 shèhuì 사회 · 会议 huìyì 회의
会 日 음 에·かい 훈 あう	□ 会議 かいぎ 회의 □ 会社 かいしゃ 회사 □ 会話 かいわ 회화

654

經 韓 지날/글 경	· 經濟 경제 · 經歷 경력 · 四書三經 사서삼경
经 中 jīng	· 经过 jīngguò 지나다 · 经验 jīngyàn 경험 · 经典 jīngdiǎn 경전, 고전
経 日 음 きょう·きん· けい 훈 たつ·へる	□ 経験 けいけん 경험 □ 経済 けいざい 경제 □ 経歴 けいれき 경력

655

新 韓 새로울 신	· 新郎 신랑 · 新聞 신문 · 新鮮 신선
新 中 xīn	· 新闻 xīnwén 새 소식 · 新鲜 xīnxiān 신선하다 · 新娘 xīnniáng 신부
新 日 음 しん 훈 あたらしい· あらた·にい	□ 新聞 しんぶん 신문 □ 新鮮 しんせん 신선함 □ 最新 さいしん 최신

656

電 韓 번개 전	· 電氣 전기 · 電燈 전등 · 電話 전화
电 中 diàn	· 电视 diànshì 텔레비전 · 电影 diànyǐng 영화 · 电话 diànhuà 전화
電 日 음 でん	□ 電子 でんし 전자 □ 電車 でんしゃ 전차 □ 電気 でんき 전기

657

業
일 업

韓
· 事業 사업
· 商業 상업
· 失業 실업

业
yè

中
· 作业 zuòyè 작업을 하다
· 专业 zhuānyè 전공, 전문
· 职业 zhíyè 직업

業
음 ぎょう·ごう
훈 わざ

日
☐ 卒業 そつぎょう 작업
☐ 授業 じゅぎょう 수업
☐ 作業 さぎょう 작업

658

當
마땅할 당

韓
· 當身 당신
· 當時 당시
· 妥當 타당

当
dāng

中
· 当时 dāngshí 당시
· 当代 dāngdài 당대
· 相当 xiāngdāng 상당히

当
음 とう
훈 あたる·あてる

日
☐ 適当 てきとう 적당
☐ 当然 とうぜん 당연
☐ 当番 とうばん 당번

659

義
옳을 의

韓
· 義務 의무
· 信義 신의
· 民主主義 민주주의

义
yì

中
· 意义 yìyì 의의, 의미
· 义务 yìwù 의무
· 含义 hányì 함의, 내포된 뜻

義
음 ぎ

日
☐ 義務 ぎむ 의무
☐ 正義 せいぎ 정의
☐ 講義 こうぎ 강의

660

意
뜻 의

韓
· 意見 의견
· 注意 주의
· 意圖 의도

意
yì

中
· 意思 yìsi 의미, 뜻
· 同意 tóngyì 동의하다
· 注意 zhùyì 주의하다

意
음 い

日
☐ 注意 ちゅうい 주의
☐ 意見 いけん 의견
☐ 意味 いみ 의미

661

想
생각 상 [韓]

· 假想 가상
· 妄想 망상
· 聯想 연상

想
xiǎng [中]

· 理想 lǐxiǎng 이상
· 感想 gǎnxiǎng 감상
· 想念 xiǎngniàn
　그리워하다

想
[日]

음 そ·そう
훈 おもい·おもう

☐ 想像 そうぞう 상상
☐ 感想 かんそう 감상
☐ 予想 よそう 예상

662

話
말씀 화 [韓]

· 對話 대화
· 電話 전화
· 話術 화술

话
huà [中]

· 说话 shuōhuà 말하다
· 对话 duìhuà 대화하다
· 话题 huàtí 화제, 논제

話
[日]

음 わ
훈 はなし·はなす

☐ 電話 でんわ 전화
☐ 会話 かいわ 회화
☐ 話題 わだい 화제

663

路
길 로 [韓]

· 道路 도로
· 販路 판로
· 路線 노선

路
lù [中]

· 迷路 mílù 길을 잃다
· 高速公路 gāosùgōnglù
　고속도로

路
[日]

음 ろ
훈 じ·みち

☐ 道路 どうろ 도로
☐ 進路 しんろ 진로
☐ 路線 ろせん 노선

664

農
농사 농 [韓]

· 農事 농사
· 農夫 농부
· 農村 농촌

农
nóng [中]

· 农村 nóngcūn 농촌
· 农民 nóngmín 농민
· 农历 nónglì 음력

農
[日]

음 のう

☐ 農業 のうぎょう 농업
☐ 農家 のうか 농가
☐ 農民 のうみん 농민

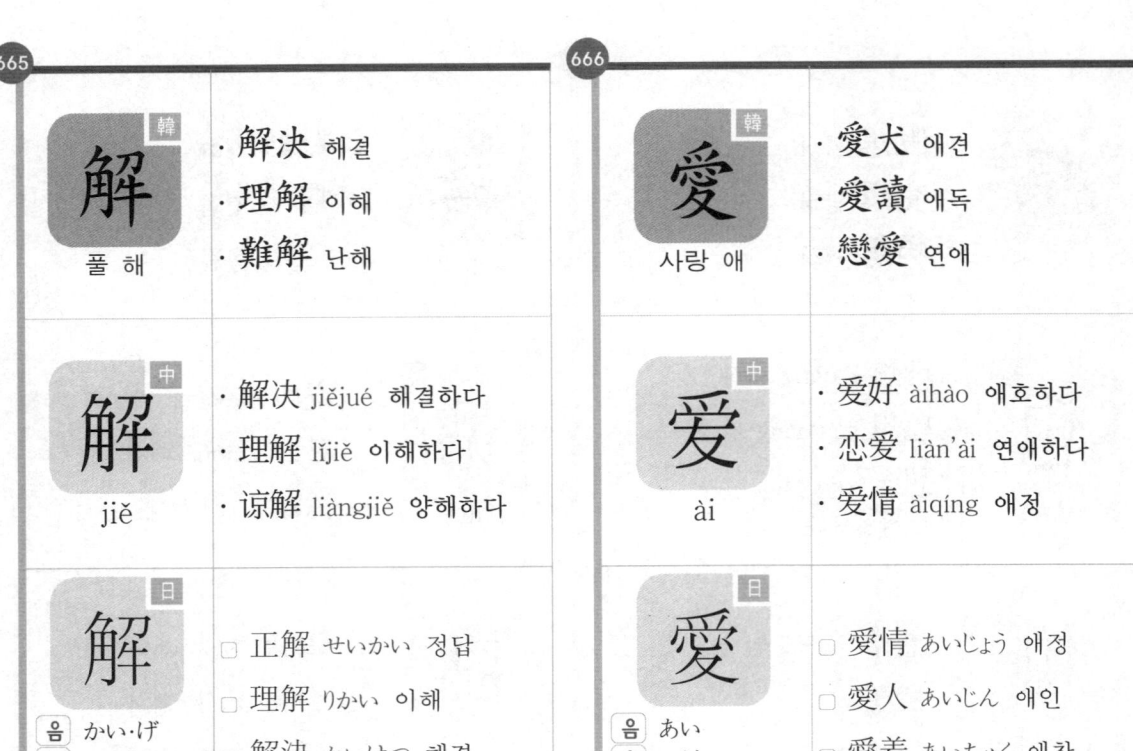

665

韓 解 풀 해	· 解決 해결 · 理解 이해 · 難解 난해
中 解 jiě	· 解决 jiějué 해결하다 · 理解 lǐjiě 이해하다 · 谅解 liàngjiě 양해하다
日 解 음 かい·げ 훈 とかす·とく·とける·ほどく	□ 正解 せいかい 정답 □ 理解 りかい 이해 □ 解決 かいけつ 해결

666

韓 愛 사랑 애	· 愛犬 애견 · 愛讀 애독 · 戀愛 연애
中 爱 ài	· 爱好 àihào 애호하다 · 恋爱 liàn'ài 연애하다 · 爱情 àiqíng 애정
日 愛 음 あい 훈 いとしい·いとしむ·めでる	□ 愛情 あいじょう 애정 □ 愛人 あいじん 애인 □ 愛着 あいちゃく 애착

667

韓 號 이름 호	· 信號 신호 · 暗號 암호 · 符號 부호
中 号 hào	· 号码 hàomǎ 번호, 숫자 · 信号 xìnhào 신호 · 符号 fúhào 기호, 표기
日 号 음 ごう 훈 さけぶ	□ 番号 ばんごう 번호 □ 信号 しんごう 신호 □ 暗号 あんごう 암호

668

韓 傳 전할 전	· 傳達 전달 · 傳統 전통 · 傳染 전염
中 传 chuán	· 传播 chuánbō 전파 · 传染 chuánrǎn 전염 · 传统 chuántǒng 전통
日 伝 음 てん·でん 훈 つたう·つたえる·つたわ	□ 伝統 でんとう 전통 □ 伝説 でんせつ 전설 □ 伝承 でんしょう 전승

669

勢 韓 권세 세	· 勢力 세력 · 姿勢 자세 · 勢道家 세도가
势 中 shì	· 形勢 xíngshì 정세, 형편 · 优势 yōushì 우세 · 气势 qìshì 기세
勢 日 음 세·せい 훈 いきおい	☐ 勢力 せいりょく 세력 ☐ 姿勢 しせい 자세 ☐ 優勢 ゆうせい 우세

670

感 韓 느낄 감	· 交感 교감 · 敏感 민감 · 共感 공감
感 中 gǎn	· 感觉 gǎnjué 감각, 느낌 · 感情 gǎnqíng 감정 · 感谢 gǎnxiè 감사하다
感 日 음 かん	☐ 感動 かんどう 감동 ☐ 感謝 かんしゃ 감사 ☐ 予感 よかん 예감

671

溫 韓 따뜻할 온	· 溫和 온화 · 氣溫 기온 · 保溫 보온
温 中 wēn	· 温度 wēndù 온도 · 温暖 wēnnuǎn 온난하다 · 温柔 wēnróu 온유하다
温 日 음 おん 훈 あたたか· あたたかい·あた	☐ 温泉 おんせん 온천 ☐ 温度 おんど 온도 ☐ 気温 きおん 기온

672

試 韓 시험 시	· 試圖 시도 · 試驗 시험 · 應試 응시
试 中 shì	· 面试 miànshì 면접시험 · 考试 kǎoshì 시험, 고사 · 试验 shìyàn 시험하다
試 日 음 し 훈 こころみる· ためす	☐ 試合 しあい 시합 ☐ 試験 しけん 시험 ☐ 試食 ししょく 시식

673

| 歲 韓 해 세 | · 歲拜 세배
· 歲暮 세모
· 萬歲 만세 |

| 岁 中 suì | · 岁月 suìyuè 세월
· 年岁 niánsuì 연세
· 岁暮 suìmù 세모 |

| 歲 日
음 さい·せい
훈 とし | □ 万歳 ばんざい 만세
□ 一歳 いっさい 한 살
□ 歳暮 せいぼ 세모 |

674

| 煙 韓 연기 연 | · 煙氣 연기
· 吸煙 흡연
· 禁煙 금연 |

| 烟 中 yān | · 吸烟 xīyān 흡연
· 烟火 yānhuo 불꽃놀이 |

| 煙 日
음 えん
훈 けむい·
けむり·けむる | □ 禁煙 きんえん 금연
□ 喫煙 きつえん 흡연
□ 煙突 えんとつ 굴뚝 |

675

| 傷 韓 상할 상 | · 傷處 상처
· 傷害 상해
· 損傷 손상 |

| 伤 中 shāng | · 伤心 shāngxīn 상심하다
· 伤害 shānghài 상하게
하다, 해치다
· 受伤 shòushāng
부상당하다 |

| 傷 日
음 しょう
훈 いたむ·
いためる·きず | □ 重傷 じゅうしょう 중상
□ 傷害 しょうがい 상해
■ 傷跡 きずあと 상처 자국 |

676

| 罪 韓 허물 죄 | · 犯罪 범죄
· 無罪 무죄
· 罪囚 죄수 |

| 罪 中 zuì | · 犯罪 fànzuì 범죄
· 得罪 dézuì 죄를 짓다 |

| 罪 日
음 ざい
훈 つみ | □ 謝罪 しゃざい 사죄
□ 犯罪 はんざい 범죄
□ 無罪 むざい 무죄 |

677	
暗 韓 어두울 암	· 暗算 암산 · 暗室 암실 · 暗票 암표
暗 中 àn	· 暗示 ànshì 암시하다 · 暗暗 àn'àn 암암리에 · 黑暗 hēi'àn 암흑의
暗 日 음 あん 훈 くらい・やみ	☐ 暗記 あんき 암기 ☐ 暗号 あんごう 암호 ☐ 暗殺 あんさつ 암살

678	
園 韓 동산 원	· 庭園 정원 · 公園 공원 · 樂園 낙원

园 中
yuán
	· 公园 gōngyuán 공원
	· 植物园 zhíwùyuán
	  식물원
	· 幼儿园 yòu'éryuán
	  유치원

園 日 음 えん 훈 その	☐ 公園 こうえん 공원 ☐ 動物園 どうぶつえん 동물원 ■ 花園 はなぞの 화원

679	
詩 韓 글 시	· 漢詩 한시 · 童詩 동시 · 詩集 시집
诗 中 shī	· 古诗 gǔshī 고체시 · 诗话 shīhuà 시화 · 诗人 shīrén 시인
詩 日 음 し	☐ 詩集 ししゅう 시집 ☐ 詩人 しじん 시인 ☐ 叙事詩 じょじし 서사시

680	
禁 韓 금할 금	· 禁止 금지 · 禁煙 금연 · 禁食 금식
禁 中 jìn	· 禁止 jìnzhǐ 금지하다 · 严禁 yánjìn 엄금하다
禁 日 음 きん	☐ 禁煙 きんえん 금연 ☐ 禁止 きんし 금지 ☐ 監禁 かんきん 감금

681

聖
성스러울 성

韓
· 聖堂 성당
· 亞聖 아성
· 聖賢 성현

圣
shèng

中
· 神圣 shénshèng 신성하다
· 圣明 shèngmíng 현명하다
· 圣诞 shèngdàn 성탄절

聖

日
□ 聖堂 せいどう 성당
□ 神聖 しんせい 신성
□ 聖職者 せいしょくしゃ
　　성직자

음 しょう・せい
훈 ひじり

682

暖
따뜻할 난

韓
· 暖房 난방
· 溫暖 온난
· 暖流 난류

暖
nuǎn

中
· 温暖 wēnnuǎn 온난하다
· 暖气 nuǎnqì 라디에이터,
　　방열기

暖

日
□ 暖房 だんぼう 난방
□ 温暖化 おんだんか 온난화

음 だん
훈 あたたか・
　 あたたかい

683

愁
근심 수

韓
· 憂愁 우수
· 愁心 수심
· 鄕愁 향수

愁
chóu

中
· 发愁 fāchóu 걱정하다
· 乡愁 xiāngchóu 향수
· 哀愁 āichóu 슬프다

愁

日
□ 哀愁 あいしゅう 애수
□ 郷愁 きょうしゅう 향수
□ 愁思 しゅうし 근심스런
　　생각

음 しゅう
훈 うれい・
　 うれえる

684

慈
사랑 자

韓
· 慈堂 자당
· 慈善 자선
· 慈悲 자비

慈
cí

中
· 仁慈 réncí 인자하다
· 慈祥 cíxiáng 자상하다
· 慈善 císhàn 자선을
　　베풀다

慈

日
□ 慈悲 じひ 자비
□ 慈善 じぜん 자선
□ 慈愛 じあい 자애

음 じ
훈 いつくしむ

685	686

豐
풍년 풍

- 豐年 풍년
- 豐盛 풍성
- 豐富 풍부

丰
fēng

- 丰富 fēngfù 풍부하다
- 丰满 fēngmǎn 풍만하다
- 丰盛 fēngshèng
  풍성하다, 융숭하다

豊
음 ほう·ぶ
훈 ゆたか·とよ

- ☐ 豊富 ほうふ 풍부
- ☐ 豊作 ほうさく 풍작
- ☐ 豊年 ほうねん 풍년

飲
마실 음

- 米飲 미음
- 飲食 음식
- 飲料 음료

饮
yǐn

- 饮料 yǐnliào 음료
- 饮食 yǐnshí 음식

飲
음 いん·おん
훈 のむ

- ☐ 飲料 いんりょう 음료
- ☐ 飲用 いんよう 음용
- ■ 飲み物 のみもの 음료

687	688

鄉
시골 향

- 故鄉 고향
- 鄉愁 향수
- 歸鄉 귀향

乡
xiāng

- 家乡 jiāxiāng 고향
- 故乡 gùxiāng 고향
- 山乡 shānxiāng 산골,
  산촌

鄕
음 きょう·ごう
훈 さと

- ☐ 鄕愁 きょうしゅう 향수
- ☐ 帰鄕 ききょう 귀향
- ☐ 故鄕 こきょう 고향

與
더불/줄 여

- 給與 급여
- 與黨 여당
- 參與 참여

与
yǔ/yù

- 相与 xiāngyǔ 서로, 함께
- 参与 cānyù 참여하다

与
음 よ
훈 あずかる·
  あたえる·くみする

- ☐ 給与 きゅうよ 급여
- ☐ 関与 かんよ 관여
- ☐ 付与 ふよ 부여

689	
遠 韓 멀 원	· 遠近 원근 · 遠洋 원양 · 永遠 영원
远 中 yuǎn	· 永远 yǒngyuǎn 영원히 · 疏远 shūyuǎn 소원하다 · 遥远 yáoyuǎn 요원하다
遠 日 음 えん·おん 훈 とおい	□ 遠慮 えんりょ 사양함 □ 遠足 えんそく 소풍 □ 永遠 えいえん 영원

690	
滿 韓 찰 만	· 滿員 만원 · 肥滿 비만 · 滿足 만족
满 中 mǎn	· 充满 chōngmǎn 충만하다 · 满足 mǎnzú 만족하다 · 圆满 yuánmǎn 원만하다
満 日 음 まん 훈 みたす·みちる	□ 満員 まんいん 만원 □ 満足 まんぞく 만족 □ 満席 まんせき 만석

691	
福 韓 복 복	· 祝福 축복 · 幸福 행복 · 福券 복권
福 中 fú	· 幸福 xìngfú 행복하다 · 祝福 zhùfú 축복하다 · 福利 fúlì 복지, 복리
福 日 음 ふく 훈 さいわい	□ 幸福 こうふく 행복 □ 祝福 しゅくふく 축복 □ 福祉 ふくし 복지

692	
漢 韓 한수 한	· 漢江 한강 · 漢文 한문 · 門外漢 문외한
汉 中 hàn	· 汉语 Hànyǔ 중국어 · 汉字 Hànzì 한자 · 好汉 hǎohàn 사내대장부
漢 日 음 かん 훈 から	□ 漢字 かんじ 한자 □ 漢詩 かんし 한시 □ 漢方薬 かんぽうやく 한약

693 誠 정성 성
- 忠誠 충성
- 誠實 성실
- 精誠 정성

诚 chéng
- 诚实 chéngshí 성실하다
- 诚意 chéngyì 성의
- 忠诚 zhōngchéng 충성하다, 충실하다

誠
음 せい
훈 まこと
- ☐ 誠意 せいい 성의
- ☐ 誠実 せいじつ 성실
- ☐ 忠誠 ちゅうせい 충성

694 說 말씀 설 / 달랠 세
- 說明 설명
- 演說 연설
- 遊說 유세

说 shuō
- 说明 shuōmíng 설명하다
- 小说 xiǎoshuō 소설
- 传说 chuánshuō 전설

説
음 せつ・ぜい
훈 とく
- ☐ 説明 せつめい 설명
- ☐ 小説 しょうせつ 소설
- ☐ 解説 かいせつ 해설

695 對 대할 대
- 對決 대결
- 對話 대화
- 對答 대답

对 duì
- 对面 duìmiàn 맞은편
- 反对 fǎnduì 반대하다
- 绝对 juéduì 절대적인

対
음 たい・つい
훈 こたえる
- ☐ 反対 はんたい 반대
- ☐ 絶対 ぜったい 절대
- ☐ 対策 たいさく 대책

696 種 씨 종
- 種類 종류
- 各種 각종
- 品種 품종

种 zhǒng
- 种类 zhǒnglèi 종류
- 播种 bōzhǒng 파종하다
- 品种 pǐnzhǒng 품종

種
음 しゅ
훈 たね
- ☐ 種類 しゅるい 종류
- ☐ 各種 かくしゅ 각종
- ■ 火種 ひだね 불씨

697

實 열매 실 韓	· 實際 실제 · 實驗 실험 · 實事求是 실사구시
实 shí 中	· 确实 quèshí 확실하다 · 实际 shíjì 실제 · 实用 shíyòng 실용적이다
実 음 じつ 훈 み·みのる 日	□ 真実 しんじつ 진실 □ 確実 かくじつ 확실 □ 実力 じつりょく 실력

698

領 거느릴 령 韓	· 綱領 강령 · 領空 영공 · 大統領 대통령
领 lǐng 中	· 领域 lǐngyù 영역, 분야 · 领土 lǐngtǔ 영토, 국토 · 领导 lǐngdǎo 지도자
領 음 りょう·れい 훈 えり 日	□ 領土 りょうど 영토 □ 領収書 りょうしゅうしょ 영수증 □ 要領 ようりょう 요령

699

認 알 인 韓	· 認定 인정 · 認識 인식 · 確認 확인
认 rèn 中	· 认识 rènshi 인식하다 · 承认 chéngrèn 승인하다 · 否认 fǒurèn 부인하다
認 음 にん 훈 みとめる 日	□ 確認 かくにん 확인 □ 認識 にんしき 인식 □ 認定 にんてい 인정

700

圖 그림 도 韓	· 圖案 도안 · 意圖 의도 · 圖書館 도서관
图 tú 中	· 地图 dìtú 지도 · 图案 tú'àn 도안 · 图书馆 túshūguǎn 도서관
図 음 ず·と 훈 はかる 日	□ 地図 ちず 지도 □ 図形 ずけい 도형 □ 図表 ずひょう 도표

701

算
셈 산

- 計算 계산
- 暗算 암산
- 珠算 주산

算
suàn

- 计算 jìsuàn 계산하다
- 结算 jiésuàn 결산하다
- 打算 dǎsuan ~할 생각이다

算
음 さん
훈 かぞえる

- ☐ 算数 さんすう 산수
- ☐ 計算 けいさん 계산
- ☐ 決算 けっさん 결산

702

精
정기 정

- 精神 정신
- 精誠 정성
- 受精 수정

精
jīng

- 精彩 jīngcǎi 훌륭하다
- 精力 jīnglì 정력
- 精神 jīngshén 정신

精
음 せい·しょう
훈 くわしい

- ☐ 精神 せいしん 정신
- ☐ 精巧 せいこう 정교
- ☐ 精密 せいみつ 정밀

703

銀
은 은

- 銀行 은행
- 水銀 수은
- 銀河水 은하수

银
yín

- 银行 yínháng 은행
- 银钱 yínqián 은화

銀
음 ぎん
훈 しろがね

- ☐ 銀行 ぎんこう 은행
- ☐ 銀座 ぎんざ 긴자(지명)
- ★ 銀杏 いちょう 은행나무

704

盡
다할 진

- 極盡 극진
- 賣盡 매진
- 無窮無盡 무궁무진

尽
jǐn/jìn

- 尽量 jǐnliàng 양을 다 채우다
- 尽力 jìnlì 온 힘을 다하다
- 苦尽甘来 kǔjìngānlái 고진감래

尽
음 じん
훈 つくす·つきる·つかす·ことごとく

- ☐ 尽力 じんりょく 진력
- ☐ 縦横無尽 じゅうおうむじん 종횡무진

輕
가벼울 경

· 輕重 경중
· 輕車 경차
· 輕快 경쾌

轻
qīng

· 轻视 qīngshì 경시하다
· 年轻 niánqīng 젊다
· 轻重 qīngzhòng 무게, 중량

軽
음 けい·きん
훈 かるい· かろやか

□ 軽蔑 けいべつ 경멸
□ 軽快 けいかい 경쾌
□ 軽率 けいそつ 경솔

端
끝 단

· 端正 단정
· 端緒 단서
· 尖端 첨단

端
duān

· 端正 duānzhèng 단정하다
· 极端 jíduān 극단
· 尖端 jiānduān 첨단의

端
음 たん
훈 はし·は·はた· はした

□ 極端 きょくたん 극단
■ 道端 みちばた 길가
■ 片端 かたはし 한쪽 끝

聞
들을 문

· 所聞 소문
· 新聞 신문
· 醜聞 추문

闻
wén

· 见闻 jiànwén 견문
· 新闻 xīnwén 새 소식
· 丑闻 chǒuwén 추문

聞
음 ぶん·もん
훈 きく·きこえる

□ 新聞 しんぶん 신문
□ 見聞 けんぶん 견문
□ 前代未聞 ぜんだいみもん 전대미문

語
말씀 어

· 國語 국어
· 英語 영어
· 標準語 표준어

语
yǔ

· 语法 yǔfǎ 어법
· 成语 chéngyǔ 성어
· 语气 yǔqì 어기, 말투

語
음 ご·ぎょ
훈 かたる· かたらう

□ 外国語 がいこくご 외국어
□ 語学 ごがく 어학
■ 物語 ものがたり 이야기

709

察 韓 살필 찰	· 觀察 관찰 · 省察 성찰 · 警察署 경찰서
察 中 chá	· 考察 kǎochá 고찰하다 · 观察 guānchá 관찰하다 · 警察 jǐngchá 경찰
察 日 음 さつ	□ 警察 けいさつ 경찰 □ 診察 しんさつ 진찰 □ 観察 かんさつ 관찰

710

誤 韓 그릇될 오	· 誤答 오답 · 誤解 오해 · 錯誤 착오
误 中 wù	· 错误 cuòwù 착오 · 误会 wùhuì 오해하다 · 耽误 dānwu 일을 그르치다
誤 日 음 ご 훈 あやまる	□ 誤解 ごかい 오해 □ 誤答 ごとう 오답 □ 誤差 ごさ 오차

711

歌 韓 노래 가	· 歌手 가수 · 校歌 교가 · 歌唱 가창
歌 中 gē	· 民歌 míngē 민요 · 国歌 guógē 국가 · 唱歌 chànggē 노래 부르다
歌 日 음 か 훈 うた·うたう	□ 歌曲 かきょく 가곡 □ 歌詞 かし 가사 □ 歌手 かしゅ 가수

712

綠 韓 푸를 록	· 青綠 청록 · 草綠 초록 · 綠豆 녹두
绿 中 lǜ	· 绿豆 lǜdòu 녹두 · 绿茶 lǜchá 녹차
綠 日 음 りょく·ろく 훈 みどり	□ 緑茶 りょくちゃ 녹차 □ 緑地 りょくち 녹지 □ 新緑 しんりょく 신록

713

榮 [韓]
영화 영

- 榮光 영광
- 榮華 영화
- 繁榮 번영

荣 [中]
róng

- 繁荣 fánróng 번영하다
- 荣誉 róngyù 명예, 영예
- 光荣 guāngróng 영광스럽다

栄 [日]
[음] えい
[훈] さかえる・
はえ・はえる

- ☐ 栄養 えいよう 영양
- ☐ 栄華 えいが 영화
- ☐ 光栄 こうえい 영광

714

穀 [韓]
곡식 곡

- 穀食 곡식
- 穀物 곡물
- 雜穀 잡곡

谷 [中]
gǔ

- 五谷 wǔgǔ 오곡
- 稻谷 dàogǔ 벼

穀 [日]
[음] こく

- ☐ 穀物 こくもつ 곡물
- ☐ 穀類 こくるい 곡류
- ☐ 雑穀 ざっこく 잡곡

715

鳴 [韓]
울 명

- 悲鳴 비명
- 耳鳴 이명
- 自鳴鐘 자명종

鸣 [中]
míng

- 共鸣 gòngmíng 공명
- 悲鸣 bēimíng 슬피 울다

鳴 [日]
[음] めい
[훈] なく・なる・
ならす

- ☐ 悲鳴 ひめい 비명
- ☐ 共鳴 きょうめい 공명
- ☐ 自鳴鐘 じめいしょう 자명종

716

鼻 [韓]
코 비

- 鼻音 비음
- 鼻炎 비염
- 鼻祖 비조

鼻 [中]
bí

- 鼻子 bízi 코
- 鼻音 bíyīn 비음
- 鼻涕 bítì 콧물

鼻 [日]
[음] び
[훈] はな

- ☐ 鼻音 びおん 비음
- ■ 鼻血 はなぢ 코피
- ■ 鼻水 はなみず 콧물

717

漢 漁
고기잡을 어

· 漁夫 어부
· 漁村 어촌
· 漁船 어선

中 漁
yú

· 漁民 yúmín 어민
· 漁夫 yúfū 어부
· 漁船 yúchuán 어선

日 漁
음 ぎょ·りょう
훈 あさる·
すなどる

☐ 漁業 ぎょぎょう 어업
☐ 漁船 ぎょせん 어선
☐ 漁師 りょうし 어부

718

漢 壽
목숨 수

· 長壽 장수
· 壽命 수명
· 米壽 미수

中 寿
shòu

· 寿命 shòumìng 수명
· 长寿 chángshòu
장수하다

日 寿
음 じゅ·す
훈 ことぶき·
ことほぐ

☐ 寿命 じゅみょう 수명
☐ 長寿 ちょうじゅ 장수
☐ 寿司 すし 스시, 초밥

719

漢 舞
춤출 무

· 歌舞 가무
· 群舞 군무
· 亂舞 난무

中 舞
wǔ

· 鼓舞 gǔwǔ 고무하다
· 舞蹈 wǔdǎo 무도, 춤
· 跳舞 tiàowǔ 춤을 추다

日 舞
음 ぶ
훈 まう·まい

☐ 舞台 ぶたい 무대
☐ 舞踊 ぶよう 무용
☐ 舞姫 ぶき 무희

720

漢 團
둥글 단

· 團合 단합
· 團結 단결
· 集團 집단

中 团
tuán

· 集团 jítuán 집단
· 团结 tuánjié 단결하다
· 团体 tuántǐ 단체

日 団
음 だん·とん

☐ 団体 だんたい 단체
☐ 団結 だんけつ 단결
☐ 集団 しゅうだん 집단

721

製 지을 제	· 製品 제품 · 製造 제조 · 製作 제작
制 zhì	· 制造 zhìzào 제조하다 · 制品 zhìpǐn 제품
製 음 せい	□ 製作 せいさく 제작 □ 製造 せいぞう 제조 □ 製鉄所 せいてつじょ 제철소

722

晴 갤 청	· 快晴 쾌청 · 晴天 청천
晴 qíng	· 晴朗 qínglǎng 쾌청하다 · 晴天 qíngtiān 맑은 날씨
晴 음 せい 훈 はらす・はれる	□ 快晴 かいせい 쾌청 □ 晴天 せいてん 청천

723

節 마디 절	· 節約 절약 · 季節 계절 · 禮節 예절
节 jié	· 季节 jìjié 계절, 철 · 节约 jiéyuē 절약하다 · 端午节 Duānwǔjié 단오
節 음 せち・せつ 훈 ふし	□ 節約 せつやく 절약 □ 季節 きせつ 계절 ■ 節目 ふしめ 단락, 고비

724

廣 넓을 광	· 廣告 광고 · 廣野 광야 · 廣場 광장
广 guǎng	· 广告 guǎnggào 광고 · 广场 guǎngchǎng 광장 · 广大 guǎngdà 광대하다
広 음 こう 훈 ひろい・ ひろまる・ひろめ	□ 広告 こうこく 광고 □ 広大 こうだい 광대 ■ 広場 ひろば 광장

725

適 韓 맞을 적	· 適用 적용 · 適合 적합 · 適應 적응
适 中 shì	· 合适 héshì 알맞다 · 适应 shìyìng 적응하다 · 适当 shìdàng 적당하다
適 日 음 てき 훈 かなう	☐ 適当 てきとう 적당 ☐ 適切 てきせつ 적절 ☐ 快適 かいてき 쾌적

726

練 韓 익힐 련	· 練習 연습 · 修練 수련 · 訓練 훈련
练 中 liàn	· 练习 liànxí 연습하다 · 熟练 shúliàn 능숙하다 · 训练 xùnliàn 훈련하다
練 日 음 れん 훈 ねる	☐ 練習 れんしゅう 연습 ☐ 訓練 くんれん 훈련 ☐ 試練 しれん 시련

727

暮 韓 저물 모	· 歲暮 세모 · 朝三暮四 조삼모사

暮 中
mù
	· 暮景 mùjǐng
	  저녁 무렵의 정경
	· 朝三暮四 zhāosānmùsì
	  조삼모사

暮 日
음 ぼ
훈 くれる·
  くらす
	☐ 歲暮 せいぼ 세밑, 연말
	☐ 朝三暮四 ちょうさんぼし
	  조삼모사

728

論 韓 논할 론	· 論理 논리 · 勿論 물론 · 輿論 여론
论 中 lùn	· 讨论 tǎolùn 토론하다 · 论文 lùnwén 논문 · 评论 pínglùn 평론하다
論 日 음 ろん 훈 あげつらう	☐ 論理 ろんり 논리 ☐ 論文 ろんぶん 논문 ☐ 結論 けつろん 결론

729

數
셈 수 ^韓

· 數學 수학
· 分數 분수
· 倍數 배수

数
shǔ/shù ^中

· 数数 shǔshù 수를 세다
· 数字 shùzì 숫자
· 数学 shùxué 수학

数
음 すう·す
훈 かず·かぞえる ^日

□ 数学 すうがく 수학
□ 数字 すうじ 숫자
□ 点数 てんすう 점수

730

線
줄 선 ^韓

· 曲線 곡선
· 視線 시선
· 光線 광선

线
xiàn ^中

· 视线 shìxiàn 시선
· 光线 guāngxiàn 광선
· 路线 lùxiàn 노선

線
음 せん ^日

□ 視線 しせん 시선
□ 直線 ちょくせん 직선
□ 線路 せんろ 선로

731

質
바탕 질 ^韓

· 質問 질문
· 良質 양질
· 素質 소질

质
zhì ^中

· 质量 zhìliàng 질량
· 本质 běnzhì 본질
· 物质 wùzhì 물질

質
음 しつ·しち·ち
훈 ただす ^日

□ 質問 しつもん 질문
□ 性質 せいしつ 성질
□ 物質 ぶっしつ 물질

732

熱
더울 열 ^韓

· 熱氣 열기
· 熱心 열심
· 熱情 열정

热
rè ^中

· 热情 rèqíng 열정적이다
· 热爱 rè'ài 열애하다
· 热烈 rèliè 열렬하다

熱
음 ねつ
훈 あつい ^日

□ 情熱 じょうねつ 정열
□ 熱心 ねっしん 열심
□ 熱意 ねつい 열의

733	
增 韓 더할 증	· 增加 증가 · 增大 증대 · 急增 급증
增 中 zēng	· 遞增 dìzēng 점점 늘다 · 增加 zēngjiā 증가하다 · 增强 zēngqiáng 　증강하다, 강화하다
增 日 음 ぞう 훈 ます·ふえる· ふやす	□ 增大 ぞうだい 증대 □ 增加 ぞうか 증가 □ 急增 きゅうぞう 급증

734	
調 韓 고를 조	· 調查 조사 · 强調 강조 · 順調 순조
调 中 diào/tiáo	· 强调 qiángdiào 강조하다 · 调查 diàochá 조사하다 · 调整 tiáozhěng 조정하다
調 日 음 ちょう 훈 しらべる· ととのう·ととのえる	□ 調查 ちょうさ 조사 □ 調節 ちょうせつ 조절 □ 調子 ちょうし 상태

735	
請 韓 청할 청	· 請婚 청혼 · 申請 신청 · 招請 초청
请 中 qǐng	· 申请 shēnqǐng 신청하다 · 邀请 yāoqǐng 초청하다 · 请求 qǐngqiú 요청하다
請 日 음 せい·しん· しょう 훈 こう·うける	□ 請求 せいきゅう 청구 □ 請願 せいがん 청원 □ 申請 しんせい 신청

736	
德 韓 덕 덕	· 道德 도덕 · 福德 복덕 · 背恩忘德 배은망덕
德 中 dé	· 道德 dàodé 도덕, 윤리 · 品德 pǐndé 인품과 덕성 · 功德 gōngdé 공덕
德 日 음 とく	□ 道德 どうとく 도덕 □ 美德 びとく 미덕 □ 德行 とっこう 덕행

737

談 말씀 담 ^韓
- 眞談 진담
- 俗談 속담
- 面談 면담

谈 tán ^中
- 谈判 tánpàn 담판하다
- 面谈 miàntán 면담하다
- 谈话 tánhuà 이야기하다

談 음 だん ^日
- ☐ 相談 そうだん 상담
- ☐ 談笑 だんしょう 담소
- ☐ 座談 ざだん 좌담

738

價 값 가 ^韓
- 價格 가격
- 價值 가치
- 評價 평가

价 jià ^中
- 价格 jiàgé 가격, 값
- 价值 jiàzhí 가치, 값어치
- 评价 píngjià 평가하다

価 음 か 훈 あたい ^日
- ☐ 価格 かかく 가격
- ☐ 高価 こうか 고가
- ☐ 物価 ぶっか 물가

739

養 기를 양 ^韓
- 修養 수양
- 扶養 부양
- 培養 배양

养 yǎng ^中
- 培养 péiyǎng 배양하다
- 营养 yíngyǎng 영양
- 养成 yǎngchéng 길러지다

養 음 よう 훈 やしなう ^日
- ☐ 養成 ようせい 양성
- ☐ 教養 きょうよう 교양
- ☐ 培養 ばいよう 배양

740

樂 풍류 악 즐길 락 좋아할 요 ^韓
- 樂器 악기
- 苦樂 고락
- 樂山樂水 요산요수

乐 yuè/lè ^中
- 音乐 yīnyuè 음악
- 快乐 kuàilè 즐겁다
- 乐观 lèguān 낙관적이다

楽 음 がく・らく 훈 たのしい・たのしむ ^日
- ☐ 音楽 おんがく 음악
- ☐ 楽器 がっき 악기
- ☐ 楽譜 がくふ 악보

741

敵 韓 원수 적	· 敵對 적대 · 敵手 적수 · 仁者無敵 인자무적
敌 中 dí	· 敌人 dírén 적 · 敌视 díshì 적대시하다
敵 日 음 てき 훈 かたき	□ 強敵 きょうてき 강적 □ 無敵 むてき 무적 □ 敵軍 てきぐん 적군

742

誰 韓 누구 수	· 誰何 수하
谁 中 shéi	· 谁人 shéirén 누구 · 谁家 shéijiā 누구 집, 어느 집
誰 日 음 すい 훈 だれ	□ 誰何 すいか 수하 ■ 誰か だれか 누군가

743

賣 韓 팔 매	· 賣出 매출 · 賣店 매점 · 販賣 판매
卖 中 mài	· 小卖 xiǎomài 소매하다 · 买卖 mǎimai 매매, 사업 · 販卖 fànmài 판매하다
売 日 음 ばい·まい 훈 うる·うれる	□ 売店 ばいてん 매점 □ 売買 ばいばい 매매 □ 商売 しょうばい 장사

744

課 韓 매길 과	· 課題 과제 · 課稅 과세 · 放課 방과
课 中 kè	· 课程 kèchéng 교육과정 · 课题 kètí 과제, 프로젝트 · 上课 shàngkè 수업하다
課 日 음 か	□ 課題 かだい 과제 □ 課程 かてい 과정 □ 課長 かちょう 과장

億 억 억	· 億臺 억대 · 億兆 억조 · 億萬長者 억만장자
亿 yì	· 亿万 yìwàn 억만, 셀 수 없이 많은 수 · 十亿 shíyì 십억
億 음 おく·おっ	☐ 一億 いちおく 일억 ☐ 億兆 おくちょう 억조 ☐ 億万長者 ちょうじゃ 억만장자

齒 이 치	· 齒科 치과 · 蟲齒 충치 · 齒石 치석
齿 chǐ	· 牙齿 yáchǐ 치아 · 年齿 niánchǐ 나이 · 切齿 qièchǐ 이를 갈다, 원한이 사무치다
歯 음 し 훈 は·よわい	☐ 歯科 しか 치과 ■ 虫歯 むしば 충치 ■ 歯車 はぐるま 톱니바퀴

慶 경사 경	· 慶祝 경축 · 慶事 경사 · 慶弔 경조
庆 qìng	· 庆祝 qìngzhù 경축하다 · 国庆节 guóqìngjié 국경일, 건국기념일
慶 음 けい 훈 よろこぶ	☐ 慶事 けいじ 경사 ☐ 慶祝 けいしゅく 경축 ☐ 慶弔費 けいちょうひ 경조비

暴 사나울 폭/포	· 暴雨 폭우 · 暴惡 포악 · 自暴自棄 자포자기
暴 bào	· 暴力 bàolì 폭력 · 暴露 bàolù 폭로하다 · 风暴 fēngbào 폭풍
暴 음 ばく·ぼう 훈 あばく·あばれる	☐ 暴力 ぼうりょく 폭력 ☐ 暴行 ぼうこう 폭행 ☐ 暴落 ぼうらく 폭락

749

潔
깨끗할 결

- 清潔 청결
- 潔白 결백
- 簡潔 간결

洁
jié

- 清洁 qīngjié 청결하다
- 纯洁 chúnjié 순결하다
- 洁白 jiébái 새하얗다

潔

音 けつ
訓 いさぎよい

- 清潔 せいけつ 청결
- 純潔 じゅんけつ 순결
- 簡潔 かんけつ 간결

750

賞
상줄 상

- 賞品 상품
- 賞狀 상장
- 受賞 수상

賞
shǎng

- 观赏 guānshǎng 감상하다
- 赏罚 shǎngfá 상벌
- 奖赏 jiǎngshǎng 포상하다

賞

音 しょう
訓 ほめる・めでる

- 賞金 しょうきん 상금
- 賞品 しょうひん 상품
- 入賞 にゅうしょう 입상

751

憂
근심 우

- 憂國 우국
- 識字憂患 식자우환

忧
yōu

- 忧郁 yōuyù 우울하다
- 忧虑 yōulǜ 우려하다

憂

音 ゆう
訓 うい・うれい
うれえる

- 憂鬱 ゆううつ 우울
- 杞憂 きゆう 기우
- 憂慮 ゆうりょ 우려

752

寫
베낄 사

- 複寫 복사
- 寫眞 사진
- 試寫會 시사회

写
xiě

- 描写 miáoxiě 묘사하다
- 写作 xiězuò 글을 짓다

写

音 しゃ
訓 うつす・うつる

- 写真 しゃしん 사진
- 写本 しゃほん 사본
- 描写 びょうしゃ 묘사

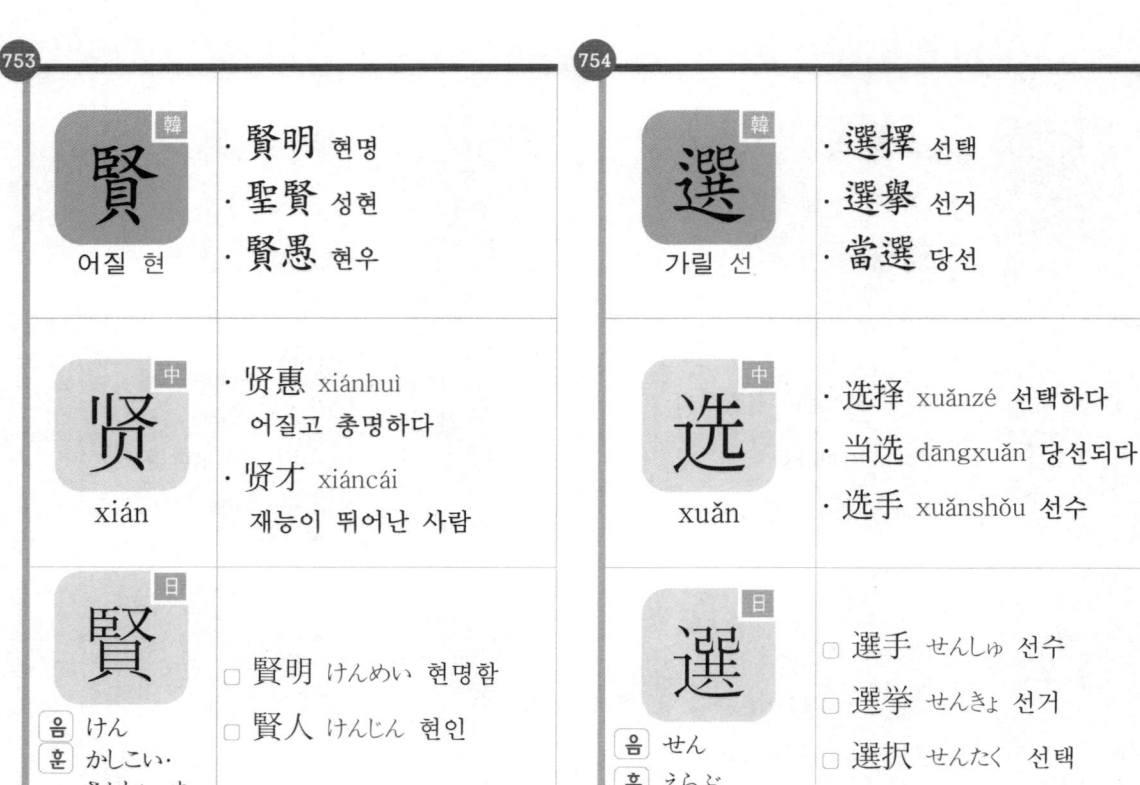

753

韓 **賢** 어질 현	· 賢明 현명 · 聖賢 성현 · 賢愚 현우
中 **贤** xián	· 贤惠 xiánhuì 어질고 총명하다 · 贤才 xiáncái 재능이 뛰어난 사람
日 **賢** 음 けん 훈 かしこい·さかしい·ま	□ 賢明 けんめい 현명함 □ 賢人 けんじん 현인

754

韓 **選** 가릴 선	· 選擇 선택 · 選擧 선거 · 當選 당선
中 **选** xuǎn	· 选择 xuǎnzé 선택하다 · 当选 dāngxuǎn 당선되다 · 选手 xuǎnshǒu 선수
日 **選** 음 せん 훈 えらぶ	□ 選手 せんしゅ 선수 □ 選挙 せんきょ 선거 □ 選択 せんたく 선택

755

韓 **諸** 모든 제	· 諸君 제군 · 諸侯 제후 · 諸島 제도
中 **诸** zhū	· 诸位 zhūwèi 여러분 · 诸侯 zhūhóu 제후
日 **諸** 음 しょ 훈 もろもろ	□ 諸国 しょこく 여러 나라 □ 諸君 しょくん 여러분 □ 諸島 しょとう 여러 섬

756

韓 **遺** 남길 유	· 遺言 유언 · 遺産 유산 · 遺傳 유전
中 **遗** yí	· 遗产 yíchǎn 유산 · 遗失 yíshī 유실하다 · 遗憾 yíhàn 유감이다
日 **遺** 음 い·ゆい 훈 のこす	□ 遺産 いさん 유산 □ 遺言 ゆいごん 유언 □ 遺跡 いせき 유적

757	
學 배울 학 ^韓	· 學校 학교 · 科學 과학 · 學父母 학부모
学 xué ^中	· 同学 tóngxué 동창 · 学生 xuésheng 학생 · 学习 xuéxí 학습하다
学 음 がく 훈 まなぶ ^日	□ 入学 にゅうがく 입학 □ 大学 だいがく 대학교 □ 数学 すうがく 수학

758	
頭 머리 두 ^韓	· 頭目 두목 · 話頭 화두 · 羊頭狗肉 양두구육
头 tóu ^中	· 头发 tóufa 두발 · 骨头 gǔtou 뼈 · 口头 kǒutóu 구두, 말로 나타내다
頭 음 ず·と·とう 훈 あたま·かしら ^日	□ 頭角 とうかく 두각 □ 口頭 こうとう 구두 □ 頭痛 ずつう 두통

759	
戰 싸움 전 ^韓	· 戰爭 전쟁 · 挑戰 도전 · 山戰水戰 산전수전
战 zhàn ^中	· 战争 zhànzhēng 전쟁 · 挑战 tiǎozhàn 도전 · 战略 zhànlüè 전략
戰 음 せん 훈 いくさ· おののく ^日	□ 作戦 さくせん 작전 □ 挑戦 ちょうせん 도전 □ 戦略 せんりゃく 전략

760	
親 친할 친 ^韓	· 親愛 친애 · 親近 친근 · 親舊 친구
亲 qīn ^中	· 母亲 mǔqīn 모친 · 亲爱 qīn'ài 친애하다 · 亲密 qīnmì 친밀하다
親 음 しん 훈 おや· したしい·したしむ ^日	□ 親戚 しんせき 친척 □ 親切 しんせつ 친절 ■ 親子 おやこ 부모자식

761

樹 나무 수 韓
· 樹木 수목
· 針葉樹 침엽수
· 街路樹 가로수

树 shù 中
· 树立 shùlì 수립하다
· 树木 shùmù 수목
· 果树 guǒshù 과수

樹 日
음 じゅ
훈 き·たてる
☐ 樹木 じゅもく 수목
☐ 樹立 じゅりつ 수립
☐ 街路樹 がいろじゅ 가로수

762

錢 돈 전 韓
· 葉錢 엽전
· 銅錢 동전
· 換錢 환전

钱 qián 中
· 本钱 běnqián 본전, 밑천
· 金钱 jīnqián 금전, 화폐
· 零钱 língqián 잔돈, 푼돈

錢 日
음 せん
훈 ぜに
☐ 金錢 きんせん 금전
☐ 錢湯 せんとう 대중목욕탕
■ 小錢 こぜに 잔돈

763

興 일어날 흥 韓
· 振興 진흥
· 興味 흥미
· 復興 부흥

兴 xìng/xīng 中
· 高兴 gāoxìng 기쁘다
· 复兴 fùxīng 부흥하다
· 兴奋 xīngfèn 흥분하다, 불러일으키다

興 日
음 きょう·こう
훈 おこす·おこる
☐ 興味 きょうみ 흥미
☐ 余興 よきょう 여흥
☐ 興奮 こうふん 흥분

764

餘 남을 여 韓
· 餘力 여력
· 餘波 여파
· 窮餘之策 궁여지책

余 yú 中
· 业余 yèyú 업무 외
· 残余 cányú 잔존하다
· 其余 qíyú 나머지

余 日
음 よ
훈 あます·あまる
☐ 余裕 よゆう 여유
☐ 余韻 よいん 여운
☐ 余命 よめい 여명

765

獨
홀로 독

· 獨立 독립
· 孤獨 고독
· 單獨 단독

独
dú

· 单独 dāndú 단독으로
· 独立 dúlì 독립하다
· 独特 dútè 독특하다

独
음 どく
훈 ひとり

☐ 独立 どくりつ 독립
☐ 独身 どくしん 독신
☐ 孤独 こどく 고독

766

橋
다리 교

· 陸橋 육교
· 橋脚 교각
· 鐵橋 철교

桥
qiáo

· 天桥 tiānqiáo 육교
· 桥梁 qiáoliáng 교량, 중개자

橋
음 きょう
훈 はし

☐ 鉄橋 てっきょう 철교
☐ 歩道橋 ほどうきょう 육교
☐ 橋梁 きょうりょう 교량

767

燈
등잔 등

· 電燈 전등
· 燈臺 등대
· 街路燈 가로등

灯
dēng

· 灯光 dēngguāng 불빛
· 电灯 diàndēng 전등
· 灯标 dēngbiāo 표시등, 네온간판

灯
음 とう
훈 ひ・ともしび

☐ 灯台 とうだい 등대
☐ 電灯 でんとう 전등
☐ 点灯 てんとう 점등

768

靜
고요할 정

· 鎭靜 진정
· 冷靜 냉정
· 安靜 안정

静
jìng

· 平静 píngjìng 고요하다
· 冷静 lěngjìng 냉정하다
· 安静 ānjìng 안정되다, 조용하다

静
음 せい・じょう
훈 しず・しずか・しずまる・しずめる

☐ 平静 へいせい 평정
☐ 冷静 れいせい 냉정
☐ 静電気 せいでんき 정전기

769

憶 韓
생각할 억

- 記憶 기억
- 追憶 추억

忆 中
yì

- 回忆 huíyì 회상하다
- 记忆 jìyì 기억하다

憶 日
음 おく
훈 おもう

- ☐ 記憶 きおく 기억
- ☐ 追憶 ついおく 추억

770

歷 韓
지낼 력

- 歷史 역사
- 經歷 경력
- 履歷 이력

历 中
lì

- 历史 lìshǐ 역사
- 学历 xuélì 학력
- 经历 jīnglì 경력, 몸소 겪다

歷 日
음 れき
훈 へる

- ☐ 歷史 れきし 역사
- ☐ 学歷 がくれき 학력
- ☐ 経歷 けいれき 경력

771

應 韓
응할 응

- 應試 응시
- 呼應 호응
- 適應 적응

应 中
yīng/yìng

- 应该 yīnggāi ~해야 한다
- 适应 shìyìng 적응하다
- 反应 fǎnyìng 반응

応 日
음 おう
훈 こたえる

- ☐ 応援 おうえん 응원
- ☐ 応答 おうとう 응답
- ☐ 呼応 こおう 호응

772

聲 韓
소리 성

- 聲樂 성악
- 音聲 음성
- 名聲 명성

声 中
shēng

- 声音 shēngyīn 소리
- 声调 shēngdiào 성조
- 名声 míngshēng 명성

声 日
음 せい·しょう
훈 こえ·こわ

- ☐ 声楽 せいがく 성악
- ☐ 音声 おんせい 음성
- ■ 大声 おおごえ 큰목소리

773

講 익힐 강	· 講義 강의 · 講堂 강당 · 開講 개강
讲 jiǎng	· 讲究 jiǎngjiu 중요시하다 · 讲座 jiǎngzuò 강좌 · 演讲 yǎnjiǎng 강연
講 음 こう	☐ 講義 こうぎ 강의 ☐ 講演 こうえん 강연 ☐ 休講 きゅうこう 휴강

774

鮮 고울 선	· 新鮮 신선 · 鮮明 선명 · 朝鮮 조선
鲜 xiān	· 新鲜 xīnxiān 신선하다 · 海鲜 hǎixiān 해산물 · 鲜明 xiānmíng 선명하다
鮮 음 せん 훈 あざやか· せんめい	☐ 鮮明 せんめい 선명함 ☐ 新鮮 しんせん 신선함 ☐ 鮮魚 せんぎょ 신선한 생선

775

謝 사례할 사	· 感謝 감사 · 謝禮 사례 · 厚謝 후사
谢 xiè	· 谢谢 xièxie 감사합니다 · 感谢 gǎnxiè 감사하다 · 谢绝 xièjué 사절하다
謝 음 しゃ 훈 あやまる	☐ 感謝 かんしゃ 감사 ☐ 謝罪 しゃざい 사죄 ☐ 謝絶 しゃぜつ 사절

776

點 점 점	· 弱點 약점 · 點數 점수 · 點燈 점등
点 diǎn	· 地点 dìdiǎn 지점, 위치 · 缺点 quēdiǎn 결점, 단점 · 特点 tèdiǎn 특징, 특색
点 음 てん 훈 つく·つける· ともす	☐ 弱点 じゃくてん 약점 ☐ 点火 てんか 점화 ☐ 点数 てんすう 점수

777

韓
나라이름 한

- 韓國 한국
- 韓牛 한우
- 韓半島 한반도

韩
Hán

- 韩服 hánfú 한복
- 韩国 Hánguó 한국

韓
음 かん
훈 から

- ☐ 韓国 かんこく 한국
- ☐ 韓国語 かんこくご 한국어
- ☐ 訪韓 ほうかん 방한

778

舊
예 구

- 親舊 친구
- 舊面 구면
- 復舊 복구

旧
jiù

- 旧式 jiùshì 구식, 재래식
- 陈旧 chénjiù 낡다

旧
음 きゅう
훈 ふるい

- ☐ 復旧 ふっきゅう 복구
- ☐ 新旧 しんきゅう 신구
- ☐ 旧式 きゅうしき 구식

779

題
제목 제

- 主題 주제
- 問題 문제
- 命題 명제

题
tí

- 问题 wèntí 문제
- 话题 huàtí 화제
- 主题 zhǔtí 주제

題
음 だい

- ☐ 問題 もんだい 문제
- ☐ 宿題 しゅくだい 숙제
- ☐ 主題 しゅだい 주제

780

醫
의원 의

- 醫師 의사
- 醫員 의원
- 名醫 명의

医
yī

- 医生 yīshēng 의사, 의원
- 医院 yīyuàn 병원

医
음 い
훈 いやす

- ☐ 医師 いし 의사
- ☐ 医学 いがく 의학
- ☐ 医院 いいん 의원

781

歸 韓
돌아갈 귀

- **歸家** 귀가
- **歸省** 귀성
- **歸鄉** 귀향

归 中
guī

- 归还 guīhuán 돌려주다, 반환하다
- 归纳 guīnà 귀납하다, 종합하다

帰 日
음 き
훈 かえる・かえす

- 帰国 きこく 귀국
- 帰化 きか 귀화
- 復帰 ふっき 복귀

782

蟲 韓
벌레 충

- **蟲齒** 충치
- **病蟲害** 병충해
- **寄生蟲** 기생충

虫 中
chóng

- 害虫 hàichóng 해충
- 昆虫 kūnchóng 곤충

虫 日
음 ちゅう
훈 むし

- 害虫 がいちゅう 해충
- 昆虫 こんちゅう 곤충
- 虫歯 むしば 충치

783

禮 韓
예도 례

- **答禮** 답례
- **失禮** 실례
- **謝禮** 사례

礼 中
lǐ

- 礼物 lǐwù 예물, 선물
- 婚礼 hūnlǐ 혼례
- 敬礼 jìnglǐ 경례하다

礼 日
음 れい・らい

- 失礼 しつれい 실례
- 無礼 ぶれい 무례
- 礼賛 らいさん 예찬

784

擧 韓
들 거

- **擧論** 거론
- **擧手** 거수
- **一擧兩得** 일거양득

举 中
jǔ

- 举行 jǔxíng 거행하다
- 列举 lièjǔ 열거하다
- 举办 jǔbàn 거행하다, 개최하다

挙 日
음 きょ
훈 あがる・あげる

- 選挙 せんきょ 선거
- 挙手 きょしゅ 거수
- 快挙 かいきょ 쾌거

785 關

관계할 관

- 相關 상관
- 關稅 관세
- 無關心 무관심

关 guān

- 关系 guānxi 관계
- 关心 guānxīn 관심을 갖다
- 相关 xiāngguān 상관이 있다

関

- 음 かん
- 훈 せき

- ☐ 玄関 げんかん 현관
- ☐ 関心 かんしん 관심
- ■ 関所 せきしょ 관문

786 難

어려울 난

- 難解 난해
- 非難 비난
- 多事多難 다사다난

难 nán/nàn

- 困难 kùnnán 곤란
- 难免 nánmiǎn 면하기 어렵다
- 灾难 zāinàn 재난, 재해

難

- 음 なん
- 훈 かたい・むずかしい

- ☐ 困難 こんなん 곤란
- ☐ 非難 ひなん 비난
- ☐ 災難 さいなん 재난

787 藝

재주 예

- 藝術 예술
- 書藝 서예
- 演藝人 연예인

艺 yì

- 艺术 yìshù 예술
- 文艺 wényì 문예
- 工艺品 gōngyìpǐn 공예품

芸

- 음 げい
- 훈 うえる・わざ

- ☐ 芸術 げいじゅつ 예술
- ☐ 芸能人 げいのうじん 연예인
- ☐ 文芸 ぶんげい 문예

788 藥

약 약

- 藥局 약국
- 藥品 약품
- 賜藥 사약

药 yào

- 火药 huǒyào 화약
- 中药 zhōngyào 중국의약
- 服药 fúyào 약을 복용하다

薬

- 음 やく
- 훈 くすり

- ☐ 薬草 やくそう 약초
- ☐ 薬局 やっきょく 약국
- ■ 目薬 めぐすり 안약

識 韓 알 식	· 知識 지식 · 常識 상식 · 意識 의식
识 中 shí	· 认识 rènshi 인식하다 · 知识 zhīshi 지식, 지적인 · 常识 chángshí 상식
識 日 음 しき 훈 しる	□ 意識 いしき 의식 □ 知識 ちしき 지식 □ 常識 じょうしき 상식

證 韓 증거 증	· 證人 증인 · 證明 증명 · 檢證 검증
证 中 zhèng	· 保证 bǎozhèng 보증하다 · 证书 zhèngshū 증서 · 证明 zhèngmíng 증명하다
証 日 음 しょう 훈 あかし	□ 証明 しょうめい 증명 □ 保証 ほしょう 보증 □ 証人 しょうにん 증인

願 韓 원할 원	· 祈願 기원 · 所願 소원 · 志願書 지원서
愿 中 yuàn	· 自愿 zìyuàn 자원하다 · 愿望 yuànwàng 희망 · 志愿者 zhìyuànzhě 지원자
願 日 음 がん·げん 훈 ねがう	□ 願書 がんしょ 원서 □ 念願 ねんがん 염원 □ 願望 がんぼう 소원

勸 韓 권할 권	· 勸告 권고 · 強勸 강권 · 勸善懲惡 권선징악
劝 中 quàn	· 劝告 quàngào 권고하다 · 劝酒 quànjiǔ 술을 권하다
勧 日 음 かん 훈 すすめる	□ 勧誘 かんゆう 권유 □ 勧告 かんこく 권고

793

議 의논할 의

· 議論 의논
· 相議 상의
· 討議 토의

议 yì

· 会议 huìyì 회의
· 建议 jiànyì 건의하다
· 抗议 kàngyì 항의하다

議 음 ぎ

□ 会議 かいぎ 회의
□ 議論 ぎろん 의논
□ 協議 きょうぎ 협의

794

嚴 엄할 엄

· 嚴格 엄격
· 嚴罰 엄벌
· 威嚴 위엄

严 yán

· 严格 yángé 엄격하다
· 尊严 zūnyán 존엄하다
· 严重 yánzhòng
  위급하다, 심각하다

厳 음 げん 훈 おごそか

□ 厳重 げんじゅう 엄중
□ 厳密 げんみつ 엄밀
□ 厳守 げんしゅ 엄수

795

鐘 쇠북 종

· 自鳴鐘 자명종
· 鐘乳石 종유석

钟 zhōng

· 分钟 fēnzhōng 분
· 钟表 zhōngbiǎo 시계
· 钟点 zhōngdiǎn 시각,
  시간

鐘 음 しょう 훈 かね

□ 警鐘 けいしょう 경종
□ 自鳴鐘 じめいしょう 자명종
□ 鐘声 しょうせい 종소리

796

競 다툴 경

· 競技 경기
· 競走 경주
· 競爭 경쟁

竞 jìng

· 竞争 jìngzhēng 경쟁하다
· 竞技 jìngjì
  기예를 겨루다
· 竞选 jìngxuǎn
  경선활동을 하다

競 음 きょう·けい 훈 きそう·せる

□ 競争 きょうそう 경쟁
□ 競技 きょうぎ 경기
□ 競馬 けいば 경마

797	
露 韓 이슬 로	· 露宿 노숙 · 暴露 폭로 · 露出 노출
露 中 lù	· 暴露 bàolù 폭로하다 · 泄露 xièlù 누설하다 · 透露 tòulù 넌지시 드러내다
露 日 음 ろ·ろう 훈 つゆ· あらわれる	☐ 露出 ろしゅつ 노출 ☐ 露骨 ろこつ 노골 ☐ 露天 ろてん 노천

798	
鐵 韓 쇠 철	· 鐵道 철도 · 鐵面皮 철면피 · 地下鐵 지하철
铁 中 tiě	· 地铁 dìtiě 지하철 · 钢铁 gāngtiě 강철 · 铁板 tiěbǎn 철판
鉄 日 음 てつ 훈 くろがね	☐ 鉄道 てつどう 철도 ☐ 鉄分 てつぶん 철분 ☐ 鉄棒 てつぼう 철봉

799	
續 韓 이을 속	· 相續 상속 · 連續 연속 · 持續 지속
续 中 xù	· 継续 jìxù 계속하다 · 持续 chíxù 지속하다 · 手续 shǒuxù 수속, 절차
続 日 음 ぞく·しょく 훈 つづく· つづける	☐ 連続 れんぞく 연속 ☐ 接続 せつぞく 접속 ☐ 継続 けいぞく 계속

800	
權 韓 권세 권	· 權利 권리 · 權益 권익 · 政權 정권
权 中 quán	· 权利 quánlì 권리 · 权力 quánlì 권력 · 权威 quánwēi 권위
権 日 음 けん·ごん	☐ 権利 けんり 권리 ☐ 権力 けんりょく 권력 ☐ 人権 じんけん 인권

801

歡 韓
기쁠 환

- 歡迎 환영
- 歡送 환송
- 歡待 환대

欢 中
huān

- 喜欢 xǐhuan 좋아하다
- 欢迎 huānyíng 환영하다
- 欢乐 huānlè 즐겁다

歓 日

- 歓喜 かんき 환희
- 歓送 かんそう 환송
- 歓迎 かんげい 환영

음 かん
훈 よろこぶ

802

聽 韓
들을 청

- 聽取 청취
- 聽衆 청중
- 愛聽者 애청자

听 中
tīng

- 倾听 qīngtīng 경청하다
- 听话 tīnghuà 말을 듣다, 순종하다

聴 日

- 聴解 ちょうかい 청해
- 聴衆 ちょうしゅう 청중
- 愛聴 あいちょう 애청

음 ちょう
훈 きく・ゆるす

803

讀 韓
읽을 독
구절 두

- 讀書 독서
- 必讀 필독
- 句讀 구두

读 中
dú

- 阅读 yuèdú 보다
- 朗读 lǎngdú 낭독하다
- 默读 mòdú 묵독하다

読 日

- 読書 どくしょ 독서
- 読者 どくしゃ 독자
- 朗読 ろうどく 낭독

음 とう・とく・どく
훈 よむ

804

驚 韓
놀랄 경

- 驚異 경이
- 驚歎 경탄
- 驚天動地 경천동지

惊 中
jīng

- 吃惊 chījīng 놀라다
- 惊讶 jīngyà 의아스럽다
- 惊慌 jīnghuāng 놀라 허둥대다

驚 日

- 驚異 きょうい 경이
- 驚愕 きょうがく 경악
- 驚嘆 きょうたん 경탄

음 きょう
훈 おどろかす・おどろく

805

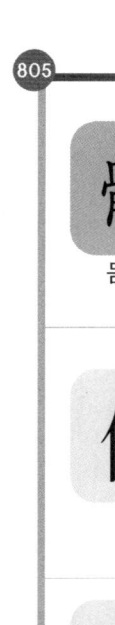

體 몸 체

- 體育 체육
- 媒體 매체
- 體溫 체온

体 tǐ

- 身体 shēntǐ 신체, 건강
- 体育 tǐyù 체육, 운동
- 具体 jùtǐ 구체적이다

体
음 たい·てい
훈 からだ

- ☐ 体育 たいいく 체육
- ☐ 体温 たいおん 체온
- ☐ 体重 たいじゅう 체중

806

變 변할 변

- 變化 변화
- 變更 변경
- 變形 변형

变 biàn

- 变化 biànhuà 변화하다
- 变迁 biànqiān 변천하다
- 变质 biànzhì 변질되다

変
음 へん
훈 かわる·かえる

- ☐ 変化 へんか 변화
- ☐ 変更 へんこう 변경
- ☐ 変色 へんしょく 변색

807

讓 사양할 양

- 辭讓 사양
- 分讓 분양
- 讓步 양보

让 ràng

- 让步 ràngbù 양보하다
- 谦让 qiānràng 겸양하다

讓
음 じょう
훈 ゆずる

- ☐ 謙讓 けんじょう 겸양
- ☐ 讓渡 じょうと 양도
- ☐ 讓步 じょうほ 양보

808

觀 볼 관

- 觀光 관광
- 觀察 관찰
- 客觀的 객관적

观 guān

- 参观 cānguān 참관하다
- 观众 guānzhòng 관중
- 观察 guānchá 관찰하다

観
음 かん
훈 みる

- ☐ 観光 かんこう 관광
- ☐ 観察 かんさつ 관찰
- ☐ 観測 かんそく 관측

부 록

- 韓中日 공용한자 자격시험 연습문제 (2회분)

- 색인

韓中日 공용한자 자격시험 연습문제 [1회]

객관식 [50문항]

[1~5] 다음 한자의 뜻으로 옳은 것은?

1. [送]　　① 멀다　　② 나아가다　　③ 보내다　　④ 가깝다
2. [除]　　① 나　　② 그늘　　③ 덜다　　④ 비끼다
3. [師]　　① 장수　　② 스승　　③ 물러나다　　④ 가르치다
4. [改]　　① 열다　　② 고치다　　③ 던지다　　④ 용서하다
5. [庭]　　① 뜰　　② 관청　　③ 자리　　④ 법도

[6~10] 다음 한자의 음으로 옳은 것은?

6. [究]　　① 공　　② 창　　③ 밀　　④ 구
7. [射]　　① 신　　② 주　　③ 사　　④ 촌
8. [停]　　① 형　　② 향　　③ 경　　④ 정
9. [浮]　　① 유　　② 란　　③ 부　　④ 청
10. [婚]　　① 부　　② 혼　　③ 씨　　④ 처

[11~14] 다음 간체자의 번체자로 알맞은 것은?

11. [历]　　① 歷　　② 原　　③ 序　　④ 廳
12. [个]　　① 念　　② 令　　③ 個　　④ 介
13. [欢]　　① 歡　　② 歌　　③ 欲　　④ 次
14. [旧]　　① 明　　② 與　　③ 舊　　④ 龜

[15~18] 다음 번체자의 간체자로 알맞은 것은?

15. [漢] ① 汉 ② 汗 ③ 汀 ④ 让
16. [實] ① 守 ② 实 ③ 审 ④ 宁
17. [認] ① 认 ② 计 ③ 论 ④ 讲
18. [陰] ① 队 ② 阴 ③ 险 ④ 阳

[19~22] 다음 일본어 약자에 해당하는 정자는?

19. [会] ① 雲 ② 會 ③ 尊 ④ 藝
20. [対] ① 射 ② 將 ③ 村 ④ 對
21. [変] ① 變 ② 夏 ③ 宗 ④ 麥
22. [鉄] ① 錢 ② 銀 ③ 鐵 ④ 鏡

[23~26] 다음 정자에 해당하는 일본어 약자는?

23. [壽] ① 麦 ② 寿 ③ 奏 ④ 尽
24. [關] ① 閑 ② 開 ③ 閉 ④ 関
25. [傳] ① 位 ② 伝 ③ 価 ④ 倹
26. [圓] ① 円 ② 団 ③ 員 ④ 元

[27~34] 다음 한자어의 독음으로 옳은 것은?

27. [保守] ① 보수 ② 공수 ③ 공실 ④ 보호
28. [存在] ① 생존 ② 존재 ③ 좌우 ④ 존좌
29. [意見] ① 의견 ② 음표 ③ 의패 ④ 음식
30. [立地] ① 위험 ② 대지 ③ 입지 ④ 위치
31. [特別] ① 지척 ② 특수 ③ 대별 ④ 특별
32. [解決] ① 해결 ② 각별 ③ 격앙 ④ 해변
33. [革新] ① 혁대 ② 혁신 ③ 개신 ④ 관대
34. [競走] ① 경기 ② 질주 ③ 경주 ④ 경쟁

35. 매일 아침 <u>运动</u>을 한다.

① ānquán ② zhèndòng ③ yùnzhuǎn ④ yùndòng

36. 외국으로 <u>留学</u> 갈 기회가 생겼다.

① liúxué ② kāixué ③ tóngxué ④ shùxué

37. 중국의 <u>首都</u>는 베이징이다.

① shuǐlù ② chùdōu ③ dàdū ④ shǒudū

38. 불가능한 일에 너무 <u>执着</u>하지 말아라.

① zháodì ② zháojí ③ zhízhuó ④ jiēzhe

39. <u>孙子</u>의 재롱에 웃음꽃이 피었다.

① nánzǐ ② háizi ③ sūnzi ④ nǚzǐ

40. 열띤 <u>応援</u>에 힘입어 우리 팀은 우승을 차지했다.

① おうえん ② おうせつ ③ おうたい ④ たいおう

41. <u>新緑</u>의 계절 5월이 되었다.

① かぞく ② しんいり ③ りょこう ④ しんりょく

42. 휴대폰 기기를 바꾸고 전화 <u>番号</u>가 변경되었다.

① しょうごう ② ばんごう ③ ばんち ④ しんごう

43. 부귀와 <u>栄華</u>를 누렸다.

① えいこう ② ふつう ③ めいよ ④ えいが

44. 신문에 구인 <u>広告</u>를 냈다.

① ほうこく ② ふこく ③ こうこく ④ こうぞう

45. 작년

　① 去年　　　　② 来年　　　　③ 前年　　　　④ 後年

46. 회사

　① 会场　　　　② 工程　　　　③ 公司　　　　④ 公事

47. 오늘

　① 今天　　　　② 今年　　　　③ 现日　　　　④ 只天

48. 지름길

　① 神道　　　　② 近所　　　　③ 近道　　　　④ 柔道

49. 말, 언어

　① 主語　　　　② 方言　　　　③ 放言　　　　④ 言葉

50. 첫사랑

　① 初恋　　　　② 恋愛　　　　③ 片恋　　　　④ 失恋

주관식 [30문항]

[주1~주5] 훈음에 맞는 한자를 쓰시오.

주1. 법　전　　（　　　　）

주2. 저　피　　（　　　　）

주3. 가지 지　　（　　　　）

주4. 날　비　　（　　　　）

주5. 소리 음　　（　　　　）

[주6~주10] 다음 한어병음 및 일본어 읽기에 해당하는 한자를 쓰시오.

구분	한자	중국어 읽기	일본어 읽기
주6.	( )	yóu	あぶら
주7.	( )	quán	いずみ
주8.	( )	dǎo	しま
주9.	( )	diàn	みせ
주10.	( )	gē	うた

[주11~주15] 한자에 해당하는 중국어 간체자와 일본어 약자를 쓰시오.

구분	한자(韓)	간체자(中)	약자(日)
주11.	經	经	( )
주12.	勢	( )	勢
주13.	遠	( )	遠
주14.	鄉	( )	郷
주15.	齒	齿	( )

주16. 쾌적: 기분이 상쾌하고 즐거움.   (   )

주17. 기능: 기술적인 능력 또는 재능.   (   )

주18. 차례: 순서 있게 구분하여 벌여 나가는 관계.   (   )

주19. 하필: 다른 방도를 취하지 아니하고 어찌하여 꼭.   (   )

주20. 작가: 문학이나 예술의 창작 활동을 전문으로 하는 사람.

(   )

주21. fāyán : 의견을 발표함.   (   )

주22. xiézhù : 힘을 보태어 도움.   (   )

주23. liánghǎo : 대단히 좋음. 매우 훌륭함.   (   )

주24. kùnnan : 사정이 몹시 딱하고 어려움.   (   )

주25. xiànzài: 지금의 시간. 지금의 이 시점에.   (   )

주26. みらい : 아직 오지 않은 때.   (   )

주27. せいこう: 목적하는 바를 이룸.   (   )

주28. こうはん: 전체를 반씩 둘로 나눈 것의 뒤쪽 반.   (   )

주29. しんせい: 단체나 기관에 어떠한 일이나 물건을 알려 청구함.

(   )

주30. りょこう: 일이나 유람을 목적으로 다른 고장이나 외국에 가는 일.

(   )

韓中日 공용한자 자격시험 연습문제 [2회]

객관식 [50문항]

[1~5] 다음 한자의 뜻으로 옳은 것은?

1. [輕] ① 지나다 ② 연하다 ③ 가볍다 ④ 지름길
2. [浪] ① 물결 ② 사내 ③ 밝다 ④ 어질다
3. [扶] ① 뜨다 ② 돕다 ③ 떨치다 ④ 면하다
4. [傷] ① 장 ② 배 ③ 태양 ④ 상하다
5. [鳴] ① 새 ② 울다 ③ 불타다 ④ 까마귀

[6~10] 다음 한자의 음으로 옳은 것은?

6. [吉] ① 길 ② 고 ③ 주 ④ 부
7. [序] ① 여 ② 서 ③ 모 ④ 자
8. [舍] ① 서 ② 여 ③ 숙 ④ 사
9. [探] ① 탐 ② 심 ③ 천 ④ 탁
10. [害] ① 할 ② 용 ③ 해 ④ 한

[11~14] 다음 간체자의 번체자로 알맞은 것은?

11. [议] ① 語 ② 議 ③ 說 ④ 誤
12. [从] ① 徒 ② 卒 ③ 從 ④ 奉
13. [节] ① 節 ② 業 ③ 爲 ④ 衛
14. [备] ① 富 ② 略 ③ 童 ④ 備

[15~18] 다음 번체자의 간체자로 알맞은 것은?

15. [勝]　　① 肠　　② 胜　　③ 肥　　④ 脏
16. [穀]　　① 殴　　② 壳　　③ 卖　　④ 谷
17. [親]　　① 观　　② 亲　　③ 新　　④ 视
18. [權]　　① 栋　　② 检　　③ 权　　④ 楼

[19~22] 다음 일본어 약자에 해당하는 정자는?

19. [証]　　① 讓　　② 證　　③ 課　　④ 認
20. [当]　　① 當　　② 堂　　③ 常　　④ 雪
21. [図]　　① 園　　② 圓　　③ 團　　④ 圖
22. [恵]　　① 想　　② 惡　　③ 惠　　④ 患

[23~26] 다음 정자에 해당하는 일본어 약자는?

23. [歸]　　① 婦　　② 追　　③ 帰　　④ 斉
24. [與]　　① 旧　　② 与　　③ 万　　④ 无
25. [晝]　　① 昼　　② 尽　　③ 聿　　④ 画
26. [處]　　① 鹿　　② 虎　　③ 虚　　④ 処

[27~34] 다음 한자어의 독음으로 옳은 것은?

27. [考察]　　① 노소　　② 고찰　　③ 노제　　④ 고민
28. [充滿]　　① 충분　　② 통분　　③ 충만　　④ 유만
29. [及第]　　① 내제　　② 급제　　③ 급수　　④ 내필
30. [永久]　　① 빙구　　② 빙수　　③ 영인　　④ 영구
31. [陸橋]　　① 육교　　② 목교　　③ 육로　　④ 목도
32. [脫毛]　　① 세모　　② 탈수　　③ 탈모　　④ 열수
33. [支持]　　① 기지　　② 지지　　③ 지대　　④ 기대
34. [尺度]　　① 자석　　② 지도　　③ 지석　　④ 척도

35. 손을 저으며 강력히 <u>否认</u>하였다.

① fǒudìng　　② búbiàn　　③ bùnéng　　④ fǒurèn

36. 예금을 하기 위해 <u>银行</u>에 갔다.

① yínháng　　② yínqián　　③ lǔxíng　　④ yínfàn

37. 푸른 바다를 배경으로 한 그 영화의 첫 <u>场面</u>은 매우 인상적이다.

① shuìmián　　② lāmiàn　　③ chǎngmiàn　　④ huàmiàn

38. 뜨거운 <u>太阳</u>아래에서 일광욕을 즐겼다.

① dàjiàng　　② tàiyáng　　③ xīyáng　　④ dàyáng

39. 그들은 전쟁터에서 <u>勇敢</u>하게 싸웠다.

① línggǎn　　② yīngxióng　　③ yǒngměng　　④ yǒnggǎn

40. <u>週末</u>이면 가족들과 봉사활동을 한다.

① きまつ　　② けつまつ　　③ しゅうまつ　　④ ふんまつ

41. <u>在庫</u>가 많아 생산이 잠시 중단되었다.

① ざいがく　　② ざいりょう　　③ ざいべい　　④ ざいこ

42. 학생 <u>全員</u>이 운동장에 집합하였다.

① ぜんたい　　② ぜんいん　　③ ぜんぶ　　④ ぜんこく

43. 소원 <u>成就</u>를 빌며 108배를 올렸다.

① じょうじゅ　　② せいこう　　③ せいちょう　　④ しんしゅ

44. 아버지의 승진과 함께 대학에 합격을 하기 되다니 <u>慶事</u>가 겹쳤다.

① きじ　　② けいしゅく　　③ けいじ　　④ けいちょう

45. 요일
   ① 星期   ② 星日   ③ 星气   ④ 曜天

46. 칠판
   ① 大板   ② 青板   ③ 黑板   ④ 粉板

47. 영화
   ① 电影   ② 荣华   ③ 映像   ④ 映像

[48~50] 제시한 한국어를 일본어로 바르게 바꾼 것은?

48. 눈보라
   ① 霧雨   ② 吹雪   ③ 大雪   ④ 寒波

49. 일본풍
   ① 華風   ② 日風   ③ 本風   ④ 和風

50. 간장
   ① 精油   ② 醬油   ③ 食用油   ④ 大豆油

주관식 [30문항]

[주1~주5] 훈음에 맞는 한자를 쓰시오.

주1. 꼬리 미   (   )

주2. 이슬 로   (   )

주3. 잃을 상   (   )

주4. 끝 단   (   )

주5. 구할 요   (   )

구분	한자	중국어 읽기	일본어 읽기
주6.	(　　　)	yǔ	あめ
주7.	(　　　)	sōng	まつ
주8.	(　　　)	qīng	あお
주9.	(　　　)	shān	やま
주10.	(　　　)	guó	くに

[주11~주15] 한자에 해당하는 중국어 간체자와 일본어 약자를 쓰시오.

구분	한자(韓)	간체자(中)	약자(日)
주11.	極	(　　　)	極
주12.	勞	劳	(　　　)
주13.	達	(　　　)	達
주14.	偉	(　　　)	偉
주15.	廣	广	(　　　)

주16. 물가: 물건의 값.   (   )

주17. 환자: 병들거나 다쳐서 치료를 받아야 할 사람.   (   )

주18. 취소: 발표한 의사를 거두어들이거나 예정된 일을 없애 버림.

(   )

주19. 설명: 어떤 일이나 대상의 내용을 상대편이 잘 알 수 있도록 밝혀 말함.

(   )

주20. 신선: 도를 닦아서 현실의 인간 세계를 떠나 자연과 벗하며 산다는 상상

의 사람.   (   )

주21. duōshao: 얼마, 몇.   (   )

주22. shùnxù: 정해진 차례.   (   )

주23. jiéjú: 일의 마무리에 이르러서.   (   )

주24. mùdì: 이루려 하는 일, 또는 나아가려고 하는 방향. (   )

주25. fǎlǜ: 법. 국가의 강제력을 수반하는 사회 규범.   (   )

주26. きおん: 대기의 온도.   (   )

주27. ほうふ: 넉넉하고 많음.   (   )

주28. きんし: 금하여 못하게 함.   (   )

주29. きょういく: 지식과 기술 따위를 가르치며 인격을 길러 줌.

(   )

주30. せいよう: 유럽과 남북아메리카의 여러 나라를 통틀어 이르는 말.

(   )

연습문제 모범답안 1회

● 객관식

1	③	11	①	21	①	31	④	41	④
2	③	12	③	22	③	32	①	42	②
3	②	13	①	23	②	33	②	43	④
4	②	14	③	24	④	34	③	44	③
5	①	15	①	25	②	35	④	45	①
6	④	16	②	26	①	36	①	46	③
7	③	17	①	27	①	37	④	47	①
8	④	18	②	28	②	38	③	48	③
9	③	19	②	29	①	39	③	49	④
10	②	20	④	30	③	40	①	50	①

● 주관식

주1	典	주11	経	주21	发言
주2	彼	주12	势	주22	协助
주3	枝	주13	远	주23	良好
주4	飛	주14	乡	주24	困难
주5	音	주15	歯	주25	现在
주6	油	주16	快適	주26	未来
주7	泉	주17	技能	주27	成功
주8	島	주18	次例	주28	後半
주9	店	주19	何必	주29	申請
주10	歌	주20	作家	주30	旅行

🔖 연습문제 모범답안 2회 🔖

● **객관식**

1	③	11	②	21	④	31	①	41	④
2	①	12	③	22	③	32	③	42	②
3	②	13	①	23	③	33	②	43	①
4	④	14	④	24	②	34	④	44	③
5	②	15	②	25	①	35	④	45	①
6	①	16	④	26	④	36	①	46	③
7	②	17	②	27	②	37	③	47	①
8	④	18	③	28	③	38	②	48	②
9	①	19	②	29	②	39	④	49	④
10	③	20	①	30	④	40	③	50	②

● **주관식**

주1	尾	주11	极	주21	多少
주2	露	주12	労	주22	順序
주3	喪	주13	达	주23	结局
주4	端	주14	伟	주24	目的
주5	要	주15	広	주25	法律
주6	雨	주16	物價	주26	気温
주7	松	주17	患者	주27	豊富
주8	青	주18	取消	주28	禁止
주9	山	주19	說明	주29	教育
주10	國	주20	神仙	주30	西洋

색인

색인

색인